500强企业
面试题
与面试流程

最新版

全记录 鲁克德◎著

Fortune 500
Companies
Job Interview Transcript

江西人民出版社
Jiangxi People's Publishing House
全国百佳出版社

图书在版编目（CIP）数据

500强企业面试题与面试流程全记录/鲁克德著.--

南昌：江西人民出版社，2017.1

ISBN 978-7-210-08870-7

Ⅰ．①5… Ⅱ．①鲁… Ⅲ．①企业－招聘－基本知识

Ⅳ．①F272.92

中国版本图书馆CIP数据核字(2016)第260755号

500强企业面试题与面试流程全记录

鲁克德/著

责任编辑/刘莉

出版发行/江西人民出版社

印刷/北京柯蓝博泰印务有限公司

版次/2017年1月第1版

2019年12月第4次印刷

720毫米×1000毫米 1/16 18.25印张

字数/268千字

ISBN 978-7-210-08870-7

定价/39.80元

赣版权登字-01-2016-679

前言
PREFACE

你想到谷歌、微软、苹果、阿里、华为、摩根斯坦利这样的明星公司谋得一份体面又高薪的工作吗？

如果你想去，那就好好写一份能够打动他们 HR 的简历吧！

很幸运，你的简历被千里挑一地看中了！

你进入了复试环节，在低调奢华的办公室里，你要求解答一道题：芝加哥共有多少名钢琴调音师？

或者是另一道题：有一个人们只想生男孩子的国家，他们在有儿子之前都会继续生育。如果第一胎是女儿，他们就会继续生育直到有了一个儿子。这个国家的男女儿童比例是多少？

……

老实讲，面对这样的题目，你有没有想找个地方哭一场？

然而，这些看上去无厘头的题目，正是这些超级优秀的公司挑选聪明员工的方式！

这种方式靠谱吗？靠谱！因为聪明的人都有一个共同的特质：他们在分析问题时，都能有非常清晰的思考过程。注意，是清晰的思考过程，而不是绝对正确的思考结果。

前哈佛大学校长拉里·萨默斯曾经在 2006 年 12 月访问中国，在接受中央电视台采访的时候，记者问道："你认为一个优秀的哈佛大学生需要具备的最重要素质是什么？"

萨默斯先生说："正直诚信的品格是我们对学生最基本的要求。除此之外，我想最重要的是思路清楚，分析问题的时候有着非常清晰的思考过程。"

我们平时说某人很聪明、智商很高的时候，也常常用反应快、思路清楚来形容。为什么"思路清楚"很重要呢？除了哈佛校长之外，还有一位名人也很看重"思路清楚"，这个人是俄罗斯前总统叶利钦。

叶利钦在回忆录《午夜日记》里说："他（弗拉基米尔）提交的报告总是思路非常清楚，这一点给我留下了深刻的印象。"于是，受到叶利钦总统重视的弗拉基米尔很快被提拔为国家安全局长，一年后成为政府总理，半年后叶利钦将总统的宝座让给了他。从主任助理到世界上面积最大的国家的总统，他只用了不到三年的时间。他是谁？他的全名是弗拉基米尔·普京！

叶利钦选定普京为他的接班人，当然还有更多更复杂的原因，但回忆录唯一提到的一点正是"思路清楚"！

明白了"思路清晰"这个秘密，再来分析文前提到的面试题。

其实这些面试题都没有唯一正确的答案。面试官只想测试面试人解决问题时是否能形成清楚的思路，换言之，是否能展现一个清晰的思考过程。

因此，钢琴调音师的题目可以这样来回答：

假设芝加哥约有 500 万人居住，平均每个家庭有 2 人，大约有 1/20 的家庭有定期调音的钢琴，平均每台钢琴每年调音一次，那么芝加哥每年的钢琴调音总需求是 12.5 万个订单。又假设每个调音师调整一台钢琴需要 2 小时，每个调音师每天工作 8 小时、每周 5 天、每年 50 周，那么一个钢琴调音师每年可以处理 1000 个客户订单。由此可以算出：芝加哥总共需要 125 个钢琴调音师。

其中估算的数据，只要不违反常识太多（例如假设芝加哥只有 1 万人），就不会被判定为错误。从假设到推理到形成答案，只要这个分析过程是清晰而又符合逻辑的，那就能让面试官为你的聪明点赞。

如果你能迅速找到解决"钢琴调音师"这类问题的规律，那么聪明的你就能给出男女比例问题的答案。

假设一共有 10 对夫妻，每对夫妻有 1 个孩子，男女比例相等（共有 10 个孩子，5 男 5 女）；生女孩的 5 对夫妻又生了 5 个孩子，男女比例相等（共有 15 个孩子，男女儿童都是 7.5 个）；生女孩的 2.5 对夫妻又生了 2.5 个孩子，男女比例相等（共有 17.5 个孩子，男女儿童都是 8.75 个）。因此，男女比例是 1 ∶ 1。

由于生男生女的比例大约 1 ∶ 1 是个自然规律，因此无论你假设的数据是多少，按此思考过程得出的结论都是 1 ∶ 1。

待遇优厚的高薪岗位，人人欲得之而后快。假如你没有极其聪明的大脑，那是不是意味着就与大公司和高薪岗位无缘了呢？

非也。大公司不仅需要聪明的人，他们还需要适应力强、忠诚度高、执行力超群的"工兵型"员工。为了找到这样的人，他们会设计一些看上去平凡无奇的问题，去考察和筛选面试者。

比如，面试官会问你："我们公司要求的都是硕士以上学历，你只是本科，恐怕不合适吧？"对此，你恐怕会心灰意冷了。

这其实是面试官故意为之，目的是通过指出应试者的薄弱之处，使其陷入一种困境，考查在这种极端情况下应试者的心理承受能力。切忌大吵大闹甚至拂袖而去，这只能反映出自己没有修养。只要你相信自己行，你就行。要表达出这种自信，努力扭转颓势。

又比如，面试官一本正经地问你："你今天为什么不穿西装？"

其实，穿不穿西装不是重点，主考官主要想知道你对公司规则的反应。完全顺从固然不好，叛逆性十足也不理想，最好的态度应是保持弹性、以大局为重。

回答一：我平常就不穿西装，所以今天也不穿。

回答二：我昨天本想买一套西装，但路上发现两套很好的书，于是花掉了准备买西装的钱。

回答三：我从未穿过西装，但如果这个工作需要穿，我会考虑置办一套。

听到第一种回答，面试官给出的印象分不会超过 30 分。因为抗拒穿西装，容易给人任性、长不大的印象，适应能力低下。

听到第二种回答，面试官给出的分数不会超过 50 分，因为给出的理由有点"装"，给人留下了套路深、耍嘴皮子的感觉，适应能力平庸。

听到第三种回答，面试官给出的分数不会低于 80 分，因为"从未穿过西装"是今天没穿西装的合理理由，而后半句又表现出了自己的可塑性和适应能力。

现在，该谈谈你正打开的这本书了。

这本书首先是一本求职面试的"习题集"，而且都是大公司用过的全真试题。但它不仅是一本习题集，还包括在中外500强企业面试成功者的亲历笔记，再现面试现场的过招细节和智斗详情；它还包括阅人无数的面试官们亲口讲述的职场规则和面试流程，面试官将从他们的角度来教你怎样设计简历、搜集资料、准备面试、完美表达等。

关于本书的具体功效，概括有三：

一是求职面试者的最佳指导工具。让求职者了解企业对员工的能力素质要求，帮助求职面试者掌握应聘技巧和方法，并提供大量案例、习题和素材供求职者学习和借鉴，从最大程度上满足各类求职者的需要。

二是人力资源工作者的实用工作手册。为人力资源工作者提供可以参考借鉴的人才选拔标准和筛选方式，并对具体的选人标准做了具体分析，对具体的筛选方式给出了大量的案例和例题，使他们在招聘过程中更加有章可循。

三是员工培训发展的标准行为准则。本书提供了十余种员工能力要求的具体行为描述，是企业对员工行为规范的一种概括总结。

当你看完本书，相信你能够得到一套属于自己的思维理念和思考方式，奠定自己职业生涯的铺路石，在激烈的求职竞争和职场打拼中做到不慌不忙不乱。

愿本书能够帮助你如愿得到自己梦寐以求的工作，并获得事业上的快速成功。

目 CONTENTS 录

PART 1 500强企业能力测试类全真面试题

第1章 基本能力测试

适应能力面试题 / 003

计划能力面试题 / 005

专业技能面试题 / 006

学习能力面试题 / 011

创新能力面试题 / 012

抗压能力面试题 / 016

解决问题能力面试题 / 020

第2章 人际交往能力测试

领导能力面试题 / 026

交往能力面试题 / 028

应变能力面试题 / 033

沟通能力面试题 / 038

团队合作能力面试题 / 042

客户服务能力面试题 / 046

第3章 工作态度测试

忠诚度测试 / 051

进取心测试 / 053

诚信度测试 / 056

第4章 综合分类面试全真面试题

题型一：要求你说明工作经验 / 058

题型二：要求你说明对相关职位理解 / 060

题型三：要求你说明教育背景与学习能力 / 061

题型四：要求你说明个人学习能力 ／ 063

题型五：要求你说明兼职经验和社会活动 ／ 065

题型六：要求你在特定场景中角色扮演 ／ 067

题型七：要求你说明个人成就和失败 ／ 068

第5章 针对不同求职者的全真面试题

针对应届毕业生的面试题 ／ 070

针对转换岗位的面试题 ／ 072

针对转换行业的面试题 ／ 073

PART 2 500 强企业面试实录与亲历笔记

第6章 世界知名跨国公司面试实录与亲历笔记

微软面试亲历：宣讲会上答对问题有奖品 ／ 079

IBM 面试亲历：用案例与面试官拉近距离 ／ 080

索尼面试亲历：用 10 分钟推销一款数码相机 ／ 082

英特尔面试亲历：全英文和四轮面试的考验 ／ 084

家乐福面试亲历：最后一轮的店长是个中国人 ／ 086

欧莱雅面试亲历：两次失败后第三次成功 ／ 087

普华永道面试亲历：最重要的环节是群体评估 ／ 088

联合利华面试亲历：三轮面试之后的 offer ／ 090

第7章 大型国有企业面试实录与亲历笔记

中国人寿保险面试亲历：四个考官轮流提问 ／ 092

中国移动广州公司面试亲历：竟然问了个投资成本的问题 ／ 093

中国电信面试亲历：个人形象也很重要 ／ 094

中国银行面试亲历：有素质测评或性格测试类题目 ／ 095

南方航空面试亲历：要早点做职业生涯规划 ／ 097

南方日报面试亲历：准备得再充分也不可能万无一失 ／ 098

广州日报面试亲历：招聘的效率高，但等待的过程漫长 ／ 099

第8章 500 强民营企业面试实录与亲历笔记

万科集团面试亲历：有一个环节是视频面试 ／ 101

华为公司面试亲历：自始至终没有问过学习成绩 ／ 102

腾讯公司面试亲历：只接受网上申请 / 102

搜狐公司面试亲历：二面遇到了副总裁 / 104

明基公司面试亲历：假如月球上发现了外星人…… / 105

威盛电子公司面试亲历：两轮技术面试加一轮 HR 面试 / 106

第 9 章　500 强企业高薪职位面试实录与亲历笔记

销售类职位面试亲历：你和你的同学有什么不同…… / 108

人力资源类职位面试亲历：HR 岗位对人的要求比较全面…… / 110

技术类职位面试亲历：我们的工作需要非常严谨的态度…… / 112

行政类职位面试亲历：行政助理的前途不太好哦…… / 114

媒体编辑类职位面试亲历：你为何选择我们这样的新杂志…… / 117

管理职位类面试亲历：你如何理解刺猬法则…… / 122

PART 3　500 强企业招聘流程全公开

第 10 章　世界知名跨国公司的招聘流程

IBM 公司招聘流程 / 127

通用电气公司（GE）招聘流程 / 129

皇家壳牌石油公司招聘流程 / 130

花旗集团招聘流程 / 132

微软招聘流程 / 133

宝洁招聘流程 / 134

惠普招聘流程 / 138

丰田公司招聘流程 / 139

索尼招聘流程 / 141

联邦快递招聘流程 / 142

联合利华招聘流程 / 143

可口可乐招聘流程 / 145

麦当劳招聘流程 / 145

安利（中国）公司招聘流程 / 147

欧莱雅（中国）招聘流程 / 148

汇丰银行招聘流程 / 149

雀巢公司招聘流程 / 150

第 11 章　大型国有企业招聘流程

中国移动招聘流程　/ 152

上海电信招聘流程　/ 153

中国工商银行招聘流程　/ 154

国家开发银行招聘流程　/ 156

交通银行招聘流程　/ 157

中国华能集团招聘流程　/ 157

南方日报招聘流程　/ 158

新华社招聘流程　/ 159

第 12 章　500 强民营企业招聘流程

三一重工招聘流程　/ 160

广州风神招聘流程　/ 161

万科公司招聘流程　/ 162

金地地产招聘流程　/ 162

TCL 招聘流程　/ 163

网易公司招聘流程　/ 164

腾讯招聘流程　/ 165

华为公司招聘流程　/ 166

中兴通讯招聘流程　/ 168

百度招聘流程　/ 168

PART 4　500 强企业选人标准与工作准则

第 13 章　世界知名跨国公司的选人标准与工作准则

GE 公司选人标准：技能 +GE 价值观 + 潜力　/ 173

丰田公司选人标准：注重综合素质　/ 174

丰田公司工作准则：把节约成本进行到底　/ 175

微软公司选人标准：青睐"聪明人""失意者""冒险家"　/ 176

英特尔公司选人标准："六大价值观"　/ 177

摩托罗拉公司选人标准：四个 e 和永恒的 E　/ 178

西门子公司选人标准：看重三素质　/ 179

苹果公司选人标准：看学历，更看能力　/ 180

松下公司选人标准：个人素质 + 适应能力　/ 181

佳能公司选人标准：关注情商、专业 / 182

三星公司选人标准：善用奇才、怪才 / 183

三星公司工作准则：首重责任心 / 184

皇家壳牌石油公司选人标准：发现未来的老板 / 185

Google 中国公司选人标准：实干、内功与人品 / 186

普华永道选人标准：找优秀、有领导能力的人 / 187

宝洁公司选人标准：注重七原则 / 188

宝洁公司工作准则：把消费者当作自己的老板 / 188

欧莱雅公司选人标准：寻求"诗人与农民的完美结合" / 189

麦当劳公司选人标准：用人有七招 / 190

麦当劳公司工作准则："SQC&V"精神 / 192

耐克公司选人标准：寻找有想象力和创造力的员工 / 193

耐克公司工作准则：销售真正始于售后服务 / 194

美国航空公司：节省每一分钱 / 195

联邦快递：扩大员工的职责范围 / 196

沃尔玛公司工作准则：十步服务原则 / 197

福特汽车公司工作准则：团队价值管理系统 / 198

IBM 公司工作准则：沃森哲学 / 200

戴尔电脑公司工作准则：黄金三原则 / 202

思科公司工作准则：服务至上 / 203

第 14 章 大型国有企业的选人标准与工作准则

国家电网选人标准：热爱本职工作 / 205

中电电气集团选人标准：能耐有多大，舞台就有多大 / 207

中国人寿保险集团公司选人标准：永远追求一流 / 207

中国人寿保险集团公司工作准则：成己为人，成人达己 / 208

中国东方航空集团公司选人标准：态度、热情、忠诚 / 209

中国航空集团公司选人标准：以人为本 / 210

中国网通集团公司选人标准：要有责任心 / 210

中国网通集团公司工作准则：公平是关键 / 211

中国移动公司工作准则：让话筒的另一端感受到你的微笑 / 212

中钢集团公司选人标准：要有较高的政治素质 / 213

首钢集团公司选人标准：以大局为重 / 213

首钢集团公司工作准则：学习能力很重要 / 214

中粮集团公司选人标准：团队让你走向成熟 / 215

中国核工业集团公司工作准则：有纪律才能更高效 / 216

中国航天科技集团公司工作准则：从经历中学习经验和教训 / 216

中国石油天然气集团公司工作准则：以人为本，注重安全 / 218

中国一汽集团公司工作准则：第一汽车，第一伙伴 / 218

中国建设银行工作准则：不能忽视小细节 / 219

第 15 章　500 强民营企业选人标准与工作准则

百度公司选人标准：简单可信赖 / 220

腾讯公司选人标准：正直、尽责、合作、创新 / 221

腾讯公司工作准则：以用户价值为依归 / 222

华为公司选人标准：高薪体现高效率用人之道 / 223

联想公司选人标准：力争取胜、快速执行、团队精神 / 224

宏基公司选人标准：人性本善 / 224

步步高公司选人标准：看重持续学习 / 225

美的集团公司选人标准：以人才成就事业 / 226

青岛海尔公司选人标准：看重能力、品德 / 227

康师傅公司选人标准：寻找"尖子" / 228

蒙牛公司工作准则：智慧来自分享 / 229

青岛啤酒公司工作准则：高、精、严、细 / 229

同仁堂公司工作准则：一百道工序，一百个放心 / 230

中国平安保险公司工作准则：3A 服务 / 231

海信公司工作准则：质量第一 / 232

万科公司工作准则：客户是永远的伙伴 / 232

凤凰卫视工作准则：拔尖精神 / 233

联想公司工作准则：始终保持上进心 / 234

搜狐公司工作准则：以诚信为本 / 234

PART 5　首席面试官的四堂职场公开课

第 16 章　500 强企业面试官的黄金忠告

GE（中国）原 HR 总监韩女士：做好小事，成就大事 / 239

微软（中国）原 CHO 戴维·普里查：思路＋眼光＝机会 / 240

飞利浦（中国）HR 总监吴女士：表现最自然的自己 / 240

IBM 大中华区招聘经理张女士：把事做到点子上 / 241

广州百事招聘工作负责人麦先生：先给自己定位 / 242

家乐福 HR 主管祝女士：欣赏聪明和热情 / 243

朗讯科技（中国）HR 专员张女士：别漠视职业诚信 / 244

中国人寿保险 HR 经理秦小姐：要表现得有教养 / 245

中国航空 HR 经理王女士：注意自己的说话方式　/ 245

中粮集团 HR 经理苏先生：诚信，是面试的法宝　/ 246

中国石油 HR 经理董先生：克服紧张很重要　/ 248

新华社招聘主管杨先生：小组讨论很重要　/ 249

广东美的集团 HR 总监王先生：绩效指标很关键　/ 251

搜狐公司 HR 经理王先生：要做到快、动、准、全　/ 252

百度公司 HR 经理张先生：言之有物才受欢迎　/ 253

第 17 章　认识自己，再做简历

你到底想要什么工作？——职业兴趣测试　/ 255

你究竟适合什么工作？——个性测试　/ 257

你能够干什么？——职业专长测试　/ 259

你有多大的升职潜力？——升职潜力测试　/ 261

第 18 章　设计简历，而不是写简历

精心打造简历　/ 263

简历制作的原则：抓住黄金五秒钟　/ 263

求职材料：一个都不能少　/ 264

至少准备三份不同的简历　/ 265

面试前如何搜集资料　/ 266

面试前的其他各项准备　/ 267

第 19 章　从面试官的角度来分析求职应聘

提问的五大类型：面试官手中的选人工具　/ 269

行为目标面试法：面试官秉持的工作准则　/ 271

STAR 法则：面试官心中的逻辑框架　/ 274

500 强企业能力测试类全真面试题

Part1

一个富翁准备高薪聘请一名司机，富翁的住所外挤满了求职者。对于每一位求职者，富翁都会问同样的问题："我和你同时坐在车里，前面是一处悬崖，你能驶向悬崖多近而不至于掉下去？"

　　"三十厘米。"第一个求职者说。
　　"十五厘米！"第二个求职者说。
　　"八厘米！"第三个求职者说。
　　……

　　直到有一个求职者说："我会尽量远离那个地方，越远越好。"

　　"恭喜你！从现在起你就是我的司机了。"富翁当即决定。

　　这个富翁的面试方法叫做案例面试法，这是面试官最常用的出题方式之一。在进行案例面试的过程中，面试官首先会介绍一些关于公司的信息，然后提出公司所面临的问题或者所处的两难困境，应聘者需要对这个公司如何渡过难关提出一些建议。案例一般用口头的方式进行表述，但如果案例过于复杂，书面形式便成了最佳的选择。案例中所涉及的问题和困境，既可以是真实的，也可以是虚构的。

　　通过案例面试，面试官能够直接考评应聘者的逻辑能力和思维能力，知道他们如何构建一个问题，以及他们在压力下是否能够清晰地表达自己的思维意识。由于案例面试的设计旨在增加面试者的压力，应聘者所承受的压力往往大于来自传统面试的压力，因而这种面试方法还能使应聘者的心理素质得到最真实彰显。

　　本篇展示的全真面试题目中，有不少就是面试官运用案例面试法给出的。

第**1**章

基本能力测试

适应能力面试题

你能经常加班、出差吗？你能适应企业的文化吗？每个公司都在不断变化发展，顶尖企业当然希望自己的员工也是这样。他们渴望发现那些适应能力强的人，因为这些人明白，为了公司的发展，变化要成为公司日常生活中的重要组成部分。这样的员工往往很容易适应公司的变化，并会对变化做出积极的响应。此外，他们遇到矛盾和问题时也能泰然处之。

考场实战

请换下保守装束。（西南航空公司）

提示：美国西南航空公司要求面试者必须脱掉保守的装束。当应聘者西装革履来求职时，负责面试的工作人员告诉他们，要参加面试必须换下那些保守的装束，汗衫和短裤可以在公司商店买到。一些应聘者拂袖而去，另一些人则愿意入乡随俗。"我不希望自己的雇员死气沉沉。"公司总裁凯勒尔说，"如果有谁不愿意轻松活泼，他可以去别的公司工作。"

你今天为什么不穿西装？（中国人寿）

提示：其实，穿不穿西装不是重点，主考官主要想知道你对公司规则的反应。完全顺从固然不好，叛逆性十足也不理想，最好的态度应是保持弹性，以大局为重。

回答一：我平常就不穿西装，所以今天也不穿。（错误。抗拒穿西装，容易给人任性、长不大的印象。）

回答二：我昨天本想买一套西装，但路上发现两套很好的书，于是花掉了准备买西装的钱。（不理想。即使要找理由，也不能给人耍嘴皮子的感觉。）

回答三：我从未穿过西装，但如果这个工作需要穿，我会考虑置办一套。（可以。至少表现出自己的可塑性。）

场下演练

你愿意加班或经常出差吗？

提示：面对这样的问题，你最好回答：只要公司有需要，我会义不容辞，这是作为一名员工的责任。这样会让面试官觉得你对待工作比较认真。

类似试题

在什么情况下，你会愿意改变你的想法？

据说有人能从容避免正面冲突。请讲一下你在这方面的经验和技巧。

有些时候，我们得和我们不喜欢的人在一起共事。说说你曾经克服了性格方面的冲突而取得预期工作效果的经历。

请讲一下你曾经表现出的灵活性的经历。

当某件事老是没有结果时，你该怎样做？

讲一个这样的经历：你的老板给你分配了一件与你工作毫不相干的任务，这样，你的本职工作就无法完成了。你是怎样做的？

假如让你干一项工作，这个工作估计一周就能够完成。干了几天后你发现，即使干上三周也没法完成这个任务。你该怎样处理这种情形？为什么？

请讲述一个你本来不喜欢但公司强加给你的改变。

请讲述这样一个经历：为了完成某项工作，你有很多需要学的东西，但是时间又特别紧。你用什么方法来学会这些东西并按时完成这项工作？

计划能力面试题

老板都希望员工能够有效管理个人的工作时间，有效规划工作所需要的资源；能对工作的重要性和时间紧迫性进行排序，确保工作效率。但是在既定时间内完成工作的时候，要对工作质量、成本和所带来的风险负责。最终有效解决工作中的问题，及时向上级回报或者向下级传达。

考场实战

你通常是如何规划你的工作资源的？

提示：我会分类考虑。对于物质类的资源，我会了解它的数目和在不同工作阶段的分配情况，并对它的使用情况做出明确规划，最大限度地发挥资源的作用。同时也会考虑成本，合理利用资源，杜绝资源和资金的浪费。

而对于时间、人员等资源，应该在最初就明确工作进度和计划，合理安排。严格按照计划来进行工作，杜绝因时间和人员配备上的问题而造成工作延误。这样才能使自己的工作更有条理，完成对自我的管理。

场下演练

当计划执行一段时间之后，明显感觉计划无法达成，你怎么办？

提示：要寻找原因。计划无法达成的原因有哪些，是不是明显偏高，是不是遇到了某种不可抗拒的阻力，是不是执行过程中出现了问题。对原因作出分析，并提出针对性的补救措施。

一定不要草率更改计划。

类似试题

如果你有一百万，你会做什么？

公司里正在搞一次活动，负责这件事情的人突然有事不能参加了，领导这时让你接手，你该怎么做？

专业技能面试题

专业技能是指掌握一定的专业技术知识，并运用这些知识去解决实践中遇到的专业技术难题的一种能力。包括实际业绩、个人能力等。

精通某门学问、能够提供企业急需的技能是获得工作机会的前提。拥有过硬技能，是进入顶尖企业的核心竞争力。

考场实战

有8颗弹子球，其中1颗是"缺陷球"，也就是它比其他的球都重。你怎样使用天平只通过两次称量就找到这个球？（微软）

提示：一般来说，微软只收理工科的学生。软件开发需要极严格的数学模式，对数学没有兴趣的人甚至难以胜任最起码的程序员工作。

主考官在解释这道题的答案时指出：要想解决这个问题，必须充分利用天平可以量出两边弹子球重量是否相等这一事实，即无论什么时候只要两边重量相等，就表明"缺陷球"不在这些弹子球中。第一次称重，在天平的两边各任意放3颗球。这时候会有两种可能的结果。如果天平两边的重量是平衡的，就可以确定所称量的6个球当中没有"缺陷球"。因此第二次称重时只要称量剩下的两颗球，较重的1颗就是"缺陷球"；如果天平的一边比另一边重，那么可以确定"缺陷球"肯定位于天平较重一边的3颗球当中。第二次称量时只要从这3个球当中任意拿出2个进行称量。如果两边平衡，则3颗球中剩下的没有参加称量的1颗球就是"缺陷球"；如果两边不平衡，则较重的一边就是"缺陷球"。

场下演练

分拣跳棋子

提示：有的顶尖企业在招收员工时，为测试应聘者的手脚灵活程度，给每个应聘者放一堆跳棋子。要求在一分钟内挑出混杂在一起的5种颜色的跳棋子，并按各色分别排列好，如在规定的时间内没有按要求完成即被淘汰。

微软全真试题演练

链接表和数组之间的区别是什么？

做一个链接表，并说明你为什么要选择这样的方法？

选择一种算法来整理出一个链接表。你为什么要选择这种方法？现在用 O（n）时间来做。

说说各种股票分类算法的优点和缺点。

用一种算法来颠倒一个链接表的顺序。现在在不用递归式的情况下做一遍。

用一种算法在一个循环的链接表里插入一个节点，但不得穿越链接表。

用一种算法整理一个数组。你为什么选择这种方法？

用一种算法使通用字符串相匹配。

颠倒一个字符串。优化速度。优化空间。

颠倒一个句子中的词的顺序，比如将"我叫克丽丝"转换为"克丽丝叫我"，实现速度最快、移动最少。

找到一个子字符串。优化速度。优化空间。

比较两个字符串，用 O（n）时间和恒量空间。

假设你有一个用1001个整数组成的数组，这些整数是任意排列的，但是你知道所有的整数都在1到1000（包括1000）之间。此外，除一个数字出现两次外，其他所有数字只出现一次。假设你只能对这个数组做一次处理，用一种算法找出重复的那个数字。如果你在运算中使用了辅助的存储方式，那么你能找到不用这种方式的算法吗？

不用乘法或加法增加 8 倍。现在用同样的方法增加 7 倍。

IBM 全真试题演练

IBM 的笔试主要是考查求职者的英语阅读能力、快速反应和计算能力。常见的试题为一组矩阵题、一组数字序列题、两组数学推理题。一共需要 47 分钟。

每一组都必须在一定时间内完成，首先是矩阵题，13 分钟，共 15 道。

一共有三个 5*5 的矩阵，每个矩阵 5 小题，比如：

1. 把所有的 W 替换成 2，所有的 Y 替换成 6，所有的 X 替换成 4，哪一行和哪一列的和等于 18？

2. 把第四列反转，把第两行和第二列替换，第三列第四个下面的数字是什么？

3. 把出现了数字 2 次数最多的那一行出现的唯一一个字母从矩阵中删掉，它出现在矩阵其他地方的次数减去 3 出现的次数和 4 出现的次数减一是多少？

4. 把每一个出现在数字 2 和 3 左边的字母全部与他们右边的数字交换，出现在数字最多的那一列的两个字母分别是什么？

第二部分是数字序列题，4 分钟，共 20 题。

举几个例子：

3，4，1，1，5，6，1，1，

15，16，7，8，17，18，9，

4，5，7，10，14，19，

17，18，15，14，19，20，13，

第三、四部分是数学推理题，大多数都与比例有关，就是想考考快速理解和快速计算能力。15 分钟 15 个题，共有两组。举几个例子：

1. A 复印机每天的复印数量是 B 复印机 2.5 倍，某天它们一共复印了 1200 份，问复印得多的那一个复印了多少份？

2. 一组机器共有 5 个 cluster，每个 cluster 有 50 台机器，第一天员工们

使用了 135 台，第二天使用了 86 台，第三天 75 台，第四天 105 台。问这些机器的使用率是多少？

3. 有 60% 和 10% 的酒精，现在需要 13 升 30% 的酒精，问需要 60% 的酒精多少升？

类似试题

英特尔全真笔试题

英特尔是一家专业性比较强的国际公司，所以对应聘者的技术性考核非常严格。考试题目举例如下：

1. 大约有三四道题涉及体系结构，诸如 pipeline、缓存的 hit-ratio 之类，考了一些 C ／ C 的知识，有些题类似 IQ 题。

2. 关于 c 的 main 函数。

3. 15 个人循环报数，报到 N 的出列，找出最后留下的那个人。属算法填空题。

4. 找出一个给出的并行解决方案的错误情况。

5. 关于 GPIO，intel 的四种体系结构选择题 10 题，有关 vc 和 C 指针、HypoThreading Dual-core 等等。

普华永道 PWC 全真笔试题演练（作文）

1. 最近 10 年来中国媒体的变化。

2. 你认为发展汽车产业和公共交通哪个更重要？

3. 如何理解风险投资？

4. 如何理解广告的消极作用和积极作用？

北电网络全真笔试题演练

北电一般在校园招聘会上同时举行笔试，并且会针对不同的职位设计不同的笔试考卷。下面是招聘软件设计师曾经考过的四道题：

1. 关于 TDSCDMA 的汉译英题目。

2. 求最大公约数的编程题目。

3. 链表排序程序改错。

4. 给定一个用 C++ 编写的程序，求输出结果。

中国网通笔试题

一、填空题

网通的三大战略是（　　）

网通的 3 ～ 6 项主要业务有（　　）

无线接入网的 5 项功能是（　　）

ATM 的四层结构为（　　）

中国 1 号协议和 ss7 协议分别属于哪种类型？（　　）

二、名词解释

企业再造、客户关系管理、外包、标杆管理

三、简答题

1. 简述普通电话与 IP 电话的区别。

2. 简述随路信令与公路信令的根本区别。

3. 说明掩码的主要作用。

4. ss7 协议中，有三大要素决定其具体定位，是哪三大要素？

5. 描述 ss7 的基本通话过程。

6. 简述通信网的组成结构。

7. 面向连接与面向非连接各有何利弊？

8. 写出爱尔兰的基本计算公式。

9. 数据网主要有哪些设备？

10. 中国一号协议是如何在被叫号码中插入主叫号码的？

四、论述：

根据求职意向和专业知识，谈谈网通如何面对上市和成为 2008 年奥运合作伙伴的挑战。

学习能力面试题

学习力也是顶尖企业最为看重的另一种关键能力。任何工作优秀的应聘者都是那些不断更新自己知识和技能的人。自我发展是每个人自己的事，而不是老板要求去做的事。

考场实战

你喜欢读书吗？业余时间都读什么书？经济类的书读得多吗？哪一种管理理论你较为欣赏？

提示：面试官力图通过这一系列的问题，深入了解应试者某一方面的情况。你一定要按顺序回答问题，但不一定每个问题都回答，在表述中重点突出自己的个性及优点。

场下演练

你对最近流行的事物好像知道的不多？

提示：注重创意和流行的公司，大多希望员工能随着社会脉动前进，时尚感强。有意让面试官知道自己兴趣广泛，是最高明的招数。

回答一：我只知道流行的歌手和演员。(不理想。知道的范围太窄。)

回答二：流行音乐、戏剧、电影、文艺活动、消费新知，我都很喜欢，不知道你想问哪方面的流行事物？(好。主动出击，暗示对方自己兴趣广泛。)

类似试题

请讲讲你从某个项目或任务中学到了什么？

为了提升你的工作效率，近来你都做了些什么？

讲一个这样的经历：发生了一件对你来说很糟糕的事情，但后来证明，你从这个糟糕的事件中学到了很多。

过去12个月里，你投入多少钱和时间用于自我发展？你为什么要这样做？

告诉我，你是怎样有意识地提高自己的工作技能、知识和能力的？你用什么办法来达到这一目的？

我想知道，什么时候或什么环境导致你决定学习一些全新的东西？

你用什么方法告诉你（目前的）老板你想接受更多的发展（或挑战）的机会？

你认为这个行业未来十年面临的最主要的问题是什么？你准备怎样应对未来的变化？

你近来接受的哪些教育经历有助于你干好这个工作？

为了干这个工作，你都做了哪些准备？

创新能力面试题

创新精神是顶尖企业最看重的素质之一，因为创新是企业生存之本。对于一个企业而言，员工的创新是企业创新的源泉。能够主动创新的员工一定是在企业里最有发展的员工，他们有时候甚至能够为企业创造出巨大发展的奇迹。

考场实战

"你现在用的电话有什么缺点？怎么改进它？"

"龟兔赛跑时，如果兔子没有睡觉，乌龟怎么赢得比赛？"（微软）

提示：微软的面试题一般都是被认为很有挑战性的，以上是一些有代表性的问题。这些问题和专业毫无关系，前一个问题考查了你是否善于观察和解决问题；后一个问题隐含着在竞争中的两个公司或两个产品，处于劣势的那个怎样变为赢家的意思，从你想的办法就可以看出你是否具有创新能力。

抽题目，画一幅画。（普华永道）

提示：全球著名的普华永道公司每次招聘面试时都有一个保留项目，就是让面试者根据所抽到的题目，如美国总统选举、网络等，发挥自己的想象力和变通能力。画一幅画，用以测试求职者的应变能力。

　　一位应聘者在普华永道就经历了一次这样的面试。公司给每位面试者发了一张白纸和几支彩笔，然后让大家抽题目，用10分钟把这个题目画成图画，再上台用英语解释你为什么要这样画。

　　那位应聘者抽的是"International Media"（国际媒体），他考虑了一会儿，决定用各种各样的眼睛和耳朵来做这道"作文"。他画了一个耳朵、一只眼睛来表示"International Media"的定义："媒体"，就是通过视觉和听觉来传递信息。他画了一个地球和很多长翅膀的眼睛和耳朵，表示"International Media"的功能，意为"国际媒体"能让信息"飞"到地球的每个角落。表示"International Media"的未来前景时，他画了很多种颜色的眼睛和耳朵——"国际媒体"应该加强各种肤色人群、各种文化间的交流。末了，他还画了一对关在笼子里的眼睛和耳朵——如果眼界只限于"Local"（局部）而非"International"（国际性），视野只会越来越窄，最后退出竞争。

　　这种面试考的是你的想象力和直观思维。

场下演练

　　一架波音737有多重？一架波音747里可以装下多少个高尔夫球？

　　提示：这类问题，主考官不会真的希望你能算出准确的数字，关键是要体现出思考的方法，然后通过合理的假设和推理得出接近事实的数字。不过，还真有人遇见过这样的主考官，应试者苦想了半天只好认输，结果那主考官咧嘴一笑："其实这个问题基本上没有答案，连我自己也不知怎么答，只不过想看看你有没有勇气承认不知道而已。"

　　如果此时外面有一艘宇宙飞船着陆，你会走进去吗？如果它可以去任何一个地方，你会要求它把你带到哪里？

　　提示：这个问题考查的是你有多大的冒险精神。要回答这个问题，需要你根据对自己所应聘工作的了解好好组织自己的语言。假如这项工作要求你具有创新精神，那么你可以说："是的，我会上去去见见曾经在这个星球走过的那些最具有创新精神的人，问问他们最喜欢用什么方式来让自己尽可能保持创造力。"

发挥你的想象，告诉我曲别针一共有多少种用途？

提示：在面试一开始，主考官递给面试者一个普通的曲别针，然后抛出问题，请你逐条阐述并演示用途。

主考官的意图是：遇到这样的面试游戏，可能会让很多人措手不及。因为问题大多数与你所应征的岗位没有任何关联，所以几乎不存在"事先准备"的可能，而且单人完成的面试游戏也不给予你依赖于团队中他人决策的机会。这样的题目实际上旨在考查面试者是否具备良好的逻辑思维能力与发散思维能力，并能否将这两种能力有条理地结合在一起，共同决策。

怎样的答案才是好答案呢？其实，这道关于曲别针的考题总共存在上万种答案，在有限的时间内根本不可能表达完整。因此，在挑选具有典型性用途作答的同时，更要特别注意答题的整体思路。

在主考官看来比较优秀的答案是，以曲别针的形状为逻辑结构而展开的联想：首先表明在维持原状的情形下，具备哪几类功能，如"别东西""作拉链头"等，然后请示主考官是否能够改变形状，获得许可后分别就每一步的改变分为"掰成一条直线""折出一个弯""折出两个相对的弯""折出两个相反的弯"……根据不同形状分别阐述各自典型的用途，做到杂而有序。

假设你参加植树活动，发给你 10 棵树，种 5 排，要每排 4 棵。怎么种？

提示：这需要跳出思维定式。

可以种成一个五角星形状，五个角的顶点加上五角星内部的 5 个交点一共有 10 个点，就是种的 10 棵树的位置。

形成的五角星刚好就是五条线（5 排），每条或每排上都是 4 个点，即每排 4 棵树，共 5 排。

请给出一个你运用创造性方案解决企业问题的例子。

提示：求职者给出的案例应详实，在最后尽量强调你的创新方式带来了很好的效果，这样说不仅增加可信度，更能给面试官留下深刻的印象。

你可以这样回答：

现代企业越来越重视员工培训，但是企业培训课程一向是采用大家在一起、由培训讲师为大家上课的形式，往往是理论内容偏多而缺乏实际操作演练和案例分析讨论。当时我担任公司的培训协调人，在企业的几次培训过程中发现，有很多理论部分的学习时间完全没有必要，学员完全有自学能力。且偏重理论的培训并不能在事后达到很好的效果，在这方面学员的抱怨也很多。

所以我在收集前几次反馈、听取学员们的意见之后，同负责培训的机构协商，决定采用一种新的授课方式。我请他们在培训前一星期把理论资料发放到学员手中，让学员们自学。培训课上讲师只用 1／4 的时间来提炼理论精华，帮助学员们理解，其余 3／4 的课堂时间用来进行实际操作演练和案例分析讨论。这样的形式收到了很好的效果，学员们都表示在培训课程中学到了更多有用的知识。

类似试题

你最近一次的创新活动是什么？

是否曾经将一些想法或实践方法从外部世界中带入你的工作或学习中？

请描述一下你最近创新或新开发的事物。

是否可以给出一个你提供给其他同事的用不同方式方法或角度看待问题角度的例子？

如何将计算机技术应用于一幢 100 层高的办公大楼的电梯系统上？你怎样优化这种应用？工作日时的交通、楼层或时间等因素会对此产生怎样的影响？

你如何对一种可以随时存在文件中或可从因特网上拷贝下来的操作系统实施保护措施，防止被非法复制？

你如何重新设计自动取款机？

假设我们想通过电脑来操作一台微波炉，你会开发什么样的软件来完成这个任务？

你如何为一辆汽车设计一台咖啡机？

如果你想给微软的 Word 系统增加点内容，你会增加什么样的内容？

你会给只有一只手的用户设计什么样的键盘？

你会给失聪的人设计什么样的闹钟？

抗压能力面试题

顶尖企业的主考官都青睐那些能在工作中顶住各种压力的人。今天，职场人士感到工作压力越来越大，这种压力使人心情焦躁、心烦意乱。如果没有抗压的能力，你恐怕真的就要终日郁郁寡欢、闷闷不乐，在职场竞争中败下阵来。

考场实战

排排坐。（SONY，日本索尼公司）

提示：有时，SONY 面试会简单得令应聘者不知所措。苦苦等候了一个小时，结果面试却不足 10 分钟，而且与自己同时参与面谈的居然多达五六人，几乎没有多少机会"表现自己"。这种"排排坐"的滋味很是不自然，尤其是当并排的某位应聘人出口成章、侃侃而谈其丰富的工作经验与精彩的履历时，好胜之心不自觉地便被激发出来，每轮到自己发言的机会自然不能轻易放过，竭尽所能也要表现出自己的优势。

这种"排排坐"的方式往往被用于销售或是市场人员，考验的也正是他们在大众面前的表现力，以及对较大压力的承受能力。

我们公司要求的都是硕士以上学历的，你只是本科，恐怕不合适吧？（中国工商银行）

提示：这其实是面试官故意为之，目的是通过指出应试者的薄弱之处，使其陷入一种困境，考查在这种极端情况下应试者的心理承受能力。

切忌大吵大闹甚至拂袖而去，这样只能反映出自己没有修养。只要你相信自己行，你就行。要表达出这种自信，努力扭转颓势。

场下演练

你认为在工作中曾遇到过的最艰难时刻是什么时候？

提示：最好不要谈及个人和家庭的困难，不要谈及与上司和同事的摩擦。你可以讲一次与下属产生的矛盾，并且说明自己是如何创造性地解决了矛盾，最后做到皆大欢喜的。你也可以讲一次对你来说极富挑战性的经历。

请描述你上一次在工作中挨批评的情景。

提示：这是测试应聘者在既属于个人隐私又有很强专业性领域里的沟通能力，考查应聘者是否经得起批评，并了解他以前的工作环境和沟通状况。

谈谈你人生旅途中最大的成功和失败是什么？

提示：这个问题很常见，但能有效反映一个人生命历程的深度和广度，并能进一步判断出你思想的深度和你的悟性。如：你只能答出类似因高考未能考入满意的大学而痛哭了好几天，那就容易判断你是一个经历单纯、对逆境没有承受力的人。所以，当你谈到最成功的一件事时，你要谈到从成功中得到的经验，但不要眉飞色舞、夸夸其谈，给面试官以浅薄自大的感觉；谈到最失败的一件事时，要谈到自己战胜失败的过程和从失败中吸取的教训，不要垂头丧气、苦闷彷徨，给面试官以没有挫折商的感觉。

对这项工作，你有哪些可预见的困难？

提示：不宜直接说出具体的困难，否则可能令对方怀疑应聘者能力不行。可以尝试迂回战术，说出应聘者对困难所持有的态度——"工作中出现一些困难是正常的，也是难免的，但只要有坚忍不拔的毅力、良好的合作精神以及事前周密而充分的准备，任何困难都是可以克服的。"

请谈一谈你事业上最大的失败。

提示：面试官想知道你是如何应对失败，以及你是否犯过他们心目中的严重错误。这个问题实际上为你提供了突出你自身优秀品质的好机会。

选择一个在工作中由于目标不明确而失败的例子，其实算不上什么重大失败。理想情况下，你可以告诉对方你从这次失败中吸取的教训，以及你将如何把理论应用到实践中。如有可能，可以简要谈一谈你依靠从失败中吸取的教训而取得成功的例子。

注意，不要举出一个一般职员不会犯的大错，也不要选择近期才发生的例子，这样你就没有时间表现自己如何将失败的教训转化为成功的动力。

你曾经有过的最大的失望是什么？你当时的反应如何？

提示：这个问题可以了解求职者做决策时所依据的方式，通过这些方式可以反映应聘者的成熟度。合适的回答是："在我刚刚走出校门时，我认为自己能够在一家企业找到一份工作，并且这份工作可以维持一生。可直到进入人才市场之后我才意识到，在一家合适的企业找到一份合适的工作并不那么容易。现在，人才市场的运作逐步规范，我认为我可以抓住机会了。好工作可能需要花费一点时间，但从长远看，认真一点儿是值得的。"这种回答表明了应聘者的侧重点是职业稳定性。通过强调重视工作环境的质量，应聘者表达了一种成熟感，也说明自己对工作有深刻的理解。这种回答表明了应聘者可以应付不确定性——这是一种重要的生存技能。

在你组织的社团活动中，遇到的最大困难是什么？你是如何解决的？

提示：许多求职者谈的都是自己的"丰功伟绩"，即使历经重重"困难"最终也能克服。不过在主考官看来，这些困难并不见得真的很难。所以在这个问题里，他更想听的不是你个人能力如何，而是这件事给你带来多大的启发。

假设今天有一位主考官曾是你的学长，并且他对你的评价一直不是很好，这对你的面试会有影响吗？

提示：不要断然说没有影响，因为这会让人觉得你在刻意掩饰。可以这样回答——

得到这样的消息确实非常突然，一般人都会认为这是一件坏事，但是在我看来，既是坏事又是好事。

第一，我对自己充满信心。能够通过残酷的笔试竞争进入面试环节，是对我某方面素质的一个肯定，这次考试将是学长对我重新认识的过程。我将会用自己面试的发挥给学长一个全新的印象，用我的真诚、我的实力、我的亲和力打动每位主考官，包括我的学长。

第二，我对学长充满信心。在这个特殊的考场上，相信学长一定会严格按照面试的程序和标准来给我恰当的分数。公报私仇，绝不是我的学长做得出来的。

第三，我对面试的制度和程序充满信心。现在的面试是结构化面试，面试的主考官多达7名，在记分规格上去掉一个最高分、去掉一个最低分，最终加权平均我的得分，这就完全避免了某一个人的人为主观因素对面试结果造成破坏性的影响，面试的得分也能基本上反映出我的真实水平和应试能力。

基于以上三点，考官是曾经对我印象不佳的学长不但不会对我的面试造成负面影响，反而激励我以更加饱满的热情、更加出色的发挥、更加优秀的表现来赢得这次面试的成功。

很抱歉，我们不能录用你！

提示：突然听到这样一句话，你千万别惊慌失措地从椅子上摔下来。或者情绪一落千丈、垂头丧气。因为除非公司有特别的安排，否则面试官是不太可能当场告知面试结果的。说这句话，其实是在考查你对现场的控制能力、对自我的把握能力以及情绪的稳定性。

就算之前招聘方真的不想录用你，如果你在这一环节表现出色的话，说不定还能有转机。

类似试题

我们有个问题想和你核实一下。在面试前我们接到了一个举报，说你面试前到处找人，希望在面试中能被给予关照。请你说说这是怎么回事？

你刚毕业参加工作，人际关系会对你的工作造成压力吗？

你的一位下属犯了错误，却恶人先告状，你的直接领导认为是你不对，要求你当众向该员工道歉并罚款 200 元。你会怎样应对？

你的领导要求你在 3 天内完成 8 篇稿子，并限制了最少字数，而你的最大能力只能完成 4 篇，你会怎么办？

你的领导因为器重你而经常把非你职责内的工作交给你做，因此很多同事对你有意见并产生过争执，你会怎么处理？

解决问题能力面试题

顶尖企业非常注重面试者解决问题的能力，对于你的工作经验或者所掌握的知识，他们认为这些东西到公司之后迟早能学会的。当问题接踵而来而且复杂度不断升高时，如何有系统地找出问题的成因，对症下药，以最有效率的方式解决问题，才是更重要的能力。

考场实战

请估算一下东方明珠电视塔的重量。（微软）

提示：微软曾在复旦大学举行了一场校园招聘，第一轮笔试题目中就有这道令人困惑的"东方明珠"题。据上海微软软件有限公司负责招聘考试的经理说："其实，有同学认为这个题目刁钻古怪也在情理之中，毕竟这种类型的试题在国内还不太多。就东方明珠这道题来说，它和一般的谜语或智力题还是有区别的。这类题为快速估算题，主要考的是快速估算的能力，这是开发软件必备的能力之一。重要的是对考生得出这个结果的过程也就是方法的考查。"

比较合理的答法：首先在纸上画出东方明珠的草图，然后快速估算支架和各个支柱的高度以及球的半径，算出各部分体积，然后进行各部分密度运算，最后相加得出一个结果。

像这样的题目，包括一些推理题，考的都是解决问题的能力。这类题目有不同的版本。比如，估算一下长江里的水的质量，这是大的、宏观方面的问题；小的方面试题会问你这一类题目："估算一下一个行进在小雨中的人 5 分钟内身上淋到的雨的容量。"

招聘总经理助理的三道题（微软）

1. 某手机厂家由于设计失误，有可能造成电池寿命比原来设计的寿命短一半（不是充放电时间），解决方案就是免费更换电池或给 50 元购买该厂家新手机的折换券。请给所有已购买的用户写信告诉解决方案。

2. 一高层领导在参观某博物馆时，向博物馆馆员小王要了一块明代的城砖作为纪念。按国家规定，任何人不得将博物馆收藏品变为私有。博物馆馆长需要如何写信给这位领导，将城砖取回？

3. 营业员小姐由于工作失误，将 2 万元的笔记本电脑以 1.2 万元错卖给李先生，王小姐的经理怎么写信给李先生试图将钱要回来？

原微软（中国）有限公司总裁唐骏说："真可惜，我在很多场合都出过这三题，但到目前为止还没有一个人能完全答对，有人答对了一题，所以他当上了我的助理。"

提示（参考答案）：

1. 尊敬的用户：您好！

我公司为答谢广大顾客长期以来的厚爱，特别邀请您持原电池免费更换使用寿命为原电池一倍的新型电池，或者持购买发票获得 50 元购买我公司新手机的折换券。

2. 领导：您好！

我馆近期将展出一批珍贵文物，让更多的人能够真正地体会到中华民族文明的悠久、灿烂。我们希望能将您所拥有的明代城砖展出，并且将在博物馆内设置专栏，宣传您对中华民族悠久文化的保存所作出的巨大贡献，让更多的华夏子孙看到……

3. 尊敬的顾客：您好！

由于工作人员的失误，误将一台样品机卖给您。为了您能够更好地使用我公司的产品，我公司决定为您免费更换同等价位的笔记本一台。并且我们有性价比更加优越的 ×II 型笔记本电脑，售价 20000 元人民币。如果您此时购买，我们将会以 19000 元的优惠价格售出。

某顾客购买 9.9 元的牛肉丸，部门同事将价格计成 10.9 元的虾丸，顾客当时已发现，但她买完单后到服务台投诉要求十倍赔偿。你是前台经理，要如何处理？（沃尔玛）

提示：首先要稳定顾客情绪，进行合理的解释，以诚恳的服务打动顾客，让她觉得她的事情受到了高度重视。顾客同意退差额为最好。如她反对，就要请示主管，进行适度赔偿。在处理时间要短，不要让她和其他顾客认为企业的信誉不好。

路障测试（维珍航空）

提示：所谓路障测试类题目，就是公司在应试者面试时所必经的道路上故意设计一些路障，通过观察应试者的表现来测试其素质的一种方式。有些人只顾着赶路，见了路障就一脚踢开或者跨过去，这样的应聘者肯定不会被录用，只有少数会将路障拿开的人才能获得下一次面试的机会。

场下演练

超人三项。

提示：游戏是计时型的单人挑战类模式。在面试者面前的桌上放着三样东西，一份 6000 字的项目报告、一条细线和 30 粒珠子，以及一盒袖珍型的拼图积木。要求面试者在 15 分钟的时间内完成所有事情：阅读报告并写出 500 字的评述；将所有的珠子穿在细线上；按照图示完成拼图积木的摆放。

这属于比较复杂的一类面试游戏，时间短，任务多，难度高。不同的人在面对这类游戏时，通常会作出截然不同的行为反应。但无论你多么拼命，可能还是逃不出主考官的精心"设计"。

其实，这个游戏题目是一个"不可能完成"的任务。游戏并非是考查"办事效率"一类的敏捷测试，而是制造出空前棘手的问题借以考核面试者的评估能力与处事方式。

比较明智的做法是首先进行时间评估，如果发现难以完成全部任务就应当以"尽可能多地做完"为目标，尽量选择诸如"手脑并用"之类可以同时完成两件事情的方法。你可以先阅读项目报告，然后一边穿珠子一边打腹稿，待珠子穿到腹稿成熟，就提笔写作。即使你在中途被终止游戏，也已经很清楚地向主考官表明了两条重要信息：一是我有良好的辨别能力与高效的处事决策，二是我实际上已经"完成"了500字的评述，只是时间不够我将它们转化为文字。如此的镇定与智慧，一定能赢得高分。

这幢大楼的高度是多少？

提示：一家顶尖企业在招聘管理人员时，出了一个考题：使用发给你的一支气压计，测出这幢30层大楼的高度。就在其他应聘者满头大汗地翻阅公式进行计算、的时候，一位应聘者却不慌不忙地拿着气压计来到大楼管理处，对一个老者说："大爷，这支气压计送给您。请您告诉我这大楼的高度。"于是这个应聘者获胜了。

解决难题时，多动脑比机械地忙碌更有效。

你是怎样对一个重要的问题进行决策的？

提示：面试前，应聘者应该对想加入的公司的企业文化有个大概的认识。你可以对你的答案进行删减以与之相匹配。

例如，如果你想到一个财务服务公司工作，你最好不要将自己描绘成一个面对那些眼花缭乱的数据而干脆凭"勇气"决策的人。同样的，如果你想成为一名空中交通管制员，那你最好不要承认你是一个在下定决心之前喜欢将事情放到第二天处理的人。

从面试主考官最关心的方面来确定你的策略，你需要的是分析能力、创造力，还是那份不耻下问的谦虚。

如果你瞄准的目标是管理岗位，那你一定要利用这个机会让面试主考官相信你处理人际关系的技巧将使你成为一个管理人才——或者能够实现工作目标。

你可以这样回答："当我要作出一个重要的决策时，我注意征求别人的意见，将每一个因素纳入我的考虑范围之内。但我清楚，我是需要作出最终决定的人。你在管理层的位置越高，你所担负的责任就越大，你自己需要作出的决策就越多。"

你的简历中提及你曾组织过一次"跨国公司在华发展情况"分析，请具体谈一下。（某投资公司）

提示：面试官从你的简历中看到了这一信息，在面试中提出来，有两种可能：第一种可能是这个信息与面试官关心的能力有关，第二种可能是想通过你的回答来判断你是否存在简历造假。

如果是真实信息，据实回答即可，回答时注意表达的条理和逻辑。比如：这是由我们导师发起的一次社会实践活动。我们希望对跨国公司在华发展的业务前景、发展阻力、用人政策有一定的了解和分析。我们分成了四个小组，我是其中一个小组的负责人，我们主要负责金融保险业，于是我们兵分三路采访了花旗银行、德意志银行、丰泰保险等外资金融机构。最终我们递交的行业发展分析得到了导师的认同。

活动中你遇到的最大困难和挑战是什么？是否有觉得难度太大而不能克服的时候？

提示：所遇到的最大困难是如何以一种较职业化的形象去面对那些公司中的被访者。毕竟我们与那些企业接触的机会有限，而面对的却是中层经理人，如何表现得更专业并在短时间里了解企业更多的基本信息是最困难的。因此我们在采访之前会多做准备，对企业了解透彻。我本身也是一个善于面对挑战的人，能够迎难而上。这次实践中所遇到的困难，我觉得是一个机会，是实现自我、超越自我的机会。我只会想更多有效的办法来克服困难，而成功时获得的成就感是不言而喻的。

类似试题

请给出一个事例，表明你在面对情况非常复杂的局面时是如何分析和评估的。

当你面对一个有矛盾冲突的问题时，你会怎么做？

请列举一个你在工作中面对一种微妙而又困难的局面时，能够成功地保持客观分析能力的例子。

请给出一个你成功地解决一件复杂工作的事例，并说明你是如何确定哪些工作需要完成的。

什么时候你处理过一个你无法在最终期限前完成的项目？

请给出一个你必须在同一时间完成很多项任务的事例。

某快速消费品公司最近遇到了利润下降的问题，请你分析一下可能的原因。

美国某地铁公司要投资中国地铁，希望五年可收回投资，请你做一个可行性分析。

请给出一个你改进现有工作方法或流程的事例。

你上一次在工作中进行的一个权衡利弊后冒的风险是什么？

第 *2* 章
人际交往能力测试

领导能力面试题

　　领导力的英文拼写很形象：Leadership，一是指"领导一艘船"，亦即"领航"之意，同时也隐含着负有规避风浪的责任。领导力是主动性和影响力的结合。今天的顶尖企业比以往任何时候都更加依赖于各级主管和员工发挥领导力，在不确定的环境下迅速做出正确的决策、激励团队和保持高绩效。卓越的领导力将是你征服面试官的巨大筹码。

考场实战

　　假设公司请你担任一个团队的领导人，你认为自己最大的优势和劣势是什么？（雀巢公司）

　　提示：应聘者在回答这类问题时，对于劣势回答需慎重，要避免恰好自己提及的缺点是这个职位不可或缺的能力要求。另外，还可以强调对缺点(劣势)的改进方案，给面试官留下知错能改的好印象。你还要准备几个具体事例来丰富自己的描述，增加可信度。

　　你可以这样回答：我认为自己最大的优势是比较稳重踏实，具有实干精神，十分有责任心。对于一项工作，我会把它的方方面面都尽量考虑到位，清楚地分析它的利弊得失，猜测它可能的后果，我比较希望对一项工作有一定了解后再去做。作为一名团队的领导人物，对于一些突发的紧急情况，我也能够沉着冷静地处理。

而我最大的劣势可能就是我并不那么习惯于创新。我说自己并不习惯于创新，并不是说我不能够创新，而是我可能首先考虑的是如何有效地实施，在一开始就否决掉许多我认为无法实施的想法。

请描述你的管理哲学。（韩国 LG 公司）

提示：一般而言，面试官需要的很可能既不是独裁者，也不是轻言失败的人。成功的应征者应抓住机会，表现出自己取得成功的能力。但是也应该避免给人这样一种印象，即不惜一切人力、物力取得成功的欲望。

可以这样回答："我认为，管理是使人们做好一项工作的最重要因素，比其他任何要素都关键。经理的工作是给员工提供资源和有效工作的环境，我一直努力做到这一点。我创建团队，只根据员工的表现评价他们，公平分配工作，充分授权给员工，使他们最大限度地自己决策。我发现这样可以培育员工的忠诚度，激励他们从事艰苦的工作。"

场下演练

你曾经带领团队 200% 地完成了团队的销售指标，成功经验是什么？

提示（参考答案）："我认为这是我和我们团队成员共同努力的结果。我首先让团队成员知道必须完成的销售指标的数字就是实际销售指标的 200%，使下属们在心理上不会产生惰性，他们会为了 200% 这个数字而努力。

"其次，对于存在困难的成员我会给予手把手的指导，让每个人都全力以赴，都能克服困难，达到高效率。

"第三就是在整个销售过程中开展了 2～3 次全员总结会议，在会上所有成员畅所欲言，同所有人一起分享成功与失败的经验。成功的经验可以激励其他人，让销售额暂时落后的成员相信自己有办法领先；失败的经验则可以使其他团队成员避免重蹈覆辙，从而带动所有成员共同完成团队的目标。"

回答中，该求职者抓住了顺利完成目标的要点并逐一说明，且突出了每个团队成员在其过程中的重要性，给面试官留下了谦虚、谨慎的印象。

如果你发现一名下属的行为违反了公司的行为准则，并且涉及一些财务问题。但他工作表现十分优秀，又是你非常信任的下属，与你的个人关系也很好，你会怎么处理？

提示：是否诚信，能否维护公司原则，也是求职者经常会被问到的问题。在一般情况下，企业总是要求员工能维护企业的原则，从企业的利益出发。

比较合适的回答：首先我会搜集一些材料，对情况进行核实，以免发生不必要的误会。等事情确证以后，我会根据事情的严重性作出判断。如果他触犯的是公司原则性的问题，那我会根据公司的规定进行处理，很可能就是开除他。如果事情相对不那么严重或者在过程中有十分特殊的原因，我会与我的上司进行讨论，然后再进行处理。但无论怎样，原则上的衡量标准就是公司的规定。

类似试题

你觉得作为一个领导者需要具备哪些素质？

请给出一个你管理项目的例子。

请给出一个你必须展示领导能力的例子。

什么情况下，你会不得不出面对职责进行进一步的界定或解决团队的问题，以保持绩效水平？

你怎样运用目标和目的来驱动团队达到卓越的绩效？

你作为领导者作出的最有意义的决定是什么？那个决定为什么有意义？那个决定是怎样做出来的？

交往能力面试题

除了拥有专业知识和优质潜力，人际交往能力也非常重要。它就像是日常工作中的润滑剂，虽然不是主角，但是若能良好驾驭，能让你在运用技能知识时如鱼得水。反之，你很有可能成为被孤立的单兵，即使三头六臂也无力施展。因此在面试中，了解人际交往这一重要的考核题目，成了求职者的必备绝技。

考场实战

开鸡尾酒会。（壳牌石油）

提示：壳牌公司组织应聘者参加一个鸡尾酒会，公司高级员工都来参加，酒会上由这些应聘者与公司员工自由交谈。酒会后，由公司高级员工根据自己的观察和判断，推荐合适的应聘者参加下一轮面试。一般那些现场表现抢眼、气度不凡、有组织能力者会得到下一轮面试机会。

你的性格特点是什么？善于与人相处吗？

提示：提问具有发射性和灵活性，应试者可以根据自己的实际情况作出较为自由的选择和回答。这类问题很关键。回答得好坏，直接关系到录用与否。而且这些是你事先可以准备的。同时，这类问题回答得好，就是绝好的表现自己、推销自己的机会，可以令面试官刮目相看，顿生爱才之心。

你一般与什么人交往？你的好朋友是怎样评价你的？（一汽集团）

这往往是应聘者掉以轻心的问题，是专门为考查应聘者的性格、人品以及是否具有合作精神而设计的。

"三教九流我都很合得来！"错！在面试官看来，第一，你对朋友缺乏判断力；第二，你随时可能会受损友的影响甚至拖累；第三，你浪费了表现自己良好人品及交际能力的机会。

今天，团队精神被越来越多的企业视为员工的重要素质之一，所以你可以在回答中尽量体现这种精神境界。比如：你和朋友都喜欢市场，然后就成立了一个市场研究俱乐部，定期举办沙龙。

场下演练

你希望与什么样的上级共事？

提示：通过应聘者对上级的"希望"可以判断出应聘者对自我要求的意识，这既是一个陷阱，又是一次机会。最好回避对上级具体的希望，多谈对自己的要求，如："作为刚步入社会的新人，我应该多要求自己尽快熟悉环境、适应环境，而不应该对环境提出什么要求，只要能发挥我的专长就可以了。"

你觉得什么人在工作中难以相处？

提示：你现在已经学会了千方百计避免作否定回答的技巧，那么你很可能简单地回答："我觉得没什么人在工作中难相处。"或"我跟大家都合得来。"这两种答案都不算坏，但并不十分可信。你应该利用这个机会表明你是个有集体协作精神的人，"在工作中唯一不容易相处的是那些没有集体协作精神的人。他们不肯干却常抱怨，无论怎样激发他们的工作热情，他们都无动于衷"。

你在接受别人指导时，会不会感到难受或受到伤害？

提示：这是个顺从性问题，如果失误被别人指出来之后，你会轻易地顶撞或发火，那么你在公司里不会干得很久。初级岗位的竞争相当激烈，这也是你表明自己与众不同的又一个机会。"我会接受别人的意见，更重要的是，我能接受建设性的批评而没有抵触情绪。即使主观上尽全力而为，我也还是会出现失误，还需要别人把我引到正确的方向上。我明白，如果我想在公司里有所发展，就必须首先证明自己服从管理。"

如果你和你的同学在竞争同一个职位，你认为我们应该选择谁？

提示：在回答这个问题时不需要表现谦虚。你应该毫不犹豫地回答：当然是我。这样的回答一来表达了你对该公司强烈的加盟意愿，二来也表现了你的自信。当然，面试官这样问并不是真的要征求你的意见，而是想从你的回答中了解你对人际关系的处理能力。所以此时千万不能借机贬低对方，以免让面试官觉得你的人品有问题。

你刚才参加了其他人的面试，请你简要评价一下前几位考生的表现，好吗？

A. 刚才我只考虑自己的问题了，没有认真注意别人的表现。

B. 我个人认为第一位考生回答得不太好，第二位还凑合，第三位有些夸夸其谈、不切实际。

C. 他们的表现都非常出色，例如……

D. 我认为他们都有很多长处值得我学习。例如，第一位的材料准备得充分，第二位机智灵活，第三位……但我认为干好这项工作最重要的是自信和热诚。

E. 每个人都有长处和不足，我也不例外。

提示：这是一道难度较大的问题。如果一味夸奖别人很出色，都比自己强，便意味着退出竞争，如C；如果贬低别人，突出自己，也会给人一种不善于处理人际关系、不能客观对待别人的感觉，如A、B答案不足取，等于放弃了表现自己分辨能力的机会；D、E答案可以借鉴，其中D表现出虚心的态度，同时还强调了自身的态度和优势。

如果你离开现职，你认为你的老板会有什么反应？

A. 很震惊，因为老板对我算是很信赖，我如同他的左右手一样。

B. 还好吧，他大概心里也有数，反正公司现在也不忙。

C. 他大概习惯了，反正他手下的人来来去去已是司空见惯。

D. 我想他一定会生气地破口大骂，他是一个相当情绪化的人。

提示：最理想的回答是A。面谈者想借此了解，你和前(现)任主管的相处情形，以及你在主管心目中的地位如何。

你与以前的上司关系怎样？

提示：一定不要夸夸其谈，大吹特吹你的前任上司怎么欣赏你，否则你怎么舍得以前的工作？你只要表明你与上司相处愉快，你虚心而又服从，即使有不同的建议也会在适当的时机用适当的方式来提出就可以了。之后，你需总结你对领导者的看法，基于这种看法，你也会服从这份工作的领导者。

如果被主考官穷追不舍，追问你不愉快的经历，你也要诚实，但在措辞上一定要注意，把矛盾的焦点放在工作而非个人上。

你和同事们怎样相处？

提示：通过这个问题以及前面上下级关系和朋友关系的问题，面试人可以对应聘者的有效沟通技能得出一个总体印象。

如果你采用正确的回答方式："我一般都能与同事相处得很好，当然有时候也可能会同某人发生冲突。这时，我一般会注意寻找冲突的根源，而不是转移到对对方的攻击上。我发现这种方法非常有效，它可以使我同任何人都维持一种相互尊重的关系。另外，通过这样做，我往往能解决问题，甚至会促进与同事的关系。"这样就能表达出你的心理是稳定的，而且具有很强的人际协调能力。

类似试题

你的同事／同学会如何用5个单词来描绘你？他们以何为依据作出如此评价？

在和一个令你讨厌的人一起工作时，你是怎样处理和他在工作中的冲突的？

说一个这样的经历：你不得不改变一个公司中比你职位高的人，公司里人人都知道，这个人思维和工作方式都很死板。

你喜欢和什么样的人一起工作？为什么？

在你以前的工作中，你发现和什么样的人最难处？为了和这种人共事，并使工作效率提高，你是怎样做的？

你以前的经理做的哪些事情最令你讨厌？

想想你共事过的老板，他们工作中各自的缺点是什么？

你认为这些年来同事对你怎么样？

讲一些你和你的老板有分歧的事例，你是怎样处理这些分歧的？

和团队中他人紧密合作有时特别难。作为团队一员，请说说你遇到的最具有挑战性的事情是什么？

若你的经理让你告诉你的某位同事"表现不好就走人"，你该怎样处理这件事？

应变能力面试题

应变能力是当代人应具有的基本能力之一。今天，我们每个人每天都要面对比过去成倍增长的信息，如何迅速地分析这些信息，是把握时代脉搏、跟上时代潮流的关键。它需要我们具有良好的应变能力。另一方面，随着社会竞争的加剧，人们所面临的变化和压力与日俱增，每个人都可能面临择业、工作危机等方面的困扰。努力提高应变能力，对求职者成功进入顶尖企业是很有帮助的。

考场实战

你见过的最大的影子是什么？（微软）

提示：本题没有标准答案，主考官只是想了解你的反应速度。一位求职者不假思索地回答："我见到的最大的影子是黑夜。"主考官追问："为什么？"求职者解释："因为黑夜是地球的影子。"主考官想了想，点头表示认可。

如果你是本公司的业务员，在一辆可口可乐公司的卡车上满载一车过期面包，你准备到偏远的地区把这些面包销毁，但半路遇见了一群难民，他们十分饥饿。难民把路给堵住了，当场还有刚刚赶来的记者，那些难民知道车里有吃的。请问，你会怎么样处理这件事情，不让记者报导我们公司把过期的面包给人吃，又让难民可以吃掉这些不会影响身体的救命面包。注：车不可以回去，车上只有面包，不可以贿赂记者。（可口可乐公司）

提示：这种面试题是没有标准答案的，答得好坏完全靠答题者个人的平时积累，当然有时还与其性格相关。

参考答案：告诉记者和饥民面包是过期的，但是食用后不会影响身体健康，并当众吃一个。然后，让饥民吃面包。此时记者如果拍照，就随他去，但一定要打听清楚记者是哪家报社的。

回到公司，向上级汇报此事，并立即要求公司"辞退"自己。

向各大媒体诉说自己为了让饥民不挨饿而被公司辞退的事情。（事情的经过当时在场的记者可以证明。）

引起社会的关注和讨论。（舆论导向自然是向着被"辞退"者的。）

公司高层出面，宣布重新聘请被"辞退"者。并奖励他和辞退他的业务主管，理由是两人做得都对。

这样，公司"严格要求质量"和"回报社会"的良好形象就确立了。

答题者创意十足，能在短短的时间内想到过程如此复杂的计划实在不容易，这样的人很适合到企划部。

能说说你的缺点吗？（宝洁公司）

提示：这个问题的难点在于，面试人人说优点，无人说缺点。因此你的缺点就是公司要你与否的关键，你自己说出口的缺点也将成为公司现在不用你，或者将来解聘你的借口。

怎么回答？说自己没缺点肯定是不行的，把自己的缺点说成优点也不好。有人说自己做事主动得有点冲动，果断得有点武断，这样的回答，除了让别人觉得你油嘴滑舌外，只能为自己挣负分。

一个最基本的回答技巧就是"打擦边球"，例如："我想我最大的缺点是没有太多的工作实践经验。学生时代的经历几乎是从一所学校毕业就又到一所新的学校读书。我想利用在学校的时间踏踏实实地多学点有用的知识。希望我的这些不足能够在贵单位的实际工作中得到改进！"

上述回答，所描述的"缺点"实际上算不上什么缺点，因为学生时代谁的经历都是简单如白纸；而且，又含蓄地表明了自己的优点——踏实——一个能够踏踏实实认真学习知识的好学生，也必将是一个能够踏踏实实努力工作的好员工；同时，它还表明了自己愿意到面试单位工作的决心。

专家建议：

1. 在适宜的环境中，经理人的缺点也可以成为优点，对未来的雇主是一笔财富。

2. 引用那些被自己成功克服过的缺点。

3. 说明自己从犯错中得到的收获。雇主可以从其中了解到：首先，你可以从错误中学习、成长；其次，你不会再犯同样的错误。

4. 当你欠缺工作需要的某些技能时，表达自己学习的意愿。

5. 引用一些与工作不相关的技能弱点。

6. 转移话题。当你不愿意直接回答这个问题，你可以将话题转移为"你要承担的这个工作，什么是最重要的"。

7. 如果面试者对你如何克服弱点心有疑虑，你要主动去解惑，提供更详细、合理的解释。

整理文件筐。（AT&T，美国电报电话公司）

提示：主考官先给应聘者一个文件筐，要求应聘者将所有杂乱无章的文件存放于文件筐中，规定在 10 分钟内完成。一般情况下不可能完成，公司只是借此观察员工是否具有应变能力，是否分得清轻重缓急，以及在办理具体事务时是否条理分明。那些临危不乱、作风干练者自然能获高分。

场下演练

看图记内容。

提示：顶尖企业招聘员工，需测试应聘者的反应能力。有的外企在转动的机器上装上彩色图画，画面上有动物、植物、建筑物、交通工具、家用电器等，在应聘者面前按一定的速度移过，要求应聘者在规定的时间内说出自己所看到的内容。

没有工作经验，你认为自己适合我们的要求吗？

提示：不回避没有工作经验这一事实，然后把谈话的中心转移到介绍自己的素质和潜力。

笨答——可是你们就是来招聘应届大学生的啊（你想责怪面试官问错问题了吗？呵呵）。

妙答——听说有一只幼虎因为没有狩猎经验而被拒绝在狩猎圈之外，你认为它还有成长的可能吗？（形象的类比，令面试官眼前一亮而心悦诚服）

如果让你来当我们公司的总经理，首先你会做几件事？

提示：这是假设性的情况，目的是考查应试者的想象力、原创能力、解决或处理突发情况的能力。

面对这种问题切忌长时间沉默，但也不要不经考虑急于回答。需要对问题的关键部位进行详细分析，提出切实可行的解决方法，不过也不要做长篇大论。

假如你晚上要送一个出国的同学去机场，可公司临时有事非你办不可，你怎么办？

A. 向领导说明情况，送完同学后再处理公务。

B. 如果有时间，提前去送同学，晚上赶回单位处理公务。

C. 工作要紧，晚上我就不去机场了。

D. 我的事情非常重要，希望领导谅解。

E. 向领导说明情况，要求别人代办或改日再办。

提示：这实际上是让你在情谊和工作之间作出选择。这个问题的答案，同样具有非同一性的特点，也就是说，你如果回答只以工作为重，可能会被认为缺乏生活的基本情趣；如果你回答要以情谊为重，则可能被认为是个以玩乐为主的人。因此，面对这类问题，最好是能将情境具体化，作出几种预备方案以供选择，而不要贸然决断成某一种。

你的私人约会很多吗？

提示：比较好的回答是："如果你担心我对私人生活的关注程度大于对工作的关注程度，那么我向你保证，我对工作非常投入。同样，我努力保持平衡的生活，以各种各样的方式充实我的业余生活。"这既回答了面试官的问题，也没有暴露自己的隐私。

电话响了怎么办？

提示：有些顶尖企业会设计情境来观察求职者的行为模式，如要应聘秘书，就设计面试主管临时有事离席，而此时有电话进来，借此观察求职者如何应对。一名求职者的表现是接了电话，留下记录，并告知主管有人来电。这种良好的工作模式是公司需要的，所以该名求职者就被录取了。

你的性格过于内向，这恐怕与我们的职业不合适。

提示：面试官并非是要直接否定你，否则他无须问你这个问题，也就是说，他如果认为你不合适，就不会再有问你过多问题的必要。巧妙的回答是："据说内向的人往往具有专心致志、锲而不舍的品质。另外，我善于倾听，因为我感到应把发言机会多多留给别人……"

类似试题

假如你无意中发现领导或同事正在做一件不愿别人知道的事，对方也看到你，该怎么办？

假如你公司发生一起案件，你有作案时间而被列为怀疑对象，该怎么办？

如果你孤身一人，手无寸铁，在车上碰到持刀拿枪的抢劫团伙作恶，那该怎么办？

如果领导当着大家的面批评你，而你认为事实有出入，批评不对且造成不良影响，那该怎么办？

如果你正在主持一个会议，外面突然传来呼救的声音，该怎么办？

当你必须准时到达一个地点，但突遇交通堵塞，汽车无法前进，该怎么办？

如果你热情帮助一位素昧平生的人，反而引起对方怀疑，你怎么办？

如果你不会游泳，发现一个孩子落水了，水又较深，该怎么办？

两个同事从争辩吵架发展到动武，你去劝解，不料挨了重重的一拳，该怎么办？

如果你被录用，但要到偏远的地区去工作，那里人生地疏、生活条件艰苦，在这种情况下，你该怎么办？

假如你被录取，有一次公司派你去外地出差。有一天公司领导急需一份重要材料去参加会议，而你将此材料与别的重要绝密文件一起放在公司的保险箱里了，钥匙在你身上，你该怎么办？

一天你正在路上行走，忽然有一个人上前抓住你说你是小偷，你当然不承认，但从你的口袋里却拿出了别人的钱包，你该怎么办？

沟通能力面试题

　　顶尖企业面试官十分注重应聘人员的沟通能力。安利在面试求职者时往往会问他最开心的事情是什么，如果求职者回答最开心的事就是和朋友聚在一起，做好吃的与朋友一起分享，那么这个人就会获得高分。安利认为做出这一回答的人，一定具备良好的团队精神和沟通能力，而且喜欢自己做事情。钢铁大王施瓦布说，他愿意付给有演说和表达能力的人较多的报酬。这一能力是做好工作的基础，更是提高自己绩效的保证。

考场实战

　　过家家。（SONY，日本索尼公司）

　　提示：有时，SONY 的面试十分复杂。半个月里可能会被约见三四次，面试人经常更换，有时是业务部门的领导，有时是人事部的人，有时甚至是不相干的部门领导，上上下下，中方外方，很多张面孔，很多与工作无关的问题。时间短的谈上半个小时，时间长的会谈上三四个小时。到了吃饭时间，面试人会像老朋友似的请你到餐厅共进午餐，说说笑笑地聊些家长里短或者时事爱好，不知不觉中渐渐失去了那种被面试的紧张感，言谈之中也不必时时谨慎生怕说错了话。

　　这种"过家家"一样的面试一般会用在要求较高的岗位或是有一定级别的职位，比如：企划人员、项目负责人，或者主管以上的管理人员。通过多角度的接触了解以及营造轻松的沟通环境，双方都可以从中获取更多的信息，并且建立起一定的信任和相互间的感情，为判断的准确以及今后的合作打下一个良好的基础。

　　如果你在夜班理货部工作得非常好，可是前台收银人手不够，常务副总要调你去，你如何沟通？（沃尔玛）

　　提示：要及时、委婉地提出你的想法，管理层会考虑你的意见。沃尔玛的人力资源政策是"尊重个人"，会把每个人放在最适合他的位置。

　　如果你感兴趣的事情你的上司偏不让你做，而你不感兴趣的事情上司却偏让你做，这时候你会怎么办？（中国银行）

提示：

求职者："和上司沟通。"

面试官："如果沟通不成呢？"

求职者："那我要告诉他，不为结果负责任。"

这个答案不够成熟。可以这样回答："如果领导总是让我做不喜欢的事情，短期来讲我可以接受，毕竟工作是第一位的，不能按照我的喜好来行事。但是长期来讲，我需要考查这个工作是不是符合我的兴趣。如果长期做不符合我兴趣的事情，我不能做到出色，我也不会接受这样的任用。作为管理人员，我一直在学会管理自己的兴趣，在工作中尽量做到不要让自己失去兴趣的动力，同时也考虑企业的大局和利益，不被个人的兴趣所左右。"

成功的人都会讲自己是如何对自己的工作感兴趣，但是在成功的道路上，更多时候很难做到兴趣和职业的匹配。因此，培养对工作的兴趣，以及工作不为个人兴趣所左右，才是大多数顶尖企业希望员工具备的能力。

场下演练

你是企业的 HR。某一天，有位同事怒气冲冲地到你面前质问，他在应聘进入公司时，你允诺公司每年会有一次出国培训的机会，但是他到公司已经有一年多了，直到现在都还没有接受到任何出国培训的通知，他认为你欺骗了他。而你在一年前面试时，的确对工程师有这样的允诺，那么，你如何处理这个状况？

提示（参考答案）：首先，我会和颜悦色地邀请他先坐下来，为他倒杯水，让他尽管说，我则在一旁认真地倾听他的每一句话，等到他讲完。

接着，我会对他说："是的，的确当初有这样的承诺。"

然后，我会确认这个培训的现状是否存在。如果培训还存在，只是因为公司人员众多，培训单位疏漏了他，我会向他致歉，表示这是人力资源部门工作的失误，我会向上级反映，争取尽快纠正过来。然后将这件事情上报给人力资源部门经理，请其出面解决，自己则关心这件事情的善后。

如果这个培训已经取消或者发生了变化，我也会向他致歉，至少这个变化没有告知他，也是人力资源部门工作的不周全。然后再按照公司之前变化的理由向他解释，请其理解配合，尽量进行安抚工作。

当你被安排做一件事情，主管你的一把手和主管副手意见不一致时，你怎么办？

提示：这类问题可以判断出应聘者对自我要求的意识及处理问题的能力。对于一个工作了几年的人来说，是个头痛的问题，何况是个涉世未深的大学生。回答时，出发点必须站在领导的角度和对工作负责的态度回答："作为具体执行工作任务的我来说，我会服从上级的安排并尽快做好。本着对工作负责的态度，我会从实际工作的具体情况，给上级以必要的信息和提醒。在没有别人的情况下，分别与两位领导说出该领导和另一位领导意见合理的地方，并综合他们的合理之处说出我对这个问题的建议，让他们都能考虑实际情况和对方的意见，并欣然接受我的想法。"这样，面试官会觉得你有责任心、有头脑，还服从领导。

你如何让别人接受你的观点或主意？

提示：面试官想从你的回答中获得两方面的信息：一是你在试图影响别人时，是不是让人感到很舒服；二是你的说服能力有多强。

如果你的回答是这样的："这要看我的主意好不好。如果这个主意很好，需要赞同主意的人又通情达理，我想让他们接受我的观点应该不成问题。"其实这就变成了答非所问，因为面试官想知道的是，你如何说服那些不认同你观点的人。

参考答案："多年来，我一直在思考这个问题。有时候，我发现好的主意，甚至是伟大的观点，并不能被人们所认同。有一点我很赞同，表达观点的方式同观点一样重要。我通常会从他人的角度来看待这个观点，这样，我就能很容易找到说服他们的方法。"

当你确信自己是正确的，但是其他人不赞同你时，你会怎样做？

提示：这个问题可以反映应聘者是否能够恰当处理反对观点，是否能够承受额外压力，还可以显示求职者处理冲突的能力和自信程度。

如果你是这样回答的："我努力找到一种方法让他们相信我是正确的。如果这样做不奏效——实际上经常不奏效——我会思量是否有办法实现他们的目标，这样，对于我自认为正确的方式，他们就不会再干涉。"这种回答使得自己处于被动地位，除了有自大狂的嫌疑外，它还意味着，如果应聘者不能从反对者那里得到支持，他（她）将采取一切必要措施实现自己的方式。同时这种回答说明，在面对困难或者可能存在冲突的问题时，应聘者就会失去道德标准。

类似试题

你认为最困难的沟通问题是什么？为什么？

你认为良好沟通的关键是什么？

请给出一个最近你培训和指导他人的例子。

你具备哪些辅导或给予他人反馈的经验？

请讲一个这样的情形：某人说话不清，但是你还必须听他的话，你怎样回答他的问题才好？

一个好的沟通者应该具备哪些条件？

请你讲一下和一个有非常糟糕习惯的人在一起工作的经历。你是怎样使对方改变他的不良行为的？

若让你在公司董事会上发言，你该怎样准备发言稿？

我想知道你曾经遇到的最有挑战性的沟通方面的问题。你为什么认为那次经历对你最富有挑战性，你是怎样应对的？

假如两个同事的冲突已经影响到整个团队，让你去调节冲突，并使冲突双方能够自己解决问题，你会怎样做？

若你和你的老板在某件事上有很大的冲突，你该如何弥补你们之间的分歧？请举实例说明。

团队合作能力面试题

　　顶尖企业企业在招聘人才时常把团队精神作为一项重要的考查指标。因为每个人只有将自己融入集体，才能充分发挥个人的作用。团队精神的核心是协同合作。在企业，每个人的工作都不是绝对独立的，协作是为了更好的工作。企业这艘巨舰上的每个人岗位不同，但要达到胜利的彼岸就必须团结协作，向着同一个目标摇旗呐喊，勇往直前。

考场实战

　　木板过河。（通用电气）

　　提示：公司将应聘者分为两组，开展"木板过河"比赛。内容为每组有一个"病人"需要送到"河"对岸，要求用手中的木板搭成"桥"将"病人"送到河对岸，谁先送到"河"对岸则录用谁。

　　实际上"桥"的长度不可能达到"河"对岸，公司设计此考题的目的就是观察此两组应聘者是否有团队意识，因为只有当两组木板合并起来才能过"河"。如果两组应聘者都只想着自己过"河"，则没有达到公司所应具备的要求，都将不予录用。

　　鲁滨逊漂流。（毕马威）

　　提示：题目会假设你是在海上漂流的鲁滨逊，手里有这几样东西：火柴、塑料布、镜子、食物、水和指南针。现在你带不动那么多了，你最先扔哪样？最后保留哪样？

　　标准答案是镜子对你比较重要。按照毕马威公司的理论，鲁滨逊有再多的食物也撑不到漂到陆地的那一天，保险的办法是利用镜子的反光向过往船只求救。据说，你个人得出的顺序会和标准答案差别很大，而经过小组讨论，结果可能会稍好一些。

　　保护鸡蛋。（联合利华）

　　提示：一个鸡蛋从5米的高处自由落下不碎，这简直令人不可思议，但游戏就是要求5个人的小组在得到必需的胶条、剪刀，并在塑料袋、两根竹筷、一张A4纸、两根皮筋间任选三样对鸡蛋处理后让其毫发无损地落下。

在临时团队商量的过程中，联合利华的主考人员会在一旁默默倾听并在记分表上给每个组员详细打分，但最后确定这个临时团队的协作是否完美还是要看鸡蛋是否完整。更令人难以想象的是，其中3个组的鸡蛋落地后竟完好如初，这3个组的组员会在协作方面得到加分。在顶尖企业里，没有以大局为重的协作精神就无法完成许多工作。

建造一个主题动物园。（诺基亚）

提示：一位应聘者这样描述诺基亚的考试：人力测评让我们六个人做一个项目，建造一个主题动物园。任务是：有一个小岛，四周环水，对岸有两个小镇。你可以买小镇的土地，但是小岛一定要建成动物园，岛上的阔叶林可以砍伐，但最终要在几年内赢利，并向董事会汇报你的方案，说服他们投资。

主考官先给大家5分钟时间，让我们考虑考虑，想想自己的规划，中间有什么问题可以问她。这个时候你最好问一个问题，哪怕无关紧要的，要知道这是引起他们注意的好机会，也证明你是有想法的。

接下来是半个小时的集体讨论时间。这个时候你一定要表现出一定的团体合作能力，因为这个是 NOKIA 最看重的。有的时候，你要考虑让自己的观点靠近集体的观点，因为这是面试，时间有限，不像在实际工作中还可以讨论或坚持己见。在这个过程中，你是不是最重要的那个人没有关系，关键是你的声音要和团队一致。事后想想，大家还是应该以动物园为中心，分期分批地建造动物园，小镇的配套开发肯定要放在最后，因为成本也是很重要的。有条件的话，人力测评前最好去动物园看看，他们主要的赢利手段是什么？各种动物是如何安排的？娱乐设施是怎么建设的？道路是怎么建设的？保安措施如何？等等。这些可能对你的表现有所帮助。

最后，HR 会要求你们选出一个人为代表，向主考官们汇报。当然，汇报的只有一个，是不是你本人没有关系，但是在关键的时候你要补充关键的问题。如果是你汇报，你的观点一定要代表大家的意见。当主考官对某些问题提出质疑后，你的机会就来了，因为这是表现你在团队困难时挺身而出的好机会；当然，在错误的问题面前，勇于承担错误也是一个不错的表现。

推销商品。（西门子）

提示：分组活动中，首先是给你一张表，上面列出了很多东西，如《方言大全》、周杰伦演唱会门票、芭蕾舞门票，大概20个左右，你需要在规定的时间内将表上的东西卖出去，卖出去的表现形式就是要别人在那个东西后面签名。可以卖给一起参加招聘的同学，最好是能卖给西门子在座的招聘人员。而且不能随便卖，必须那个人确实想要和需要，最后在卖完后是要抽查的。比如周杰伦演唱会门票，如果那个买的人不会唱他的歌或者根本没听过，那就不行，卖的东西就不作数了。

加油站的竞争。（西门子）

提示：所有人分成三组，题目是，一个小区内有一个加油站，这时来了另外两个加油站参加竞争，这时就有很多情况。如果三家都提价，则每组加1分；如果只有一组加价，另外两组平价，就平价的加分、提价的减分，等等。题目说起来很复杂，反正就是一个博弈的题目。就看大家临场发挥了。其实这个游戏主要考验的是你的分析能力、与人打交道的能力（因为要派代表出去跟其他两组人谈判是否统一提价），会有招聘的工作人员在周围听你们的分析过程。

场下演练

一家外企招聘员工时，要求应聘者冒雨到附近指定地点然后返回，但只有一半的应聘者发到伞。你是如何做的？

提示：应聘者在这场面试中出现这样的情况：有的发到伞的应聘者主动与无伞的应聘者搭档，风雨同伞；有的无伞的应聘者则与有伞的应聘者协商合用一把伞；有的有伞的应聘者只顾自己不顾别人，独自撑一把伞。结果，独自撑一把伞者被淘汰，而风雨同伞者被录用。

你曾经参加过哪些竞争活动？这些活动值得吗？

提示：这个问题用来测试应聘者的竞争与合作意识。通过调查应聘者经历过的实际竞争场景，可以反映出应聘者对竞争环境的适应程度，也可以反映出应聘者的自信心。

对于这个问题，可以回答："我喜欢小组运动，我一直都尽我所能参加这些活动。我过去经常打篮球，现在有时候也打。同小组一起工作、为实现共同目标而努力、在竞争中争取胜利……这些事情确实非常令人兴奋。"

这种回答表明，应聘者能够正确看待竞争。这意味着他（她）能够利用竞争力量在竞争中取胜，而不会毁掉同事的工作成果。

说一个你参与的项目或者社会活动，你在其中处于什么样的地位？你承担哪些职责？

提示：有的面试官在提出这个问题的时候会明示你要重点阐述你的团队合作能力，如果他没有明说，其实这也是这个问题的关键。项目的内容适当地涉及，重点放在你如何协调与同事、同学的关系，如何分工共同完成任务。如果你处于领导者的位置，那就锦上添花了，面试官会对这一点非常有兴趣。

类似试题

在与你最为亲密的同事相处时，为了确保团队目标能够完成，你在其中扮演什么角色？

请给出一个你在高效的团队内工作的例子。

什么时候你的目标和你团队的目标不是很吻合？

你认为一个好的团队管理者最主要的特点是什么？为什么？

请你讲出你在团队工作背景下遇到的最具有创造性和挑战性的事情。你用什么方法来鼓励他人和你自己来完成这件事？

管理人员能否不做任何说明就让员工去干某项工作？为什么？

请讲一下你对团队工作最喜欢和最不喜欢的地方。为什么？

请说出你作为团队成员所遇到的最困难的事情。你是怎样解决这个困难的？你在解决这个困难中起了什么作用？

你认为怎样才算一个好的团队成员？

你认为做一个好的员工和当一位好的团队成员有什么区别？

根据你的经验，若某位员工经常迟到、早退、旷工，或不愿意干活的话，会给整个团队带来什么样的问题？这些问题该怎样解决？作为团队的一员，你是怎样改善这种情况的？

客户服务能力面试题

今天，客户服务已不单是售后服务人员或服务型企业员工关心的事，拥有持续竞争优势的企业在战略层面，即以深邃的客户需求先见能力而傲视群雄。打造一流的客户服务能力已成为企业竞争的新焦点。因此，面试官在这个方面越来越加重考查比例。

考场实战

我觉得你太听话了，恐怕不适合这个职位。要知道，我们经常会遇到一些很难缠的客户。（丰田）

提示：如果能让主考官意识到，尽管他在刁难你、试探你，但你不以为意，也不会被动地挨打，因为你有涵养和信心，是一个强者。

回答一：再难缠的客户也要讲道理，我觉得这跟个性无关。再说，乖巧听话也是优点吧。（不理想。这不是主考官要的答案，也不宜否定主考官的判断。）

回答二：我显得内向是因为我善于倾听，愿意把发言机会多留给别人，但并不表示我不善言辞，需要时我也能侃侃而谈。（不错，能让主考官觉得你潜力无穷。）

如果你在销售一种产品，遇上一位客户一直抱怨你的售后服务很糟糕，这时你会怎么办？（摩托罗拉）

提示：面试官想通过这个问题的回答来看出应聘者如何应对一些难缠的客户，他期待求职者不要显得那么容易屈服。

正确的回答："我将向客户解释，我们的企业向来以产品质量和优质服务为荣。然后我将向客户保证，我会尽一切努力来改善这种状况。接下来我会听他（她）抱怨并查找问题的根源，作出必要的改进来满足客户。"

场下演练

你在与客户接触的过程中，客户向你提出了一个你回答不了的技术问题，你当时又无法与其他人联系，你怎么办？

A. 对不起，我不清楚，不过最晚明天我就可以告诉你。

B. 胡乱回答，应付搪塞。

C. 我的业务水平很高，我想不会出现这种情况。

D. 夸奖对方的提问，约定时间回答。

E. 我刚刚参加工作不久，这个问题我不太清楚。

提示：为客户提供令其满意的服务，是单位的起码要求。你回答不了客户问题，说明你的基本功有欠缺。实事求是地说明自己的情况，保证平时加强基本功训练，尽量少出现这种局面，并向客户承诺在其能允许的最短时间里将其问题作出圆满答复是可取的。因此，A、D的回答可参考，B、C、E的回答应避免。

你如何平衡客户需要与公司目标之间的关系？

提示：面试官想知道你是否懂得维护客户需要与公司目标之间的平衡，这两者的思维方向不总是一致的。

较为恰当的回答是："迄今为止我一直很幸运，因为大多数情况下我们客户的需要与公司目标并不矛盾。要知道我在客户方面和公司方面都承担一定的责任，所以我对客户提出的任何有违公司目标的要求都会深思熟虑。我需要考虑矛盾的严重程度以及该客户对我们公司的重要性。在需要决策时，如果一定要作出选择的话，我会向上级主管征求意见并且作出最有利于公司的选择，同时对这位客户保持高度的职业诚信。"

这样回答显得十分诚恳，说明求职者懂得如何权衡公司利益与客户利益，最后对客户保持诚信服务的承诺更起到了锦上添花的效果。

假设一个客户已基本接受了服务，但对价格仍然不满，而你给出的价格已经是公司所能够提供的最低价格，你该怎么办？

提示：本题考查求职者应对公司利益和客户要求出现矛盾时的能力。

参考答案：

首先我会再次强调服务的重要性。即便其他公司能够提供更低廉的价格，但一旦服务存在问题，势必留下大量的后遗症，反而得不偿失。如果仍不能说服客户的话，我会看看财务上是否有变通的可能，或者让出一部分我自己的收益。

如果实在不行，我最后采取的方式是，不会立即给他答复，而是回去再为他争取。

其次，在一两天后我会告诉他，我已经和我的上级讨论过了，谁都希望以更低的价格买到东西，但在我的职权范围内这个价格已经是最低的了，他也可以参照一下其他公司的价格。

如果不买也没有关系，我们可以交个朋友，如果他以后有什么问题不妨打电话联系我。

类似试题

请给出一个你与客户发生冲突的例子，你是如何处理的？

请给出一个你满足消费者或客户需求变化的例子。

请给出一个你主动了解客户需求，从而提供服务并获得认可的例子。

请给出一个你虽然遇到困难但仍然有效为客户解决问题的事例。

你认为质量和客户服务的关系是什么？

很多人都把客户服务的重点放到处理客户投诉上，你认为这种策略的问题是什么？

在客户服务中，公司的政策和规定起着什么样的作用？

如果客户对所发生的事情的判断是完全错误的话，你该如何解决这个问题？

统计数字表明，19个客户中只有1个客户会投诉，其他18人尽管不满意也不会说什么，但再也不会购买你的产品了。客户服务代表怎样鼓励沉默的客户发表自己的看法？

若客户不满，他们能接受的最大的不满程度有多大？

沃尔玛试题：

1. 英语口语：

需要我帮忙吗？

谢谢你的惠顾！

RMB67.80元

2. 试举出商品卖不出去的两种原因。

3. 电器部全货品均以8折酬宾，一部电视原价为￥2320，电视售价是多少？

4. 一位顾客考虑很久以后选购了一套衣服，第二天他拿来要退货并说："我太太不喜欢它。"你是该店铺的售货员，你应该如何处理？

5. 你是收货部员工，你的一位同事经常迟到和缺勤，致使你和其他同事不得不分担他应做的工作而使得工作压力加大。这样，你会对这位经常迟到或缺勤的同事说什么呢？

6. 沃尔玛里你认识谁？对方在沃尔玛任何职位？你们的关系如何？

星巴克试题：

1. 你是一家咖啡店的店经理，你发现店内同时出现下列状况：

1）许多张桌子桌面上有客人离去后留下的空杯未清理，桌面不干净待整理。

2）有客人正在询问店内卖哪些品种，他不知如何点咖啡。

3）已有客人点完咖啡，正在收银机旁等待结账。

4）有厂商正准备要进货，需要店经理签收。

请问，针对上述同时发生的情况，你要如何排定处理之先后顺序，为什么？

2. 甲员工脾气不好，以致在前三家店因为与店内其他同事相处不佳而屡屡调动。现在甲被调到你的店里面来，请问身为店经理的你，将如何应对？

3. 你是店经理，本周五结账后发现门市总销售额较上周五减少30%。请问可能的原因会是哪几种，各原因如何应对？

第 *3* 章
工作态度测试

忠诚度测试

　　顶尖企业都十分重视对面试者忠诚度的考查。忠诚的员工才会有责任感，才会踏踏实实地工作，才会有竞争力、创造力，企业才会有凝聚力。

　　忠诚不仅是一种品德，更是一种能力，而且是其他所有能力的统帅与核心。缺乏忠诚，其他的能力就失去了用武之地。

考场实战

　　你跳槽的原因是什么？（三星电子）

　　提示：要尽量淡化敏感答案，不给招聘人员留下猜测的余地。

　　曾有调查表明，目前在面试中常见的离职原因包括人际关系处理不好、收入不合期望、与上司相处不好、工作压力大等。但从企业招聘方来看，这些原因都或多或少地包含了求职者本身的因素，可能影响将来的工作发挥，如与同事及客户的人际关系、薪水问题、不能承受竞争等。因此，不建议采用此类原因。

　　尽量采用与工作能力关系不大、能为人所理解的离职原因，如为了符合职业生涯规划、上班太远影响工作、需要学习充电、休假、生病等。

　　注意：避免敏感答案，并不意味着欺骗，如招聘人员问及细节问题，应如实回答。否则，求职者的诚信度可能大打折扣，成功可能性更小。

如果我录用你，你认为你在这个岗位上会待多久呢？（中国电信）

A. 这问题可能要等我工作一段时间后，才能比较具体地回答。

B. 一份工作至少要做 3 年、5 年，才能学习到精华的部分。

C. 这个问题蛮难回答的，可能要看当时的情形。

D. 至少两年，两年后我计划再出国深造。

提示：选择 B 最多，A 次之。B 的回答能充分显示出你的稳定性，不过，这必须配合你的履历表，与之前的工作情况要有一致性。A 的回答则非常实际，有些人事主管因为欣赏应征者的坦诚，也能接受这样的回答。

场下演练

假设你应聘的是医院某一科室主任的职务，他们可能会这样问你："如果一个年老病人的女儿为了自己的利益打电话来询问她母亲近期的诊断结果，你会怎样做呢？"

提示：一旦碰到这种问题，应聘者的答案应该尽量把各种因素都考虑周全。除非你得到上司的指示，否则绝不能轻易地将诊断结果告知他人。最好的说法是说明你需要与上司商量一下。如果他们不在，你就要谨慎周到地处理，直到上司给你指示为止。

因为很多工作都涉及客户个人秘密，是不可以随便泄漏的，甚至不能让别人知道你的真正身份是什么。其实从银行经理到诊所招待员，都有可能被提出这样的要求。

老板也不希望你总是打听别人赚取多少钱，或者谁又生了什么病等。老板希望你能为客户或者同事着想并严守秘密。

假如客户要回扣，你如何处理？

提示：本题考查如何处理客户要求与职业操守之间的矛盾。这一矛盾与公司的利益息息相关，在现实中随时可能出现。比较合适的回答是：我会向客户详细说明我们公司的政策，同时我也会私下里送一个小礼品（价值不超过 50 元）给对方，以缓和矛盾冲突，维护公司的利益。

类似试题

你是如何理解忠诚的？

哪些原因导致你考虑离开你目前的公司？

请你说说，你为什么认为经常跳槽正代表你的工作能力？

在什么情况下你才不会离开你现在的工作岗位？

进取心测试

成功企业依靠的是具有进取心、热情的员工。通过这类问题的回答，顶尖企业的面试官可以衡量应聘者对工作的热情程度以及对将来工作的投入程度，因为这些答案将反映应聘者是否愿意为企业多作贡献，是否有足够的热情为企业作贡献。

考场实战

经典 6 问题（摩托罗拉）

1. 您是否有一份对摩托罗拉公司成功有意义的工作？

2. 您是否了解并具备胜任本职工作的知识？

3. 您的培训是否已经确定并得到适当的安排,以不断提高您的工作技能？

4. 您是否了解您的职业前途,它是否切实可行,令你鼓舞并付诸行动？

5. 过去的 30 天里您是否都获得了中肯的意见反馈,以有助于改进工作绩效或促成您的职业前途的实现？

6. 您个人的情况，例如性别、文化背景是否得到正确的对待而不影响您的成功？

提示：摩托罗拉在招聘员工时有一条标准，那就是员工的发展意识。一名员工既要能发展自己，又要能发展别人。这几个问题不仅主考官爱提问，公司每个员工也都有一张 IDE 卡，上面非常简单地用英文写了上述问题。这是员工每个季度都要问自己、问公司的 6 个问题。每个季度的 IDE 问话实际上就是考核，既考核自己，也考核主管。

假如明天就要死了，你希望自己的墓碑上刻一句什么话？（日立）

提示：主考官实际是想问你，这一生你希望自己能达到怎样的成就。

错：找了份好工作、找了个好老公等"老婆孩子热炕头"式的"人生理想"，或者请安息吧、我是个好人之类不着边际的空话。

对：我这一生在很多不同行业工作过，这让我很满足。

场下演练

解释一下你将如何走向成功。

提示：此问题是考查应聘者对事业成功的理解以及应聘者的理想是否现实，还能知道他的目标和志向。

错："像其他人一样，我相信劳必有所获。只要选择了正确的公司，我就能沿着成功的道路迅速前进，直到成为公司的领导人之一。在贵公司这样一流的集团工作，本身就是成功。"

许多人可能会这样回答，却忽略了一点：世界是变化的。

对："公司为员工铺设的成功道路在不断地变化，人们也应该作出与此相适应的变化，关键是要寻找能发挥自己才能的工作。一旦找到，我会全心全意为公司工作。我相信只要付出努力，事业定会有所成就。"

这种回答表明了应聘者理解工作要随市场的变化而变化，理解公司对员工个人能力的要求，理解个人事业的成功与个人表现息息相关，回答中没有不现实的期望。

你希望何时得到晋升的机会？

提示：要小心谨慎！回答要能说明你相信你自己，在工作中一贯踏踏实实。"那要取决于一些条件。当然，如果我没有值得被提升的业绩，我不会希望有这样的机会。我也想加盟能提供必要机会的公司，为此我希望我的经理能从公司内部提升工作人员并且帮助我发展，这样当机会来临时，我将具备成为提升对象的必要的能力。"

如果你是公司里唯一从事某项具体工作的人员，或者你在管理阶层中任职，你的回答中还应该显示另一种品质。比如："作为一位经理，我意识到进行后继者规划也属我的职责范围，所以我应该挑选能接替我位置的人并且培训他（她），让其具备接替我职位的能力。通过这种方式，我在传递指挥接力棒的过程中发挥了应有的作用。"为防面试官乘你不备问你在现在的工作中是否已做到这一点，你的结束语可以是："就像我在现任工作中已经做的，我已物色好几位在我离开时能够接替我工作的候选人。"

出于工作晋升的考虑，你打算继续深造吗？

提示：本题可以用来衡量应聘者的雄心，也可以判断企业对应聘者的重视程度是否会影响应聘者对自己未来的重视程度。也就是说，应聘者是否具有一股激情去从事自己正从事的职业。

对于这个问题，比较好的回答是：

作为一名大学生，我学到了很多知识。如果有合适的机会，我当然会考虑继续深造。但是，我会认真考虑这件事情，我觉得很多人回学校学习是很盲目的。如果我发现自己所做的工作确实有价值，而且也需要获得更多的教育才能在这一领域做得出色，我当然会毫不犹豫地去学习。

这种回答显示了应聘者的雄心、热情以及动力，同时也表明，应聘者具有与众不同的头脑，而且对重大职业决策非常认真。

类似试题

如果你有很多钱可以使用，你也想让自己仍然很忙的话，你会利用时间做什么？

你在学校时想做些什么？

若你自己来写你的职位描述的话，你会写些什么？

若让你自己满意的话，工作中应该包括些什么？

在这个公司，你个人希望取得什么样的成绩？

过去 12 个月里，你都给自己定了哪些个人目标？你为什么要定这些目标？

你是怎样获得你现在老板对你工作目标的支持的？

请告诉我，你曾经从事的最好的工作是什么？你为什么认为那是最好的工作？你开始是怎样获得那份工作的？

讲讲你主动承担分外工作的经历，你为什么要主动承担那些分外工作？对那些分外工作你做得怎么样？

诚信度测试

诚信是职场中人最宝贵的品质，对于个人和社会都有重要的意义和作用，因此诚信也被许多顶尖企业作为招聘人才的第一标准。

考场实战

谈谈你的缺点吧。（新华社）

提示：要知道每个人都是有缺点的，你不能说自己没有缺点，那很显然是没有诚信的表现。你作为一个求职者要珍惜每一个展现自我的机会，在回答自己缺点的时候，也不忘展现一下自身的亮点。

可以这样回答：由于我上学期间一直担任班干部，总是会组织一些活动，由于活动内容繁琐，需要高效有序的进行，所以我对于那些没有秩序感、经常迟到的人，可能缺乏足够的耐心。

别人让你给客户撒个谎（比如，说某批货已经发了，其实订单还在办公桌上），你会怎么办？（顺丰快递公司）

提示：你可以这样回答：我可能会拒绝这样的要求，因为客户是最重要的资源，如果对客户失去诚信，公司可能遭受巨大的损失。然后我会尽快弄清楚没有发货的原因，并尽快把货物发出。最后，我会向客户说明原因，并诚挚道歉。

求职者要时刻谨记，诚信是不可违背的原则，同时也要保证事情能够圆满的处理。

你原来公司的营销策略是什么，未来三年发展方向如何？（某保险公司）

提示：你不能直接回答这个问题。要说你不能回答这个问题，因为涉及商业机密，同时也表明这是你一贯做事的原则。

如果你将公司的机密和盘托出，会形成一种不好的印象。每个企业都希望员工能够忠诚、守信，哪怕是已经离职的员工。

场下演练

你的同事给你讲了一个十分重要的事情或者一个秘密，你觉得你的老板应该知道这件事情，你怎么办？

提示：这里涉及一个"大诚信""小诚信"的问题，要对秘密的性质进行区分，对企业构成威胁的话，就应该告诉老板。

请举例说明你是如何遵守诚信的。

提示：用事实说话。可以向面试官申请一分钟用来思考和整理思路，一定要举一个例子。

第 *4* 章
综合分类面试全真面试题

题型一：要求你说明工作经验

案例 1：

面试官：你在简历中提及曾经在某银行的信用卡业务部工作，你平时的工作都是什么呢？

求职者：我主要负责协助开户业务，统计业务数据并作基础分析。在工作期间，我还参与过某银行信用卡业务的推广活动，协助策划、实施信用卡业务在校园的推广。

面试官：你觉得你对于所在部门的最大贡献是什么？

求职者：事实上这样一家银行的业务流程和操作模式都是非常成熟的，而我在刚毕业就进入这样一家银行，主要是以学习为主。我认为我对所在部门最大的贡献在于，从一个刚离开校园不久的新员工的视角给出信用卡在校园推广的建议。学生虽然没有很大的购买力，但是长期来讲，他们将是一个巨大的信用卡潜在消费群体。因此如何把握学生的心理进行宣传和推广，就是我最主要的贡献。

专家解析：该求职者，并没有过分夸大自己的工作范围和成果，给了面试官诚实正直的初步印象，而且正视自身在原先工作团队中所处的位置。对于很多应聘者来说，如何在合理可信地描述自己的实习过程的同时，又能突出自己闪光点，这是一种很好的处理方式，值得借鉴。

案例2：

面试官：简历中说，你曾经在某大型制造业企业担任计算机系统管理专员，你的具体职责是什么呢？

求职者：基本工作是维护企业计算机系统的正常运作并解决各类突发问题。同时，我还承接了企业管理计算机化的项目，实现了企业从半手工、半程序化操作向计算机化的转变。

面试官：能详细介绍一下你所承接的企业管理计算机化项目的具体工作内容吗？

求职者：我有着非常明确的两点目标：第一，为企业配备优良的设备；第二，使员工最大程度地接受转变，并很快能够熟练运用计算机化的系统操作工作。针对我的第一个目标，我进行了项目招标，最终指定了业内非常知名的一家计算机信息系统公司为我们提供设备。针对我的第二个目标，我在企业中进行了广泛的调查，了解员工目前工作流程的操作现状以及需要改进的地方，并在调查中帮助员工更多地理解企业实施计算机化的好处。在员工调查的基础之上，我制定了一份"系统实施需求列表"，协调计算机信息系统公司有效地在企业推行相关系统，提高了员工工作效率。

面试官：计算机信息系统原理上的确可以提高员工工作效率，并帮助企业实现其他的很多管理功能，但是在实际操作中却不是这样，你认为主要原因是什么？

求职者：我完全同意您所说的这一点，那就是在原理上面完全可行的企业管理计算机化在许多企业中的实际操作是失败的，或至少是不尽如人意的。我认为，最重要的一点在于，企业领导和项目负责人首先要把实施计算机系统作为一项"管理变革"项目，其次才是一项"电脑工程"。在推行企业计算机化项目时，首先需要改变的是人，其次才是电脑系统。

良好的员工沟通是企业管理计算机化的一个重要前提。了解他们工作的现状，帮助他们解决工作中存在的问题，要求他们在系统实施的初始阶段尽量克服困难，这些都是有效实施项目的必备之举。

专家解析：该求职者的回答非常专业，能够显出他是一个善于思考、总结且目标十分清晰的人。

首先，该求职者在描述个人职责时突出了自己的项目管理经验，而不是只泛泛地描述一些一般性的职责，很好地引导了面试官来针对他擅长的领域和闪光点提问。

其次，该求职者描述项目具体内容时逻辑清晰，且有效地把握了工作目标，汇报了工作结果。该求职者第三回合的回答很好地呼应了面试官的提问，不仅非常容易引起面试官的共鸣，而且体现了自己运作的项目心得和思考问题、分析问题的能力。

题型二：要求你说明对相关职位理解

案例1：

面试官：你应聘的是审计员的职位，你觉得你的优势在哪？

求职者：我认为作为一名审计人员必须具备三种能力。第一，是分析能力和对数字的敏感性。如果人可以分为两种人，一种能被表格和数字激发灵感，另一种对图像和文字十分敏感，那我无疑属于前者。我十分喜爱和数字打交道，喜欢通过数字发现问题。第二，是沟通能力和团队合作精神。在我参加的社团和兼职中，所从事的职位都需要广泛地与他人进行协作，进行沟通，所以在这方面我对自己有很大的信心。第三，则是敬业精神。我认为审计是一份繁忙而消耗精力的工作，如果有10个人胜任这个职位，只有5个人能承受这种压力，所以敬业精神就十分重要，而我恰恰具备这样的敬业精神。

专家解析：谈自己的优势时，有的人过于谦虚，有的人过于浮夸，这都不利于给面试官留下好的印象。该求职者没有直接谈自己的优势，而是具体到审计职位需要具备的三种能力，让面试官感觉到了他的专业性。每谈到一种能力时，又结合自身情况描述了自己的认识和胜任力，让人觉得不浮夸、言之有物、有理有据，是值得学习的面试应答典范。

案例2：

面试官：我在你的简历上看到你原来是担任行政秘书职位的，现在应聘的却是市场管理部的职位，能谈谈你对市场管理部工作的理解吗？

求职者：我认为市场管理部门的工作就是通过市场信息来分析消费者的心理、偏好，使你的产品具有个性，与众不同，在同类产品中更具有竞争力，瞄准特定的客户群体，挖掘尚未完全开发的市场。虽然我过去担任的是行政秘书的职位，但是我在此期间也参与了市场部门的一些项目，对市场管理部的工作有一定的了解和认识。同时我具备一名市场管理人员所必须具备的创新意识和分析能力，又能把担任行政秘书的细心、敏锐带到新的工作中去。我曾经在市场部参与项目的经验和良好的学习、适应能力，也使我能够快速投入到市场管理部的工作中去。

专家解析：

该求职者不仅思路清晰，明确回答了自己对市场管理部门工作的认识，更是表明了自己具有胜任这个职位的能力，这是十分重要的。

在回答这类问题时，首先要明确，面试官不仅希望知道你对应聘职位的理解，更想了解你是否具有胜任这个职位的能力素质，所以你自然可以在回答中列举一些你的案例，证明你有这个能力，显得更有说服力。

题型三：要求你说明教育背景与学习能力

案例1：

面试官：从你的成绩单来看，你的成绩似乎并不是很稳定？

求职者：的确，我在一、二年级的成绩并不好，但是我的成绩的成长趋势是非常好的，可以看出三、四年级我的成绩有了非常明显的提高。我想，之所以能够有这样的趋势，在于我个人对此的重视和努力。

面试官：除了成绩单以外，你还有什么能够证明你的学习能力呢？

求职者：很多人都说，大学教育是一种素质教育而并非一种知识性质的教育。事实上，我一、二年级成绩不好，是因为我个人认为我的专业发展方向与我未来的职业规划并不符合，因此我将时间更多地放在参加学校的各类社团活动和学生组织上，以培养自己的组织能力和团队协调能力。而到了三年级，我认识到不少工作单位都比较重视奖学金和学习成绩，因此我增加了自己在学习方面投入的时间。

能够担任某些学生组织的干部，能够在认识到成绩重要性的情况下迅速提高自己的成绩，也从侧面证明了我的学习能力。

面试官：如果可以重新选择，你如何平衡学习与社团的活动？

求职者：我想我会在一、二年级的时候先不忽视学习的重要性，因为如果没有打下很好的基础，到三、四年级再开始努力毕竟容易力不从心。同时，在一、二年级时，我会精选 1~2 个社团或学生组织参加，把更多属于自己的兴趣爱好而参加的社团放在三、四年级去参与，因为那个时候空余时间会更多。

专家解析：面试官的第一个问题其实已经暗指该求职者的成绩不尽如人意，但是该求职者能够在趋势上面做文章，是比较有说服力的。

而求职者对于第二个问题的回答更是给出了强有力的例证，既说明了自己一、二年级成绩不好是经过个人分析和理性选择的，并非是没有能够经受丰富多彩大学的活动的诱惑。同时也说明了一旦自己认识到成绩的重要性，学习成绩得到了迅速的提高，从而为其"学习能力"提供了最佳支持。

案例 2：

面试官：简单介绍一下你就读专业所学习的主要内容。

求职者：我的专业课程设置包括宏观经济学、微观经济学、国际贸易、国际金融、国际营销、证券投资学等，都是关于涉外经济贸易管理方面的课程。

面试官：你的专业成绩怎么样呢？

求职者：我的成绩基本上位于班级前 20％。

面试官：很多人认为大学专业教育的内容对未来工作帮助不大，你的看法是什么？

求职者：在我看来，这个问题没有绝对的答案，应该分两方面情况来分析。首先，对于一些特定的工作而言，例如信息技术、工程管理、研究发展等工作，大学专业教育的内容不但有帮助，而且是必需的，因为学习的内容是掌握未来工作的专业技术的基础。而对于一些管理、文化等非技术类的工作而言，如市场、销售、人力资源等，大学专业教育最重要的作用在于培养学生思考问题、解决问题的能力以及学习知识、运用知识的能力。只要学生们能够通过专业学习培养这样一种能力，无论学习什么专业都可以从事这样一些工作。

专家解析：对此类问题应根据具体应聘的职位来回答。如果是专业技术性强的工作，应突出自己的专业背景和技术能力；对于一些专业壁垒不强的岗位，如管理、销售等工作岗位，可以突出自己的能力素质，比如思维能力及学习能力。

对于面试官有关"大学专业教育的内容对未来工作有没有帮助"的问题，求职者回答问题的思路非常清晰。

题型四：要求你说明个人学习能力

案例 1：

面试官：你认为在过去三年多的学习过程中最主要的三个学习重点是什么？

求职者：首先，我认为是专业知识。在过去的三年多里，我掌握了行政管理的基础知识，对管理的一些基本操作有了一定的了解，形成了一种感性认识；其次是学习知识的能力和思维方式。进入大学以后，自学占了很大一部分，我学会根据自己的需要有选择地学习，而且，最重要的往往不是知识本身，而是想问题、分析问题和解决问题的思维方式；最后，是独立意识。这不仅仅体现在生活上，更体现在对自己前途的规划上，要做什么、怎么做都要自己来选择。

专家解析：该求职者从知识、能力和素质三方面阐述了自己在大学中的主要学习点，全面表现了自己是一个优秀的毕业生。这样的描述方法能够非常有效地使面试官对该求职者在未来胜任工作充满信心。

案例 2：

面试官：编辑是一份需要不断学习的职业，能否给出一个你快速学习解决工作问题的实例？

求职者：作为一名编辑，我认为我至今最大的成功是为杂志社的市场发行部门撰写并实施促销方案。当时杂志为了开拓市场，要举行一系列的杂志推广活动。由于市场部人员配备不足，所以社长要求我来负责促销方案的撰写。我本身是读中文的，对于市场营销和管理都不甚了解，所以一开始我十分担心不能按时完成任务。为了克服自己本身对这方面了解的不足，我看了许多营销和管理类的书，边学习边着手撰写促销方案并不断修改。虽然每天只能睡几个小时，但最后我终于完成了促销方案，并得到领导的好评。在后来的实施中，我的方案也被证明是十分有效的，帮助新杂志开拓了市场，并争取到了相当一部分稳定读者。

专家解析：该求职者虽然是一名编辑，却用市场营销的事例来阐述自己的成功，是十分新颖的。利用这个例子，既强调了自己对新知识的接受和学习能力，还把作为编辑本身的相关能力蕴涵其中。

回答这一类的问题，应注意对事例的描述要尽量清晰，给出当时情况是怎样的，为什么学习，怎样学习，最终达到怎样的效果。这样可以使面试官很快抓住你回答中的重点，了解你的学习能力。

题型五：要求你说明兼职经验和社会活动

案例1：

面试官：作为班长，你主要的职责有哪些？

求职者：我的职责是统筹管理班级同学的学习和生活，定期组织班会并且开展班级活动，协调班级委员更好地管理班级的各项事务。

面试官：你觉得在你的任期内，在你组织过的活动和管理的事务中，哪一样是你最具有成就感的？

求职者：我认为最有成就的是我组织的一次"破冰行动"。我们班级一共有90多人，来自于全国各地，大家的文化背景和生活习惯均有所不同，因此相处了虽然有一年，仍然有不少同学互相之间不熟悉。而"破冰活动"的目的就是要打破这种隔阂与陌生感。在这次行动中，我们组织的一个经典活动就是"各地文化大家谈"，让来自全国各地的同学分享家乡的旅游景点、文化习惯。这个活动获得了非常好的反馈，一方面不少同学很高兴能有机会与大家分享自己的所见所闻；另一方面，其他同学也十分愿意通过这样的方式去了解各地的风土人情。

专家解析：该求职者针对第二个问题所举的例子可以充分证明自己的能力，使班长的职责明确、具体，容易给面试官留下深刻的印象。

对于应届毕业生，没有具体的工作经验，兼职、社会实践以及社团活动经验是面试官了解求职者能力和潜力的最主要方面。求职者对于这类问题的回答应给出充分的信息，表现自己的能力。

案例2：

面试官：你曾经在学校里的学生超市做勤工俭学，在这过程中你学到了什么？

求职者：首先，通过勤工俭学我获得了一份收入，贴补了我的生活费用，减轻了父母的压力；我还通过这样的方式，加强了自己的独立意识，培养了一种独立生活的能力；最后，学生超市在学校里也是社团的一种，我觉得加入这样一个组织，能和很多人一起共同努力，给了我很强的集体归属感。

面试官：兼职可能会与学习冲突，你如何平衡这二者的关系呢？

求职者：作为一名学生，学习才是最主要的。虽然这份兼职占用了我相当多的时间，但我并没有放弃学习。在工作中我是非常努力的，同时这种态度也贯穿于我的学习之中。我牺牲了相当多娱乐休息的时间用于学习，因为我明白，既然我选择了做兼职，我就必须要牺牲一些原本可以用于放松的时间。所以，综合大学这几年，我可以说是工作学习两不误。

专家解析：上面的求职者从学生超市一名普通成员的角度很好地描述了自己的收获，强调他的独立意识，能够打动面试官。很多学生都会有在学校一些实体或社团的经历，但不是每个人都能成为社团和实体的领导者。同时该求职者又很好地阐述了如何平衡学习与兼职之间的关系，明确了以学习为本的原则，这也是至关重要的。

案例3：

面试官：如果你担任一个团队的领导人，最大的优势和劣势分别是什么？

求职者：我认为自己最大的优势是有责任心，比较稳重踏实，具有实干精神。对于一项工作，我会把它的方方面面都尽量考虑到位，清楚地分析它的利弊得失，猜测它可能的后果，我比较希望对一项工作有一定的了解后再去做。作为一名团队的领导人物，对于一些突发的紧急情况，我能够沉着冷静地处理。而我最大的劣势可能就是我并不那么习惯于创新，我说自己并不习惯于创新，并不是说我不能够创新，而是我可能首先考虑的是如何有效地实施，在一开始就否决掉许多我认为无法实施的想法。

专家解析：求职者在回答这类问题时，对于缺点的回答需要慎重，要避免自己所提的缺点正对应所职责职位的能力素质要求。另外，还可以强调对缺点的改进方案，给面试官留下知错能改的好印象。

题型六：要求你在特定场景中角色扮演

案例1：

面试官：如果你现在是一名经理，发现你的一名下属的行为违反了公司的行为准则，并且涉及到一些财务问题。但他工作表现业绩优秀，你又非常信任他，与你的个人关系也很好，你会怎么处理？

求职者：我首先会先搜集一些材料，对情况进行核实，以免发生不必要的误会。等事情确认以后，我会根据事情的严重性做出判断。如果他触犯的是公司原则性的问题，那我会根据公司的规定进行处理。如果事情相对不那么严重或者在过程中有十分特殊的原因，我会与我的上司进行讨论，然后再进行处理。不管怎样，原则上的衡量标准是公司的规定。

专家解析：该求职者能够做到首先客观地收集信息，确认事实，说明他处理问题很成熟。他能够根据事情的严重程度分别处理，且自始至终都尽可能地保持客观的态度根据公司的准则处理问题。同时他处理问题时又保持了一定的灵活性，这样的回答可以使面试官认为他是一个处理问题非常冷静成熟、把公司利益放在首位、会按公司准则办事的人。

案例2：团队合作，处理冲突

面试官：如果你已经成为了我公司的一名主管，由你负责管理一个项目。在项目团队中一共有6人，在一次会议上，由于观点不同，产生对立的两方，进行了激烈争论。这时，你作为领导者该如何协调？如果两方面不能达成共识，你又会怎么办？

求职者：我会仔细聆听两方的观点和理由，并做出我的判断。如果我倾向于其中一方的观点，我会拿出数据和事实来说服另一方。如果我的观点是介于两者之间，我同样会基于数据和事实来证明我的立场。如果最后大家能够达成共识自然最好。如果不能，我会坚持我的观点，但允许持保留意见的同事拿出更多的数据来和我沟通。总之，我的原则是：基于数据与事实，每一位同事都有权表达他的观点，我会尽量让大家达成共识。如果不行，那作为领导者，我会做出一个决定。

专家解析：不独断专行、也不做和事佬的态度非常符合企业对员工的要求。用数据和事实说话，充分表现了他处理问题的成熟性。

题型七：要求你说明个人成就和失败

案例 1：

面试官：是否可以分享一下你在以往的工作经历中所获得的最大的成就和失败？

求职者：我认为我最大的成就是我的咨询解决方案帮助了一个民营企业扭亏为盈。作为一名咨询顾问，我的主要工作是负责为大学生进行就业指导和提供企业管理咨询服务。当时有一家亏损的民营企业希望我们能为其进行管理咨询，使其能正常运作并赢利，我和我的团队主动接下了这个项目。我们做了大量的信息收集工作，之后发现，这家民营企业的主要问题在于人才的吸收和利用上。用大量的资金引进了技术和人才，但是都没有真正发挥作用。我们根据这家企业的实际情况，为其进行了所有岗位的工作分析，明确了岗位职责，确立了人才引进和激励机制。通过这一系列的措施，这家企业在一年内重新赢利。虽然我在这之后也为许多企业进行管理咨询服务并获得成功，但这是我在企业管理咨询方面的第一次成功，我把它认为是我至今最大的成功。而最大的失败是，有一次我对企业内部的一些实际情况没有考虑周全，我的团队的咨询方案没有被贯彻实施。从中我学习到，在咨询的前期要更加了解客户的实际情况，根据客户的实际情况来做出切实可行的咨询方案，这样才能真正使客户满意，也使自己的工作有效果。

专家解析：该求职者对于失败事例的选择十分聪明，既没有忽视自己的责任，也没有承担失败的全部责任，并阐明了自己从中吸取了教训，这是很好的做法。

案例2：

面试官：是否可以和我分享一下你在学习、生活、社团活动和工作中所获得的最大收获和失败？

求职者：我认为我最大的成就是在"挑战杯年度创业计划大赛"上获得北京地区的二等奖。当时我和另外三位同学组成了一个团队参加该比赛，我们的主题是"车载广告在实际生活当中的运用"。由于我本身是学理科的，在这之前对经济管理知识一无所知，所以在那段时间都是边学习边工作，度过了无数个不眠之夜，最终通过努力，我们获得了北京地区的二等奖。我最高兴的一刻就是在赛场上进行总结性陈述的时候。虽然上台演讲时我非常紧张，但是演讲结束时，团队成员认可的眼神和台下热烈的掌声让我相信自己是成功的。我是一个乐观的人，在我的词典里没有"失败"这两个字，要有也只是遗憾。如果一定要我说出一个，那就是在"挑战杯年度创业计划大赛"上因为名额限制没有入围全国比赛，我认为我本可以做得更好。

专家解析：求职者描述自己的个人成就与失败需要把握自己的失败尺度。尽量不要令面试官感到这一失败意味着应聘者具有某方面的缺憾，或能力、性格不足。

该求职者从完全不懂经济管理知识到参与比赛并得奖，这是十分难能可贵的，因为他向面试官证明了自己的学习能力和进取心。

第 **5** 章

针对不同求职者的全真面试题

针对应届毕业生的面试题

你是应届毕业生，相对来说工作经验欠缺，如何能胜任这一工作呢？

提示：面试官设计这个问题只是想看求职者能否真正认识到自身所具有的竞争优势。

回答示范：尽管作为一名应届毕业生在工作经验方面可能有所缺失，但我依然坚信能够胜任这一工作，得出这一结论基于以下几点：首先，我具备了这一岗位所需要的各种基础理论知识，这应该成为今后工作的一个非常有利的条件；其次，我的学习能力很强，四年大学生活我的学习成绩一直名列前茅，我相信我很快就能学会这一岗位所需要的各种技能；三是适应能力强，我曾经利用课余时间在几家单位实习过，尽管所从事的工作具体内容都有差异，但我都能很快适应并出色地完成工作任务，我相信自己能够很快适应这一岗位要求；最后，我需要说明一点，正因为我是一名应届毕业生，所以我才可能比有经验的人士更加容易接受贵企业的文化和价值观。

你觉得自己在学校里的表现属于好学生吗？

提示：对于这个问题，求职者应该实事求是，因为面试人员从你的回答中可以很容易得到他想要的结论。比如一个学习成绩较好的求职者会说：

"是的，我的成绩很好，所有的成绩都很优异。当然，判断一个学生是不是好学生有很多标准，在学校期间我认为成绩是重要的，其他方面包括思想道德、实践经验、团队精神、沟通能力也都很重要。"学习成绩不好的求职者则可能会说："成绩不是判断学生好坏的标准。"

回答示范：如果单从学习成绩的角度来考虑，那我可能真的算不上好学生，尽管我的学习成绩不算差，但毕竟没有排进班级的前几名。同时，我也认为"好学生"的评价标准应该多元一些，而我课外活动的经历足以弥补学习成绩的缺失。比如我在很多地方实习过，我很喜欢在快节奏和压力下工作，我在学生会组织过××活动，极大地锻炼了我的团队合作精神和组织能力。

在学校里的时候成绩不是很理想，为什么呢？

提示：求职者一定要通过自己的描述让面试人员相信自己具有很强的学习能力。成绩不佳也不是缺少拼搏精神，面试官想听到这样的合理解释。

回答示范：很遗憾，对于自己不佳的成绩，我没有什么可辩解的地方，因为这是不争的事实。我的学习成绩不好只代表我的课本知识不理想，并不能代表专业知识不扎实。实际上，我非常重视专业知识的学习，每天在图书馆的学习时间都在四个小时以上。我曾发表三篇学术论文，都用到了我的专业知识。

大学期间肯定发生了特别多有意义的事情，对你影响最大的是哪件？

提示：谈起影响重大的事情，很多人都会提到一些成功的经历，但是，这道题的隐含问题是"通过这件事你学到了什么？"在一般情况下，一个人从一次失败的经历中可能要比一次成功的经历中学到更多的东西。

回答示范：我有这样一次失败的经历。大三期间，我组织了一个团队参加"动感地带"杯创业设计大赛，由于期间忽视了团队的协调，很多事情都是自己一个人单打独斗，最后在第二轮就被淘汰出局了，而能够顺利晋级的都是团队合作比较成功的。这件事让我认识到团队合作的重要性。

针对转换岗位的面试题

你为什么放弃现在的工作，竞选人事助理一职？

提示：首先，求职者要解释自己合理换工作的原因；其次，求职者应该列举一些事实，让面试人员相信自己能够胜任未来的工作岗位。

回答示范：三年前考虑不是很成熟，对自己的职业生涯没有认真地规划。三年来的思考和工作经历使我认识到，从事人事工作更能发挥自己的专长，更符合自己的职业发展方向。

同时，我认为我能够胜任人事岗位工作的原因如下：一是工作期间我已经自学完成全部人力资源课程，并且考取了人力资源师职业资格证书；二是我通过与人力资源同事的交流与学习，已经掌握了一定的人事工作技巧；三是我在原单位曾经兼职做过一段时间的人事助理，对人事工作比较熟悉。所以，我觉得自己能够适应人事岗位的工作。

你觉得现在的工作与你以前的工作的共同点是什么？

提示：对于转换工作岗位的人来说，这是一个经常出现的问题。求职者应以发生在自己身上的实例围绕两个核心能力进行回答，这样更有说服力。

回答示范：虽然我现在应聘的销售工作与以前的客户服务工作有所区别，但我认为这两个职位的工作还是有很多共同点的：一、都要与客户接触，区别只是一个大多在客户购买前和购买时，而另一个是在客户购买后；二、都要对自己的产品有比较深入的了解；三、都需要了解客户的心理，需要很强的沟通能力。我想我的客户服务工作经历可以使我对客户的需要有更加清晰的认识，也可以更好地帮助公司完成销售任务。

如果让你从事其他岗位的工作，你能接受吗？

提示：面试官这样问有两种可能：一是面试人员在试探求职者是否对自己的职业生涯有一个清晰的规划；一是面试人员确实觉得求职者的某些素质更合适另一岗位。在回答时，尽量避免直接给出肯定或否定的回答，一定要让面试人员清晰地了解自己的职业生涯规划，但也要保留回旋的余地。

回答示范：因为这是我的专长所在，由我的知识结构和各种能力决定的。我也可以根据企业的实际情况从事不同岗位的工作，但我希望这个岗位应该是与技术相关的，我不可能离开技术这一领域去从事其他的工作。所以，具体从事什么岗位的工作还请您帮我考虑一下。

在以前的工作中你都学到了什么？

提示：求职者谈从以前的工作中学到的东西时，要保证不仅与现在所聘职位有关，而且要对这一职位有一定帮助。

回答示范：我在以前的工作中学到了以下两点：第一，学会了处理问题的方式，尤其是几项重要的事情同时进行时。我觉得这些经验在以后的工作中会让我受用无穷。第二，不要放过任何细节问题，哪怕是再小的细节。我以前是做财务工作的，一个小数点的错误都可能给企业带来巨大的损失。

为什么要转换岗位呢？

提示：这也是考察求职者求职动机的题。对于转换岗位，求职者既要给面试人员以合适的理由，又要让面试人员觉得这次自己不会再换工作岗位了。

回答示范：这次换岗位只是我职业生涯规划的一部分。我的职业理想是成为一名优秀的职业经理人，但我知道要想实现这一目标就必须在几个不同的管理岗位上轮换，这样才能让自己学到所需要的各种能力和知识。而且经过几年的努力，我觉得自己可以胜任更高要求的职位了，这就是我应聘这一职位的原因。

针对转换行业的面试题

你怎么看待以前所从事行业的前景？

提示：求职者在任何时候都不要对自己从事过的行业或企业有所抱怨，要尽量表现出对所在的行业有一定的感情。同时，要让面试人员知道自己不是因为行业不景气才离开这一行业的，因为每个行业都有上行期和下行期，你现在所应聘的行业也一样。

回答示范：我以前所从事的房地产行业虽然不是什么新兴行业，却是一个与人生活密切相关的行业，而且相关联的行业也比较多，属于国民经济的支柱行业，每年对全国 GDP 的贡献也比较大。尽管有时发展会因为外界环境的变化受到一些影响，但随着我国农村城市化水平的加快，未来十年内，房地产业仍然有广阔的发展空间。

我之所以会转换行业，是因为对自己职业发展方向的调整，而不是对房地产行业发展失去信心了。

你如何看待"隔行如隔山"这句话？

提示：面试人员提出这个问题主要看求职者转换行业是否做了充分的心理准备。要尽量与自己所从事的行业相联系，对于转换行业是否有足够的心理准备。求职者在回答这一问题时，要尽量与自己所从事的行业相联系。

回答示范："隔行如隔山"本意是指由于职业、行业的不同，技艺相差比较大，难以融合。但我认为，在当今社会，信息高度共享，不同职业、行业之间联系日益紧密，行业的隔阂也不是不可跨越。就比如说我以前从事的房地产行业，与贵公司所从事的物业服务行业，本就是密切相关的。而且我在从事房地产相关工作时，对物业工作也有相应的了解，我再从事物业服务工作也就不能说是"隔行如隔山"了。

你以前的行业很有前途啊，换行业的原因是什么呢？

提示：面试人员想了解一下求职者是主动还是被动转换职业。但求职者需要强调两点：自己对以前从事的行业是有信心的，自己离开这一行业不是被迫转型的，先要摆明自己的态度；二是自己对新进入行业的渴望，即自己对即将进入的行业也是充满兴趣的。

回答示范：我是一个喜欢挑战自我的人。虽然我以前从事的行业前景是很不错，只要我沿着这一条路发展下去，也会安安稳稳地得到晋级和加薪。但我是不满足于现状的人，我想趁着我还有精力，让自己多一点儿历练，多学习一些新东西。同时，我也看到贵公司不仅是一家新兴公司，而且所在行业也是一个充满发展前途的朝阳行业，加上我又对这一行业充满了兴趣，所以，我愿意与贵公司一同成长。

你对所应聘的行业了解有多少呢？

提示：其实，求职者不光在换行业时需要对目标行业进行详细了解，即使是行业内应聘也应该对自己所应聘的企业有所了解，那样自己的求职之路就一片坦途了。

回答示范：嗯，有所了解。包括这样几个方面：一是行业现状以及我对行业未来发展的预测，二是我对于行业内龙头企业运营现状的分析，三是贵公司行业内面临的主要竞争对手以及竞争环境分析。

你认为我们目前的行业将来可能面临哪些挑战？

提示：一个有发展潜力的求职者应该具备长远的眼光，这道题的本意就是要考察求职者是否能够做到未雨绸缪。求职者在回答时应注意所提的问题要符合实际，不能纸上谈兵，实际操作性不强。

回答示范：一是通过规范企业内部控制，走精细化管理之路；二是加大研发投入，快速提升自己的技术研发水平。我认为，因为制造行业在我国仍然属于劳动力密集型产业，未来十年内面临最大的问题包括人力成本的上升以及产业升级换代的需求。可以预见，随着政府一些相关政策的出台，在未来的几年内，劳动力成本将呈现逐年上升的势头；与此同时，一些支持产业升级的政策也会出台，可谓是机遇与挑战并存。我认为，要想在将来的竞争中争得一席之地就必须做好两手准备。

500 强企业面试实录与亲历笔记

Part 2

一个刚到公司不久的小伙子抱着一摞文件站在碎纸机前犯愣。

公司的秘书刚好从旁边经过，她看到小伙子后，低声说了句："真是菜鸟，连这个都不会用。"随之便抢过小伙子手里的文件，放到机器里按动了电钮，很快文件被切碎了。

这时小伙子问："太谢谢你了，请问：复印件从哪里出来？"

故事中公司秘书的失误来源于"我以为"的惯性思维，如果要避免惯性思维所引致的失误，其中的一个方法就是：解决问题前，先学会倾听、观察、思考、学习。

本篇采访整理了 500 强企业的面试实录与亲历者的口述笔记，可以帮助读者克服求职过程中的惯性思维。"他山之石，可以攻玉"，触类旁通，用聪明的方式打开自己的"脑洞"。

第6章

世界知名跨国公司面试实录与亲历笔记

微软面试亲历：宣讲会上答对问题有奖品

周先生，某名牌高校理科毕业生

微软那次计划在复旦、交大等名校招30个实习生，包括硕士生和博士生。我在通用电气公司做过一段时间的兼职工作，技术水平还行，但并不占优势。

事先，我准备了一些背景资料——微软全世界有多少员工、微软的"生日"、比尔·盖茨提出的第一个远景目标……

宣讲会上，微软的HR搞了个"智力提问"："哪位知道微软的'生日'？"我立即举手回答，奖品是件微软T恤衫。

宣讲会结束后是笔试，之后是5轮面试。我没直接去考场，而是回到宿舍上网——刚才听微软技术中心的总经理提到一种最新的编程语言，叫XML。对此我一直没弄明白，赶紧补补课。

大致浏览了一篇介绍XML的英文文章后，我立即冲到教室考试。考卷第一部分是排列组合和IQ题，还有一部分是IT概念题，比如微软在.net之前还提出过什么概念。这难不倒我——《计算机世界报》我经常看。中间一部分是编程题，我轻松解出第一道，却卡在另一道上，最后只好凭感觉写了几句。

交卷时，监考的微软工程师一愣："你怎么会有这件衣服？"我解释之后，他的态度立即变了："你帮我统计面试人数吧。"

晚上 9 点半，轮到我面试。进门时，主考官正在面试一个计算机系的女孩，问题是"Windows NT 系统的安全性"。女孩茫然不知。我突然想起在惠普公司的一个讲座上听到过这个问题的答案，所以一轮到我我就说："你刚才问的那个……我知道。"听我讲了一遍后，主考官挥挥手："你过了。"

第二轮面试，主考官问我对什么感兴趣，我立即说："我对 XML 很感兴趣！"主考官兴趣来了："那你说说看。"当即我把刚看过的那篇文章背了个大致，什么 XML 的原理、好处、应用前景……主考官听完了，让我用 XML 写个算法，我只好交代："我只知道原理，不知道具体怎么写。但给我时间学，就没有问题。"

接下来的面试气氛相当紧张：当场用 C 语言编一段程序。我埋头画了 5 分钟草稿，主考官却觉得我的方法并不是最好的，写了一段新的给我看。我不服气地追问了几句，直到心服口服才罢休。也许正是这点帮了我——他觉得我有求知欲。

最后一轮，主考官问了我不少个人情况，我一一道来：小学时在少年宫学过编程，中学时在中关村搞过电脑……

后来我才知道，微软那次招的 30 个人里，只有我是非技术专业的。我猜想，当初主考官可能是看重了我身上有微软喜欢的地方：好奇、热情、有闯劲……

IBM 面试亲历：用案例与面试官拉近距离

陈先生，北大国际 MBA

2004 年 4 月，IBM 开始了"青出于蓝计划"和"蓝色之路计划"实习生全国招募活动，我进行了网申……

笔试和第一轮面试顺利通过了。最后一轮面试那天，我特意选了一套正装：深蓝色西服、白衬衣和蓝色领带，以融入"蓝色巨人"的氛围。

面试官是一男一女。

"你知道 IBM 吗？"

"当然知道了，"我面带微笑，"小时候在学校用的第一台电脑就是 IBM；上大学时，IBM 在宣传'四海一家的解决之道'；参加工作时，IBM 提出了电子商务（E-business）的概念；现在则已经进入了随需应变业务（On Demand Business）的时代。"面试官愣了一下，笑着说："你比我都了解 IBM 啊。"接着又问："你为什么来 IBM 实习？"我把面试前一晚准备好的故事娓娓道来："我一直非常喜欢 IBM 公司，读完郭士纳先生的《谁说大象不能跳舞》后，我了解到 IBM 是如何通过转型渡过最困难的时期。在北大国际 MBA 读书时，有幸听到 IBM 业务咨询部时大鲲先生的演讲和邝懋功先生对 IBM 文化的介绍，使我更加了解了 IBM。""哦，HR 的 Michael。"两位面试官相视嘀咕了一句。我感觉距离拉近了一些，于是接着说："我是读 MBA 的，对管理很感兴趣。我来 IBM 实习是想知道 IBM 如何运作，我对 IBM 长盛不衰的秘密很好奇。"

"那你简单介绍一下以前的工作经历吧！""你为什么要去读 MBA 啊"……面试在继续，但气氛渐渐融洽了。

"你以前做过数据分析工作吗？"这个问题我没有准备，我的大脑飞快转动着，迅速建立了"战略 - 市场 - 数据分析"的关联。

"我在读 MBA 的时候做过许多案例分析，经常需要大量数据分析为战略决策提供支持。"我特别加强了"数据分析"和"战略决策"的语气。"现在我们正在上市场营销的课。我们分为 5 个组，每组 5 个同学，在一款电脑游戏中模拟经营一家公司，最后以股票价格决定胜负。市场、财务、运营、服务，每个模块都需要看大量报表、报告，做大量分析，为战略和执行决策提供依据。"

"我培训时也玩过这种游戏，"面试官有些兴奋，"当时的一个竞争对手采用的是低价策略……"

最后，面试官说："我们知道你报的是'青出于蓝计划'，但我们战略发展部也需要 MBA 的暑期实习生，所以把你给调到这边来了。如果你还想去'青出于蓝计划'，我们也可以给你安排那边的面试……"我表示："到你们部门实习也很好，我喜欢你们的工作氛围。有机会和你们一起工作，我非常高兴。"

两周后我得到了到 IBM 实习的 Offer。当我第一天上班时，主管对我说："Peter（那天的面试官）告诉我你是个很有激情的人，欢迎来 IBM 实习。"

索尼面试亲历：用 10 分钟推销一款数码相机

郭先生，南开大学毕业生

我的简历投的是市场部。第一轮面试官是 SONY HR 的一个经理，他用英文做了自我介绍，然后问了我几个情景问题。有一个是：如果在公共场合一个人无理地指责你偷了他的东西，而这个公共场合是你的公司所在的写字楼。你该如何处理？我回答我会先冷静地把他带到一个角落再和他理论，不想影响公司形象和他人办公。他又问如何理论，我说当然先让他平静一下，我不能生气，要面带微笑……

到最后，经理问，那个人真的在你包里发现了他的钱包，你怎么办？我想了一下后，说我坚持我没有偷，并和他分析，一起找真正的罪犯……

接下来，经理让我看了几个图。刚开始的图和笔试时的类似，然后就怪了。他给我看了三个绿色的苹果，问，你看到什么了？我看了看说，三个苹果。他问，还有别的吗？我说没有了，就是三个绿苹果。他笑了笑让我看第二幅图，是苹果公司的 LOGO。我回答，这是你们竞争对手的 LOGO。他又让我看第三幅，和苹果那张一样，就是颜色变成红色了。我说是三个红色的苹果，他又笑了笑。他可能是在考察我对事物的观察和描述能力。

他又问我拿到什么 offer 了，我诚实地说是联合利华。他问，如果 SONY 也 offer 你，你会选择哪个。我笑了一下，无奈地说会选联合利华。然后我觉得自己绝对没戏了。

没想到，我竟然进了第二轮。

半个月后，SONY通知我去北京面试，并报销路费。我当时有事要处理，只好说抱歉。结果，那个HR女士说那就电话面试吧，她表示进第二轮的人很少，所以不太想刷人。我同意了。第二天，我接到了一个面试电话。对方好像是个日本人，英文说得一般。他问了我的学习、实习和兴趣爱好，最后让我用10分钟推销SONY的一款数码相机。幸亏我事先搜集了一些英文资料，才勉强应对。

一周后，我接到了SONY的offer。

齐先生，某大学经济管理专业毕业生

索尼公司在面试的时候除了问一些常规的问题，如为什么选择索尼公司、为什么离开原来的单位等，还会通过智力测试、解决问题能力测试、人际关系测试等，从侧面来考查应聘者的个性特点，从而选拔最适合公司的人。尤其是在对管理人员进行面试的时候，主要考查处理问题的能力和人际沟通能力，还包括主动性等方面的考查。

我曾遇到过这样一个情景面试题：你的朋友生病住院了，你用自己身上的钱都买了补品去看望他。当敲门进入病房后发现自己走错房间了，很巧的是，你公司里的一位德高望重的上司在这个病房住院，他看到你很高兴，并招呼你坐下，碰到这种情况你该怎样处理？

在日常工作中有很多这种尴尬或者矛盾的情况出现，面对这种情景的时候如何解决，常能考察出应聘者解决问题的能力。

首先，你要迅速作出反应，而不是转身走出病房，从礼节上要有一个表示。有些人就会编一些理由如听说上司病了，特意来看他，但这是索尼公司不太鼓励的一种做法，因为这是虚假的表现。很可能这位上司刚刚住院，没有人知道他病了，或者他并不希望公司员工知道他生病住院的消息。如果编理由说来看他，会带来一系列的疑问。所以完全没有必要说谎，可以实话实说因为走错房间，没有想到在医院会碰到上司。在应聘中，往往有很多年轻人希望面面俱到，不愿意上司认为他误打误撞，总用一些所谓善意的谎言去修饰。这种做法在职场上并不可取，最好还是诚实一些。

如果你应聘管理层，主考官还要从目标性这个角度来考查你。因为去医院的目的是要看望朋友，在过程中突然遇到一些困难，看到一些意外的时候，不要忘记原来的那个大的目标。需要马上作出判断，从带来的礼物中挑选出比较适合上司、长辈的送给上司，这都是可以的。要考虑到之后还要去看朋友这个主要目的，主考官会从你的回答中了解你是否对大目标有所考虑。

英特尔面试亲历：全英文和四轮面试的考验

苏小姐，某重点大学金融类专业应届毕业生

我应聘的是 Intel 上海公司经理助理，一个月后，我接到了公司的电话。

1. 英语会话考查

电话里，一位助理小姐用英语问了几个常规问题后，又问我是否确实应聘该职位。我表示虽然学的不是管理专业，但对管理工作特别感兴趣——事先我了解到 Intel 的企业文化是重视员工对于工作的兴趣。电话测试进行了 20 分钟，助理小姐对我的英语会话能力表示满意，让我两天后去公司参加面试。

Intel 对 Office 员工的英文要求较高。另外，公司比较钟情应届大学毕业生。

2. 四轮面试

两天后，我进了 Intel，同时还有四五名竞争者。先填写英文报名表，填完表格交给 HR，HR 马上安排我们依次接受四轮面试。

（1）行为能力关

面试官是部门上一级的高级秘书，她问我为什么放弃所学专业应聘助理工作，还问我对这一个职位有哪些了解等。虽然缺乏助理工作经验，但我早有准备。

"假设你已进入公司担任经理助理,每天上班后的第一件事会做什么？"

我回答："上班第一件事是收 E-mail 和信件，了解今天有哪些工作要完成。再根据轻重缓急把工作一件件列出来，按照时间顺序排一个表……" 这个问题主要考查应聘者的行为方式是否有条理，助理工作要求条理清晰。

（2）沟通能力关

面试官是另一个部门的经理，他的问题侧重于考查应聘者对于上下级和同级之间的沟通能力，全是情景测试题。有一个问题是："上司让你按照他的方法去完成一件事情，但你发现他的方法并不一定好，而你有更好的方法，这时你会怎么做？"

我想强调上下级之间的沟通总是对的："沟通最重要啊！我会尽量婉转地和上司沟通、交流，直到他认同我的办法……"

（3）电脑测试关

面试官是我应聘部门的一位经理，他开门见山："助理要有一定的电脑操作能力，请你就在这台电脑上用 Excel 做一个表格吧。"

不到 20 分钟，我用 Excel 做成了一个表格，把他给的一些数据打了进去。虽然表格并不完美，但自我感觉良好。

（4）适应能力关

这一轮面试官是我进 Intel 后的部门顶头上司。

"Intel 的员工要同时接受几位上司的领导，这是 Intel 的特点。假设同时有 3 位上司向你布置 3 件事情，你该怎么做？"这样的问题对于应届生有点难，我的回答比较巧妙："上司布置的工作要执行。我会将 3 件事根据重要性和时间性排序，然后一件件完成。"他追问："如果有两件事在完成时间上出现冲突怎么办？"我说："我会向两位上司说明，希望能调整完成的时间……我一定能适应 Intel 的企业文化！"

十几天后，我顺利拿到了 Offer。

家乐福面试亲历：最后一轮的店长是个中国人

吴小姐，2003 年某师范大学法语系毕业

投简历时，我收集了一些资料，还特意去了连锁店实地考查，并把自己观察到的细节和真实感受也写进求职信里。几天后，他们来电话问我愿不愿意应聘人事经理助理职位。我同意了。

面试时，我早到了 20 分钟来填写报名表格，稳定情绪。这次面试分别要面对 HR 经理、收银区经理、销售经理和法国总监，一共四轮考验。

HR 经理问："假设你在家请客，客人来后才发现某品牌红酒没有了，你会怎么办？有三种选择，第一是赶紧去附近便利店买其他品牌红酒替代，第二是找专卖店花高价买同一品牌红酒，第三是去大卖场排一个小时队买同一品牌红酒。你选择哪种？"我选择了第二种办法。HR 经理说："这道题其实是测试如果大卖场某种紧俏商品缺货，你会怎么办。选择第二种办法相当于到同行中购买，缺点是成本太高，说明你成本控制有点问题。"

"如果顾客和收银员产生矛盾，你怎么处理？"轮到收银区经理问我。这个问题好回答，我说："当然是向顾客赔礼道歉，并给他一个改善服务质量的承诺。""可是你都没有问究竟是谁对谁错！"他马上指出。我辩解："我们是服务性行业，顾客永远是对的。"接着，他还问了些工作的细节问题，我坦诚地告诉他："因为自己缺乏经验，所以回答不周，但我以后会努力学习的。"

走进销售区域经理的房间，只见地上有几个大纸团，"这不会是在考验我吧？"我捡起纸团扔进废纸篓里。销售经理的问题全是关于家乐福的，"你认为家乐福应该怎样和'麦得龙''中百'竞争？"我曾收集过家乐福的剪报，对公司有一定认识，于是说："家乐福的特色是服务人性化和购物环境舒适，关键是发扬优势，建设好特色区域……"刚答完，销售经理就爽快地在表格上打了钩。

中午 11 点多，我接受法国总监的英语面试。他开门见山："Introduce

yourself（介绍你自己）！"我努力回想着简历上的内容，生怕出错，由于紧张，英语说得不太流利。两分钟后总监看完简历，指着"期望月薪1200元"问："你为什么填这个数字？"我解释是参考了报纸上的有关报道，再结合了自己的情况。我赶紧问他："您是否认为太高了？"他笑着说："No, No!"接着，他又问了我很多实际的工作问题，我给出的回答都比较有针对性，他都记了下来。

两周后，我接到了"二面"通知。这最后一关由店长把守。他从自己的经历谈起："前任外籍店长走后，我和四位外国同事竞争这个职位。我想了个办法，在最短的时间内超过了他们。如果是你，你会怎么办？"我说："我用最短的时间看到他们的优点，并在最短的时间内把他们的优点学到手！"

"你做得很对。你很有团队精神，明天来签约吧……"

面试中我在一般性细节问题上表现得并不完美，但我做得比较好的正是"提前研究公司情况，包括实地考察"，"面试时得体的表现"和关键时刻的"团队精神"。

欧莱雅面试亲历：两次失败后第三次成功

戴小姐，管理学硕士

2003年，在上海外国语大学法语专业就读研究生的我自费赴法国留学。2004年，我三次参加欧莱雅面试，应聘的都是品牌助理。

第一次面试我的是欧莱雅的大众消费品部门。HR助理在我回答完一些专业性问题后，突然发问："你有哪些业余爱好？"我说："读书，娱乐，休闲。"她问："你最近在读哪本书？"我说："刚读完畅销书《如果这是真的》。"她问："书中有没有哪句话给你留下深刻印象？"我想了一下说："人有的时候是很脆弱的。"她追问："为什么你会记住这句话？"

我对于内容并没有深思过，只好回答："我就是喜欢这句话！"

面试没有通过。事后分析，做品牌推广工作需要能言善辩，可能她见我被问倒了，就断定我"不善辩"吧。

第二次是欧莱雅的活性护肤品部门。负责面试的 HR 是位华人，我们之间的交谈用中文进行，她很希望我能进入欧莱雅实习。第二轮部门面试时，面试官要我为一款护肤品写说明书，再起一个法文名字。写完说明书后，我很老实："名字实在起不出来。"第二轮面试因此也没有通过。

2004 年 12 月中旬，公司奢侈品部门打来电话约我去面试。面试官是一位很青春的女孩。

她先问了一些常规性问题，然后拿出一款香水问我："你认为这瓶香水适合在哪个季节和给哪类人群使用？"我回答："适合年轻女孩在夏天使用。"她惊奇地说："这正是前两天新推出的兰蔻夏日系列香水。"她说这款香水的名字是"Calypos"，问我是什么意思、能联想起什么，我说："不知道是什么意思。这个名字让我想起云彩和年轻女孩。"她又一次表示惊奇："这是希腊语，含义是仙女！你对产品很有敏锐感。"

她又拿出一款日本品牌的护肤品，我见包装是绿色的，便想到了竹子和草坪，于是判断这款护肤品适合在夏天使用。她表示我的见解是对的。又问了几个问题后，她爽快地说："过啦！"

第二轮部门面试过去一周后，2005 年 1 月我就接到了正式录用通知，去位于巴黎近郊的欧莱雅实习。

普华永道面试亲历：最重要的环节是群体评估

黄小姐，审计专业毕业

我现在是普华永道广州代表处审计员，我在面试中历经了大大小小五个关口：

第一轮面试主要是介绍自己，全部用英语，由各个业务部门经理做面试官。因为我曾在一家本地的公司实习过，他们对我的工作经历和工作体会很感兴趣。

面试官问我做了什么样的工作，用的是什么样的方法，问我将来进入普华以后遇到具体的问题会怎样解决。

整个面试中，都需要非常自信，而且要有良好的英语表达能力。

普华招聘程序中最重要的一个环节是群体评估。

普华把通过第一轮面试的应聘者编为10个人或12个人一组，让这10个人就某一个问题自由发挥。

我第一步要做的是介绍同伴。10个人要分别找一个自己不认识的人两两搭配，用10分钟的时间相互介绍，然后用3分钟的时间向所有小组成员介绍自己的同伴。

"这主要是为了测试交流沟通技巧，看你能不能在短时间内了解对方，并且在更短的时间里向别人介绍对方。"

第二部分是主题讨论。面试官会拿出几个选题让我们挑选，有10分钟的准备时间，然后用3分钟的时间做陈述。

我挑选的主题是"我最喜欢的大学"。这需要画图来表示，不能用任何文字。我选了中山大学，把"最喜欢"的理由分成了三点：一是悠久的历史，二是良好的师资力量，三是优秀的学生。我把这三点都放在了一个三角形中，从下到上排列，并且从边上一位应聘者所带的中大信纸上撕下了中大的标志贴在了介绍纸上。

"这个测试主要是看你的表达能力。你要选取最有代表性的几点，而且要很有条理地把它们说清楚。"

第三段落是案例解决。面试官给我们一个案例，让小组的10个成员共同来解决。每一个面试者都会得到一张纸条，上面有几条相关信息——信息可能有用，也可能没用，需要我们自己来判断。10个小组成员不能相互交换纸条，只能向别人提供自己手上的信息。

我所在的小组一开始想把自己手上所有的信息都拿出来给别人看，但马上发现这样会非常浪费时间，在限定的30分钟内根本无法解决问题。我们很快找了一个人做领头人，让他确定一条思路，然后大家围绕这个思路提供自己的信息。这一招很管用，我们只用了 15 分钟就把问题解决了。

"这个测试主要是考查你的团队合作能力和领导能力，如果你不能融入团队当中，不愿意提供和分享信息，你就不能做好工作。"

最后的面试是由普华的合伙人来做面试官，主要考核最终素质。

联合利华面试亲历：三轮面试之后的 offer

熊小姐，某财经大学劳动与社会保障专业毕业

1. 第一轮面试

面试官是护肤品部的市场经理和一位研发部人员，问题都是"网申"上做过的题目。因为事先我准备了十几道题目，如"领导一个团队需要做些什么？""遇到困难的时候怎么处理？""如果再给你一次机会你会如何处理？"等等，所以我很沉着。

有一道题是：工作中遇到困难你会如何处理？假如再给你一次机会，你又会如何处理？

我举的例子是在 F1 做兼职项目助理的时候。比赛间歇我负责给客户发盒饭，因为没有经验，场面有点混乱，以至于后来盒饭不够了，当时有人情绪很激动。没来得及请示汇报，我立即作出了反应：本着客户至上的原则，请他们留下联系方式，并承诺在午饭时间一定将盒饭送到他们手上。

我说，假如再给我一次机会，我应该在源头上找问题，或者应该预先做好计划，将盒饭直接送到客户房内，而不是让客户来领。

面试官还算满意。又问："你对联合利华的产品了解多少？"

平时我最爱的"立顿花茶"就是联合利华的产品。巧的是随身的包里还有两小包立顿花茶，我顺势拿了出来：这是我最喜欢的"立顿花茶"。因为喜欢，回国时还买了很多送人。这种茶在国内还没有卖的，你们愿不愿意尝尝？

2. 第二轮面试

第一次面试通过，接着又完成了一个网上的性格测试。

第二轮面试是案例题，小组群面的方式。

面试分为上、下午进行。上午的面试官是中国区的 CEO 和重点客户销售总监。给出的案例是：假如你是某个工厂的厂长，现在要安排生产任务，因为时间紧不能满足所有客户。那么，一方面是有长期合作关系的老客户，一方面则是正准备建立合作关系的新客户。你的生产计划将会围绕谁进行。

由于紧张，我把两班倒看成了三班倒。正在叙述看法时，CEO 打断我：你有没有注意，我们是两班工人，而不是三班。我懵了片刻，这时，总监劝我不要紧张，只需把如何安排、为什么这样安排的理由说好就行。

我很快镇静下来。讲完后，CEO 说：你的发言不错。下午的面试更难一些。两个案例，一个关于新产品推广，一个关于申博。当时场面很乱，大家七嘴八舌的，很快就有人陷入了细节的争论。这时我抓住了机会，果断走到白板前。我把新产品如何进行推广的计划大致搭了一个框架，并在白板上画出图示。同时，我没忘记把大家讨论的细节都纳入了框架中。最后，我问：大家还有什么需要补充的？大家似乎一下子被我的计划折服了。很自然，当时我成了这个小组的领导。

3. 最后一轮

最后一轮面试还是一些开放性问题：你认为今天表现得如何？你觉得联合利华为什么要你？为什么不要你？如果这次你被淘汰了，下次你还会来联合利华吗？等等。

最后照例有一次应聘者的提问。我问：请问"和路雪"为什么叫"和路雪"呢？面试官愣了一下，说：这个问题问得好，我也不知道。等我回去好好研究一下吧。然后他要了我的联系方式，说等他有了答案一定告诉我。

我很高兴，最终我进入联合利华市场部成了一名管理培训生。

第 *7* 章
大型国有企业面试实录与亲历笔记

中国人寿保险面试亲历：四个考官轮流提问

安小姐，某大学硕士毕业

有四个面试官考我。先是四个人轮流问我问题。第一个问题是，谈谈你自己，并说一下你最近五年的职业发展规划是什么？这样的问题要表现出自己积极向上、自信阳光的一面，让考官觉得你是一个喜欢主动接受、自觉学习新知识的人。而职业规划要做到符合自己的实际，不显得过于好高骛远。

第二个主考官问我的问题是，你是否已经拥有实现你目标的态度、知识、技能和计划，它们分别是什么？这是一个很难回答的问题，遇到这样的情况你不能慌张，可以灵活变通一点。我是这样说的：是否拥有这些是客观的事实，并非是我主观意识所决定的。现阶段有了证明我成熟了，很好；若是没有，也没有关系，我还年轻，可以多学习，多积累。考官对我的回答很满意，和旁边的考官点了一下头，面露微笑。

接下来两位考官是我所应聘部门的主管，他们对我进行了一下专业问题的考察，例如人们为什么会退保？当你不断接到客户投诉时，你会怎么办？这些问题是你展示专业技能的好时机，你回答的时候要尽量条理、全面，给考官留下一个好的印象，证明你的业务能力过关。

最后一个问题是：你准备在我们公司干多久？面试官这样问，是在考察应聘者的个人目标和公司的发展目标是否一致。我就强调了自己的专一性格，希望不断提高自己的能力，为新的单位作出积极的贡献。

中国移动广州公司面试亲历：竟然问了个投资成本的问题

孙先生，某大学毕业生

从开始到结束，广州移动的面试共有4关。第一关，一个HR美女问了我手头有没有广州的其他offer，我回答有广州普华的，过关。

第二关非常累，上午做了一个有关公文写作的笔试和性格能力测试就结束了。下午的环节，先是给你一张卡片，上面记载着某人的资料（包括姓名、年龄、学历、个性、生活经历等），然后要求你对该卡片上的人做3分钟的英文介绍。接着面试考官把12名应聘者分成两组，作了一个案例分析（有关新产品的市场推广）。然后做一个即兴演讲（中文，每个人抽一个主题，3分钟准备，3分钟演讲。我抽到的主题是：如何对职业下定义）。这个环节能通过的比例大于12：1。

第三关，时间是30分钟。面试我的有9个高级经理加上先前提到过的HR美女。面试官先让我做自我介绍，我一开始很紧张，说得不太流利。大约30秒后，恢复正常。A君要我谈谈对海尔多元化经营的看法，简要回答；B君接着问如何在多元化经营的同时体现核心竞争力，简要回答；C女士问如何在跨国经营中体现核心竞争力，简要回答；C女士接着问在跨国经营中要用到的国际贸易或投资理论，很熟；D君问我简历上的一个有关实习的经历，我倒背如流；E女士接着D君的问题继续发问，简要回答。最后，F君（副总）让我用3句话总结自己的优势，面试结束。

面试完，自我感觉良好。5天后，还是那个HR美女通知要和我谈谈。这是除面试以外的一个环节，HR的正副经理及她都参与了面试。最后的结果是希望我从市场部调到HR部，我同意！

第四关是参加广东移动的面试。面试分部门，由于我分在 HR，有 3 个面试官（二男一女），问了一些人力资源管理方面的问题，也问了一个投资成本计算的问题（我参加过注册会计师和财管的考试），持续 25 分钟。几天后，广州移动录用了我。

中国电信面试亲历：个人形象也很重要

李小姐，某大学专科毕业

我参加广州中国电信商业客户经理的应聘，经历两轮面试、一轮笔试、一轮体验，还有一轮岗前培训考试，最后还要接受白云分局领导上岗前面试。可谓过五关斩六将，的确是一辈子的难忘经历。

电信的笔试题分为两块：电信知识和营销知识。考试之前经常上网浏览电信网页，广泛涉猎一点。面试要过两关。第一轮面试很简单，参加的人很多，面试官主要由人力资源部的人组成，主要是问你专业、有没有从事过相关的行业管理工作等，第一轮面试的时间只有 5 分钟。

等了 20 分钟之后，第二轮面试开始。首先是用广东话和普通话进行 10 分钟貌似随意的拉家常式的聊天。譬如问：你觉得客户服务最应该注重的是什么？我答：最重要的是有比较好的服务修养和个人形象，坚持电信服务的宗旨，用户至上，用心服务。面试官又问：电脑技术如何？我如实回答：基本的办公室操作系统绝对没有问题，但是其他关于电信的专业技能真的是一窍不通。你得明白，这个问题并不是真的想考察我的电脑专业技能，所以就如实回答，懂就是懂，不懂就是不懂。第二轮面试的特别之处是，面试官问了一个这样的问题：可不可以问你一个私人的问题，你现在有多重？我大大方方地做出了回答。因为在我看来这不是一个私人问题，因为这关系到我的形象，我的形象又关系到我的服务水平，所以我就觉得无所谓。半个小时后，我得到了第二轮面试通过的消息，并得知第二天参加笔试。

我的忠告是：注重职业定位，结合实际挖掘自己的潜力；个人形象也很重要，不能忽视。

中国银行面试亲历：有素质测评或性格测试类题目

考生A

我参加中国银行总行的面试时，总的时间大约两个半小时，分4个项目。每一轮之间间隔的时间比较长，必须在候考室等候。面试一共分三个组，A组是经济金融类，B组是财会类，C组是管理类。我在B组。

第一关：英语口语。

这一轮是两个年轻的男主考官面试。基本上每个同学都会被问几个专业术语，要你用英语解释一下。我被问了taxcredit（税收抵免）和defertax（递延纳税），当时不太明白，请主考官解释了中文意思，然后我就编了几句。主考官笑了笑："别紧张！"

第二关：专业素质。

这一轮是比较开放的结构化面试。四位主考官面试我一个，其中一个部门领导只看不说话，其他三个人就简历上的内容先问一些问题，然后面试专业内容。他们问了我两个会计方面的问题，有一个我没听说过，就说不会。又问我有关税务的，比如，关于税务筹划和依法纳税的关系，资本市场股价市值上涨，公司是否应该缴纳企业所得税，等等。问题比较前沿，有很多都是现行法规还没有规定的。

第三关：素质测评。

这一轮是机考，在机房内完成，1个小时。内容很多，包括行测中的言语理解、数字运算（只能口算）、图形推理、性格测试等，最后一项居然是玩小虫吃苹果的游戏（和手机中的贪吃蛇差不多），要求在规定时间内吃尽可能多的苹果，选择最短的路径。我建议大家面试前先在手机上练习一下。半个多小时后我就做完提交了，最后一关游戏还得了5分。

第四关：小组讨论。

一个组6个人，还是第二轮的那四位主考官。案例内容是"感动中国"评委会成员要从10个候选人中选出5名作为本年度央视的感动中国人物，并且要排出顺序，并说明理由。我觉得案例思路清晰很重要，大家都先把自己心目中的5个人说一说，然后取个交集。再把意见不一致的几个人做个取舍，最后派一个代表陈述本小组的结论，时间共50分钟。

考生B

我是IT组，有四位主考官面试我。

主考官一：1. 网上有人说中国银行的笔试不够公平和透明，有人说英语答得很不好但最后还通过了面试，你怎么看？

2. 你认为中国银行的笔试题出得怎么样？

主考官二：1. 谈谈C和C++有什么不同？

2. 谈谈你自己参与过的项目。

主考官三：1. 谈谈你对金融行业的软件有什么认识？

2. 假定你被中国银行录取，刚进公司你可能只会做一些日常的维护工作，这时有一个出国留学的机会，你会怎么选择？

主考官四：1. 看你的简历，发现你花了很多精力在英语上，能告诉我为什么吗？

2. 谈谈英语和汉语有什么不同？

最后，第一个主考官问我还有什么问题。我问："看到招聘启事上说，有到境外工作的机会，不知道怎么才能得到这样的机会？"他说："如果你到中国银行来只是为了得到去境外工作的机会，你可能选错地方了。"我赶忙解释了一下。后来他说这个机会是很公开和透明的，要再次参加一些考试和选拔。

出来之后，和大家分享了一些问题，就去机房上机答综合测试题了。一小时绝对能答完，题型很广。

第一种是找第一组字母或汉字与第二组字母或汉字有多少个相同的，

如 A、C、E、F、G 与 B、D、F、G、Z，答：2 个。大概有 10 个这样的题。

然后是 5 个成语题，每题有 3 个选项，每个选项 3 个成语，找出全对的一组。

有一些文字分析题，给你一段文字，问主要说了什么意思。

有一些计算题，不让用计算机（我连笔都没有，所以大家一定要带纸和笔）。

还有一些测智商的题，比如给你 4 个图，选出下一个应该是什么。或者给你一个折纸的平面图，问你折好后是下列哪个图。

最后是一些性格测试题。

南方航空面试亲历：要早点做职业生涯规划

周小姐，某大学硕士

南航招聘，学什么不是很重要，重要的是学习能力，因为南航会提供很好的培训、实习机会，有足够的时间让你适应新的工作和业务。

面试的时候先简单的陈述，然后在简历中附上发表过的文章。南航没有固定什么职位，只分部门。部门比较多，有些是非常专业的，像飞行部门、空乘、机务部门，这些只招收专业学生。像机关的管理部门，则会有各种需求，像我供职的客运部招文科专业，而我就突出了我的理论分析能力和写作能力。

面试最主要的是自然、自信、反应敏捷、表达清楚，还有仪态大方。面试的时间不长，也就是二十几分钟。先是自我介绍，然后问你对航空业有什么了解、对南航了解多少、特长、对薪酬有什么期望、为什么选择这个部门等问题。特意问到薪酬问题，是因为外界对南航的印象是国企，肯定收入很高，但是前几年进来的几个研究生由于对薪水不满意辞职了，所以他们比较关注这个问题。我认为，作为一个国企，肯定有自己的薪酬制度，同时，也有必要根据每个人的能力以及工作业绩对公司的贡献来决定薪酬。

南航的面试官有六七位。国企面试问题相对来说还是很常规的，不会太刁钻，比较注重成绩、人品以及对公司的忠诚度。对实践经验来说要求不是很高，但是比较关注政治面貌，如果你是党员会有优势，说明你在大学里比较积极，而且在学校里比较优秀。

最后是一些应聘国企的经验之谈。首先，得对要投递简历的国企作一定的了解，最好能找到在里面工作过的人了解一下企业的相关信息、用人标准等；简历准备方面，简单清晰最好。陈述自己的学习、工作经历，突出特长，针对国企的一些特点突出自己的相关能力；在投出简历之后，要积极跟踪，有些大胆的人还直接上门"自荐"。其次，笔试方面，国企一般关注分析问题的能力、表达能力和文字功底，有的还会考察一下你的思想、人品等，把握这几点很重要。最后，面试最重要的是自信、大方，把自己的知识、能力展示出来，不懂的也可以坦诚说出来，能够灵活发挥就更好了。这些都是技巧和方法上的东西。其实我的忠告是：有扎实的专业知识，平时注重了解社会，有选择的去实习、实践，要早点做好自己的职业生涯规划。要注重平时的积累，不要临时要找工作了才着急。

南方日报面试亲历：准备得再充分也不可能万无一失

乔小姐，某大学研究生毕业

12 月份，南方报业集团会到各个大学举行招聘会，然后进行笔试。试题分为两部分：行政能力测试以及新闻业务。题量非常大，所以不要在难题上钻牛角尖，做完自己会做的题目后，马上填好答题卡，然后专心做新闻业务方面的题目。在题量如此之大的情况下，你要学会取舍，合理安排答题时间，放弃自己不擅长的弱项，专攻自己的长处，在高压下正常发挥更为重要。

南方的面试会在各大城市先后进行，这时候互联网就发挥了非常重要的作用。可以经常光顾一下北大、南大、武大、中大的 BBS 求职版，了解面试形式，做到心中有数，并做有针对性的准备。

面试时，第一是自我介绍，要掌握好时间，不能天马行空地乱说一气。要抓出自己的优势，结合自己的经历，从选择哪份报纸到选择哪条线，都要详细阐明自己的理由。重点不在于你的具体选择，也不在于你给出的理由，而在于你是否"考虑"过。因为在阐述的过程中，招聘人员可以了解你对这个单位有多少了解，你对自己有多少了解。

第二是小组主题讨论。小组讨论中个人表现突出固然重要，但是同时也要有必要的团队精神。可以先设置一个负责协调的主持人，以确保讨论不会陷于一窝蜂；在讨论中，反驳别人的观点时要注意礼貌，虽然你们是竞争对手，但此刻你们是一个临时的团队；讨论完毕，千万别忘了对小组讨论进行必要的归纳总结，最好得出一个相对一致的看法或方案。

可以从各大高校的 BBS 上搜集一些面试题，并提前进行准备。如果遇到采编类的问题，例如民航总局允许私人购买飞机，该作为时政新闻还是财经新闻来报道？如何报道？再如小组要对一个突发事件进行报道策划等。面对这些问题，要尽可能把情况考虑得细致一些，如采访突发事件如何想办法进入第一现场等。这些问题的设置并不着眼于具体环节，但是要把问题考虑得仔细一点，一方面展示了你实际的业务能力，另一方面体现了你思维的严密性。为了以防万一，也要找一些报业经营方面的文章来看，"临阵磨枪，不快也光"，准备得再充分也不可能万无一失，但最起码可以保证你能以比较从容的心态应付各种意外情况。最后是向招聘人员提问题。

广州日报面试亲历：招聘的效率高，但等待的过程漫长

张先生，毕业于某大学

《广州日报》（以下简称广日）招聘先要网上报名，获取笔试资格的会通知考试。笔试题是几道简单的时事题和新闻专业知识题，最后是两道作文题。不那么难，显得温和且务实。但是你也需要临时抱一下佛脚，因为

这对新闻专业题来说还是很有效的，比如世界上第一张便士报这样的问题。笔试里还有一道题目是给一个报道加标题和导语，报道是关于中小学生课业负担仍然很重的。这类报道的题目必须非常新颖，才能吸引考官的眼球，就像新闻要吸引读者的眼球一样。我的题目借用了当时很流行的一首歌曲，把它改成"将减负进行到底"。而最后一道大作文是在"今年找工作有感"和"我心目中的新闻"两个题目中二选一来写，我自然选择了比较有经验的"找工作"，因为确实经历过，有一定的感慨，写起来不会言之无物。

广日的招聘效率很高，笔试第二天之后就是面试。因为有笔试资格的人已经很少了，能进入面试的人就更少了，所以进行得快。头一轮面试的面试官是几个中层，只问了几个很简单的问题，十几分钟就结束了。然后回学校等通知，如果有资格的话，晚上就是第二轮面试，由广日的总编辑来主持。几个小时的坐立不安之后，我终于接到了第二轮面试的通知电话。

面试由总编主持，但是人事处的列席参加，阵势已经和第一轮的时候不一样了，人多了很多。还是几个简单的问题：自我介绍、为什么要从事新闻行业、觉得自己做记者有哪些优势劣势，等等。大概 10 分钟左右，面试就结束了。我有些不甘心，想尽量延长一些时间，表现一下自己，给面试官留下深刻的印象。于是我说："那我可不可以问您几个问题？"总编辑笑了一下说："当然可以。"我心里一块石头落了地，便问了事先准备好的几个问题，比如广日为什么不像南方那样大张旗鼓，以及一些涉及广日业务方面的问题。问这些问题说明我是了解广日的，是有备而来的。

接下来是漫长的等待了。大概二十多天后，我终于接到了人事处打来的电话，说我被录取了，并要求马上签约。

第 *8* 章
500 强民营企业面试实录与亲历笔记

万科集团面试亲历：有一个环节是视频面试

代先生，某大学研究生

我去面试的时候电话里并没有说要笔试，但是我一到公司却让我做一份笔试题。作为考场的办公室只有 5 平米左右，一张圆形玻璃桌、两把椅子，就没有了多余的空间，估计是专门用来做单人测试的。卷子共分六部分，每次只发一部分，做完后才发下面的，但是每部分都要在规定的时间里做完，不能完成也必须交卷。第一部分是简单词义代替，简单；第二部分，中文篇章分析，也简单；第三部分，平面图形分析，不算难；第四部分，数列填空，有几个想了老半天，但也按时做完了；第五部分，数字运算，量特别大，留下若干空白；第六部分，推理题，根据一段文章的内容选择一个可以直接从文中推出来的命题。这种题目的答案看似个个都可以，关键就在于是否能"直接"从文中推出，所以考的是应聘者对理智推论分寸的把握能力。

万科进行的是视频面试。屏幕上有两个人，分别是人事部门负责人、《万科周刊》主编。先是进行自我介绍，然后主编开始发问。问我以前的办报经历，我就列举了曾经办的一期报纸，从选题的确定到采访名单、从征稿到最后的排版、从拉广告到最后向赞助商通报出刊情况的细节都说了一遍，自然，把自己在其中扮演的角色着重描述了一番。第二个问题是问知识结构的，这个问题答深了不容易，不过一般性的回答则很好组织，只把文学哲学法律经济政治都说一点也就过了。

末了，我还特意强调自己喜欢读的报纸是《经济观察报》。面试就这样结束了，总体上我觉得这是一场愉快的面试。

面试成功需要自己具备良好的素质，另一方面是要有放松的心态，才能更好地展示自己，就像毛主席的一句话：战略上藐视敌人，战术上重视敌人。

华为公司面试亲历：自始至终没有问过学习成绩

郑先生，某大学毕业

应聘到华为，不是通过校园招聘，而是在中国人才热线投放简历得到的面试机会。所以搜集招聘信息的时候，要眼观六路、耳听八方，广开就业门路，特别是不要忽略了网上招聘这一块。

华为的笔试不是很难，考的都是一些基础知识，但是面很广。要想笔试能够取得好成绩，就要先了解你感兴趣的工作所涉及的知识面，然后比较系统地复习一下。考试的内容要记好，因为面试的时候很可能让你很详细地分析答案。

华为问的都是心态上的问题或者细小的知识点。总之就是考察一个人的基础知识，是否具有端正的心态以及个人学习能力。

但是自始至终，华为都没有问到我的学习成绩。他们关键是看你能否胜任这个工作，是否拥有思考、负责、主动、服从的品质也很重要。

应聘华为的启示是：不是每个公司都看重在校的成绩，成绩不好的不要妄自菲薄，要综合看待自己的优势，然后在职场中找寻自己的位置。

腾讯公司面试亲历：只接受网上申请

崔先生，某大学计算机硕士

腾讯只接受网申。你在网上投递简历后，腾讯行动迅速：第一天宣讲会，第二天笔试，第三天第一轮面试，第四天第二轮面试，第五天签约，然后带着一堆协议书马上离开。

宣讲会当晚就会发布笔试名单。笔试时间为两小时，分三个部分：填写简历、专业知识和开放性问题。题量很少，时间非常充足，不过简历填写和开放性问题就占去一大半时间。专业知识考得比较简单，不过涉及面很广，包括：C++（指针、内存、排序、静态数据等）、Java、数据结构、网络知识、数据库等。好在基础还好，有幸进入面试。

第一轮面试是一对一，同一间房子里有三组人在同时"面"，不过由于距离适当，其他人的声音不会对自己的面试造成干扰。坐下后，先等待了一段时间，沉默了三分钟后，面试终于开始了。面试官先看了我的简历，又把之前的笔试资料拿出来一起看。由于简历上我特别注明了"项目经验"这一项，于是他开始让我介绍。中间该考官针对一些具体的细节追问了好几个问题，我全都对答如流。然后考官又随意问了我有什么兴趣爱好。面试前后一共十几分钟而已。

第二轮面试主要考察个人的综合素质。项目的东西只是提一下而已，不会细问。第二轮大约持续了半个小时左右，问了好多问题，都是经典提问，这是其中一部分：

1. 说说你的优点吧？

2. 你在大学期间最大的两个荣誉是什么？

3. 你在做过的项目中担任什么职位？

4. 你对项目中的人员安排、项目分工、整体需求有哪些了解？

5. 你如何体现你的责任感？

6. 你最喜欢的一本书是什么？

7. 你最近看过的一本书是什么？

8. 你在学校的成绩如何？有没有考研或者出国的打算？

9. 对工作环境有什么期望？对工作的职位有什么期望？

10. 你的职业生涯规划是什么？

面试之后是提问时间。我问了一个上市以后的资金流向问题，这个问题是秘密，主考官不能告诉我。满以为这次终于成了，谁知道又被领到了另一个屋子里给另一个面试官继续面试。

简单的第三轮面试，是招聘工作主要负责人，去过宣讲会的对他就比较熟悉了，所以会很放松。历时短短几分钟，问了几个简单的问题，就让我回去等消息了。出去和同学聊了一下才知道，原来见到主要负责人就算是收到 Offer 了。

面试腾讯的一些忠告：了解腾讯的工作环境和招聘情况，可以有三个渠道：一是师兄师姐的切身体会；二是网站上的信息；三是腾讯的宣讲会。腾讯的笔试注重专业知识的考察，没有考察 IQ、EQ 等。面试问题很多，自然有些问题会回答得不好，但是不要慌，一两个问题不会有太大的影响。最重要的是整体发挥，切莫紧张。

搜狐公司面试亲历：二面遇到了副总裁

迟小姐，某大学毕业

在网上看到搜狐焦点房地产网找网站编辑，就顺手投了一份简历应聘。没想到他们反应异常迅速，很快就得到面试通知。

HR 态度非常好。第一个问题是你以前的工作不是很好嘛，为什么想要来我们这里？我虽然面试经验不多，但这个问题是所有面试我的 HR 的第一个问题，所以比较有准备。我列举自己的专业和自己的爱好并且适时地提出现在要面试的工作可能更符合我的职业目标。可千万别说你在原来公司待不下去了之类的蠢话，那样会让招聘单位认为你是一个被单位踢出来的人。

接着是介绍一下自己，这是面试的必备部分，照着简历再来一遍有声重复。但是你说的内容千万别跟简历有太大的出入，否则，你的面试也就结束了，试想有谁会要一个一开始就对单位不诚实的员工呢？

然后 HR 又问了一些问题，如从以前的工作中你得出了什么经验？上学的时候成绩怎么样？你除了投了我们公司，还投了其他公司吗？这些问题要是有不能立刻回答的，千万不要含糊，这样结果只会越来越糟。

面试基本结束。在面试过程中，HR 不时在我的简历上记上几笔。

第二次面试是一星期以后。收到通知，一面通过，将由某副总裁对我进行二面。副总裁的面试就更专业一些。同样介绍过自己，切入正题。

由于我的简历上说我以前在电视台工作过，所以第一个问题是怎样做电视节目能够做好？我顺便把我以前做过的一个片子拿了出来，分析了我如何做策划做后期的，当然还不忘加上领导对作品的好评价。新闻敏感性和策划能力都是网络编辑所必备的素质，能通过自己熟悉的领域向 HR 传递你所具备的职业素质，确实是个很聪明的方法。

接着他又问了一个我不熟悉的问题：一个网站应该怎么样建设？既然我应聘这个职位，事先当然也做了这方面的准备。起码我把与网编相关的事情做了一个大概了解，于是我就从如何做好网络编辑的角度来说明网站的建设要技术与内容并重的办站想法。千万不要空谈自己的宏图大志，把自己的美好理想发挥到人家的网站上，结果这个网站在你几句话之后就变得面目全非。记住，他们招你是让你建不是拆。当然拆起来可能更容易也更显你气魄。

最后一个问题：你文笔怎么样？我早先呈上了一些作品。不用多说，作品更有说服力。

最终我拿到了那个网络编辑的职位。

明基公司面试亲历：假如月球上发现了外星人……

陈先生，北京某大学商学院研究生

明基是为数不多举行校园招聘会的台资企业。明基的招聘程序分为：网络投递简历及两至三轮面试。

第一轮面试：

参加第一轮面试的人通常很多，所以明基会采用小组轮流回答的形式。一般很少企业采用这种面试形式，因为这样每个人的面试时间比较短，面试官很难根据个人的表现来予以测评。但是如果应聘者比较多，这个方法可以帮助面试官快速地找到一些素质很突出的候选人。首先应聘者先要进行一分钟的自我介绍，然后面试官根据简历问一些问题。曾有同学被问到"公司因为工作需要派你去新疆常驻，你愿不愿意？"或者"如果松下和明基同时给你 Offer，你会选哪一个？"之类的问题。台资企业一般要求员工对企业有很高的忠诚度，并且愿意服从领导的安排，建议大家在回答每个问题时都要诚实。明基还会安排一个游戏，拿出一张纸叫你分成五等分。接着又问了一个问题："假如现在月球上发现了外星人，他们的科技比我们先进300倍，派你去学习，让你最后对家人和朋友说一句话，你会说什么？"

第二轮面试：

第二轮面试一般是由招聘部门来安排，由两位面试官主持，具体的面试问题因人而异。如果应聘人较多的话，第二轮面试之后可能还有第三轮面试。

威盛电子公司面试亲历：两轮技术面试加一轮 HR 面试

华先生，上海某大学计算机专业本科毕业，两年从业经验

威盛电子是一家台资公司，是世界知名的积体电路（1C）专业设计公司。招聘程序包括：网上投递简历、笔试和三轮面试。三轮面试一般包括两轮技术面试和一轮人力资源部经理面试。

笔试：

笔试题目因部门而异。

混合信号（MixedSignal）方向试题列举：

共 20 道题，答题时间为一个半小时。时间相当紧张，而且试题是全英文的。前面是数字电路题，主要考 VERILOG 和 FSM；后面是模拟电路，多数是要求考生根据图形进行计算。

1.写一下处理器的主要构成及其作用；

2. 写一个 Memory 的仿真模型；

3. 写一个 Verilog 的描述，要求你使用管子实现，并计算时序；

4. 给一个时序电路加约束，满足 Setup、Hold 等要求；

5. 请写出 LogicAnalyzer 的 5 个特点。

逻辑方向试题列举：

1. 如何用 DSP 软件实现科斯塔斯环的结构；

2. 扩频系统中接收端频偏较大，如何实现载波同步和码同步；

3. DSP 和 GPP（通用处理器）有什么区别。

Ligic 方向试题列举：

1. 一段对信号波形的英文描述，理解后画出波形，并采用 Verilog 实现；

2. 一道逻辑题，与专业基本无关；

3. 一个二路选择器，构成一个四路选择器，满足真值表要求；

4. 阐述中断的概念，有多少种中断，为什么要有中断，并举例；

5. 将 169.6875 转化成 2 进制和 16 进制。

COMM 系统工程师试题列举：

1. 描述 ISI，说说消除 ISI 的一般方法；

2. 扩频通信的原理，画一个 RAKE 接收机的图；

3. 描述 LMS 算法，收敛的条件；

4. 锁相环原理，设计锁相环的关键点；

5. 数字信号提高采样率和降低采样率的方法。

硬件架构设计部试题列举：

1. 说出固定小数表示和浮点小数表示的优缺点；

2. 说出显卡可以优化哪些 MPEG 中的计算；

3. 说出 Bezier 和 B-Spline 曲线的区别；

4. 用 C++ 写一个函数，求三个输入中最大的一个（要求用 Template）；

5. 写个函数来判断一个数是不是 2 的次方。

第 *9* 章
500 强企业高薪职位面试实录与亲历笔记

销售类职位面试亲历：你和你的同学有什么不同……

李先生，毕业于某大学，应聘保险公司销售专员

面试官：你好，我是这家保险公司的销售经理，很高兴见到你。接下来我们将进行约半小时的面谈。我希望能了解一下你是否适合我们公司的这个职位。首先，能不能请你做一下自我介绍。

求职者：我叫李俊，毕业于××工业大学，专业是财务管理，应届毕业生。我从网上了解到贵公司正在招聘销售专员，非常感兴趣。

面试官：那你为什么会来应聘这个职位呢？

求职者：作为一名应届毕业生，我希望自己的第一份工作充满挑战，以丰富自己的经历。销售专员会遇到各种各样的人，可以锻炼自己。因为我刚刚步入社会，开始工作总会有挫折，但我相信，虽然选择保险业的销售专员这个职位比选择我自己专业的财务类工作来得辛苦，但我会得到更多的锻炼，创造更多的机会，对自己的未来成长也更有利。

面试官：你读的财务管理是一门技术性较强、专业壁垒也相对较高的专业，你放弃它来做销售，会不会感到遗憾？

求职者：总是会有一点遗憾，但我更希望获得挑战，我希望我从事的工作是自己感兴趣的。作为保险业的销售专员，我认为我的工作不仅仅是把自己的产品推销出去，在这个过程中也会涉及到许多经济、财务的问题，这样同样可以锻炼自己，发挥我的财务知识。

面试官：来应聘我们公司这个职位的有非常多的名校学生，他们的户口也都在上海，不需要我们公司考虑其他的问题，你认为你有什么理由能够说服我：你比他们更优秀，更适合这个职位呢？

求职者：虽然我毕业的学校在全国的排名不是很靠前，但我认为，一个人适不适合这份工作并不是看他毕业于哪里，而是要看应聘者多方面的综合素质，如学习能力、运用知识的能力以及见识的广博等。我认为在这些方面，我是有很强竞争能力的。

面试官：我从你的简历中看到你曾经获得了诸如校优秀毕业生、奖学金、社会实践标兵等奖励。你认为你和你的同学有什么不同，为什么能够获得这些奖励？

求职者：我认为最主要是我自己的努力。在大学里，自由度很大，没有老师每天来管你是否学习，也不会有人来要求你学什么，最主要是靠自己的自觉。如果你对自己没有具体要求，每天安于现状，是很难实现自我突破的。但如果对自己有规划，希望自己的未来会更进一步，那获得这些奖励无疑是进入好的企业、找到好工作的敲门砖。正是这样的想法和对未来的规划，激励我不断努力学习。

面试官：你对销售工作的职责等都有一定的了解，你认为你性格中哪些是最适合销售工作的，能推动你完成销售目标？

求职者：首先，我比较有亲和力，和陌生人能够很快地熟悉起来。其次，我是那种坚强、乐观的人，就算在销售过程中遇到挫折，也不会被困难打倒，我会很快站起来，重新面对问题，思考解决问题的办法渡过难关。这些都是我从事销售工作的优势。

人力资源类职位面试亲历：HR 岗位对人的要求比较全面……

张小姐，毕业于某大学电子工程专业，应聘人力资源主管

面试官：你好，请先进行一下自我介绍吧！

求职者：我毕业于 ×× 大学的电子工程专业，已经 3 年了。毕业后就加入 ×× 电子信息系统公司担任人力资源助理，主要工作是协助人力资源经理进行一些人力资源管理方面的统筹管理，包括每月薪酬的管理、常规的正式人员和临时人员招聘、每年两次绩效评估的管理、培训工作的安排和协调等。去年我被提升为人力资源专员，在同期加入公司的应届毕业生中，我是晋升最快的一个。现在为了更好的职业发展，前来应聘贵公司的人力资源主管职位。

面试官：你现在所在的公司规模怎么样，是什么性质的呢？

求职者：是一个总部设在法国的独资公司，在北京设立一个办事处，目前在华人数有 500 多人。

面试官：既然你现在所在的公司非常认可你，也给予了你晋升的机会，为什么你仍然希望换一份工作呢？

求职者：关键在于我个人职业发展的瓶颈。

首先，目前的工作使我个人学习和专业能力的提高遭遇瓶颈。正如刚才我所提及的那样，我们公司在华规模属于比较中等的那种。这就决定了更多的人力资源管理工作会停留在比较基础的内容上，可能不及大型企业那样可以给予人力资源管理者更多的学习和发展空间，许多战略性的人力资源管理工作，诸如组织结构的调整、企业文化的建设，都只有在大规模的企业才能够发挥得淋漓尽致。

其次，我的职业晋升也遭遇瓶颈。虽然与同期毕业生相比我第一个获得了晋升机会，但是再向上发展的机会非常渺茫，因为公司人力资源部门的结构比较扁平。目前我直接向人力资源经理汇报，而公司对于人力资源经理的要求是 10 年以上工作经验，并且有世界 500 强企业的管理经验。

贵公司的职位对于我而言，无论对专业能力的提高还是个人职业发展的提高都是必需的，因此我非常希望能够获得这个职位。

面试官：人力资源管理对人的要求比较全面，平时，你的主要兴趣是什么呢？

求职者：我喜欢招聘管理工作。因为招聘是一项非常有意思的工作。首先，作为人力资源部门的成员去帮助职能部门招聘，必须了解相关职能工作的内容，了解职能工作所需要的关键技能和最可能产生工作压力的地方，这就是一项挑战。其次，我认为设计好的招聘流程也是非常重要的，针对职场新人、有经验人士和企业高级管理层的招聘方式和渠道都是大不相同的。再次，面试是了解一个人的方式，要挖出一个人内心深处的想法有时是很不容易的，所以我常常针对求职者的问题穷追猛打，打破沙锅问到底，确保自己所了解的事实是经得起推敲的。

面试官：目前你们公司的招聘渠道是怎样的？尤其是针对不同工作经验的员工？

求职者：总体而言，可以分为校园招聘、社会招聘和机构招聘三个渠道。每年我们会定期去3个定点的高校招聘应届毕业生，这项招聘计划是自己管理的，不用任何外部机构。每年我们都会对选拔方式进行一定的调整，原则上会结合笔试、面试和小组讨论等不同形式。社会招聘是指我们定期在报纸上发布一些广告进行招聘，目前级别在专员到主管之间的职位都是通过这一形式进行招聘的，选拔方式主要仍以面试为主。而针对经理以上级别的高级管理人员，我们一般通过专业招聘机构来进行招聘，通过他们把关，进行相关资历调查和能力测试，选拔方式同样以面试为主。

面试官：在制定招聘计划时难免会遇到困难，你如何解决呢？

求职者：怎样衡量和评估毕业生的能力是我们所遇到的一个难题。刚毕业的学生没有经验，就要从毕业生对工作的期望来总结若干条能力素质要求，从而设定招聘计划。另外，针对毕业生不具备实际工作经验、难以反映工作中的能力表现等情况，我特别安排了一轮小组讨论。在讨论中穿插以公司实际工作为背景的案例，观察他们的实际表现情况，从而准确评估他们的潜力。

面试官：你刚才提及自己相比于同期加入公司的应届毕业生是晋升最快的一个，你觉得是什么让你与众不同？

求职者：我认为首先是我的态度吧。我的上司经常和我说：态度决定一切。如果没有积极主动地完成工作的态度，什么能力都是空谈。其次，我有明确的目标。因为人力资源管理是一个比较难以衡量短期结果的工作，因此，任何工作都以目标为导向是人力资源管理者必须具备的重要技能。唯有明确的目标，才能使自己的工作有效地服务于企业战略。

面试官：能谈谈你的职业规划吗，尤其是 3 ~ 5 年之内的？

求职者：近期我希望可以在世界 500 强企业获得人力资源主管级别的职位，2~3 年之内能够用优秀的工作表现获得晋升的机会。在此基础上，我会根据个人的发展机会调整自己的方向。

面试官：时间差不多了，我没有什么其他问题，如果你有任何问题，可以等一下提出。我们大约在一周内会给出通知告知你是否通过本轮面试。

求职者：好的。

技术类职位面试亲历：我们的工作需要非常严谨的态度……

黄先生，毕业于某大学，应聘研发助理职位

面试官：你好，我是研发部的经理 Bill，欢迎你来应聘我们的岗位。可以先简单自我介绍一下吗？

求职者：好的。我是来自 ×× 交通大学化学工程专业的学生，我将于今年 6 月从学校毕业。在学校期间，我学习了化学工程、化学动力学、高等教学等应用和理论方面的课程，成绩比较优秀，在班内排名前 10 名。同时，我担任了班长的职务，组织了"开拓希望——希望工程助学调查"的暑期实践项目，获得了当年学校的优秀项目奖。我兴趣广泛，热衷参与公益活动。

面试官：谢谢你的介绍，从你的介绍中我可以看出你是一名非常优秀的学生。但是，我想了解得更详细一点，你可以谈谈你在校学习时的心得体会吗？你真正学会了什么？而在你看来，什么又是最重要的？

求职者：首先，我的专业成绩还是相当优秀的；其次，由于我所在的是理科专业，我学会了严谨的学习工作态度和周密的逻辑思维能力。这是更重要的。

面试官：我们的工作是需要非常严谨的态度的，正如你刚才所谈到的。你可以举个具体的例子来说明一下吗？

求职者：当然可以。我去年协助我的导师，帮一个工厂设计一个产品的生产工艺。当时我们是根据工厂给我们提供的一些数据来设计的，当工作开始后，出于严谨工作的考虑，我主动去工厂抽了一些数据，结果发现工厂提供的数据有相当的误差。于是，经我的修正后，整个项目顺利进行，避免了后期的一系列麻烦。

面试官：谢谢。你的特点有哪些呢？你自己觉得适合我们这份工作吗？

求职者：好的。我想，研发部的工作内容不仅仅是对产品配方的改进和创新，同时还包括了对产品受众意见和需求的搜集，以及产品成型后的消费者测试，不知道是不是这样。

面试官：是的，理解非常正确。

求职者：所以，从我个人角度来讲，我非常喜欢在研发部工作。我觉得切身体验科技创新和产品创新给消费者带来了生活品质的改善，这是一种非常棒的感觉。另一方面您可以看出，我做研究工作是有一定基础的，同时，我又有着严谨的工作态度和锐意创新的精神。并且，在大学中担任学生干部的经历，培养了我很强的组织能力和领导能力，这对于将来进行消费者调查和产品测试类的工作很有帮助，我相信我可以协调和执行得很好。

面试官：大学的时候有没有做过兼职？

求职者：我去年曾经在一家国际服装公司的研发部担任实习质量监控员。在那里，我主要从事质量监测的分析、评估与报告，当时领导我的经理对我的工作也比较满意。在工作过程中，我熟悉了质量监控工作的流程和方法，同时大致了解了研发部工作的内容和职责，并进一步培养了自己严谨的工作态度和科学分析的方法。

面试官：好的，谢谢。我们的面试就进行到这里。请问你有什么问题吗？

求职者：我想问一下，假如我可以加入贵公司，职业发展路径会是怎么样的？

面试官：在刚开始工作时，你将会负责某一特定领域内的项目，如产品及包装工艺的设计和开发等。随着你专业知识和技能的增长，你会在世界性研究项目中担任更多的领导职能。在成为有经验的研究人员后，你可以根据自己长远的职业发展意愿，选择在技术或管理方面得到进一步发展。无论哪种选择，都会提供令你满意的回报。

求职者：好的，谢谢。再见。

面试官：再见。

行政类职位面试亲历：行政助理的前途不太好哦……

闫小姐，毕业于 × × 师范大学，应聘行政秘书

面试官：能不能先简单介绍一下自己呢？

求职者：您好！我叫 × ×，就读于 × × 师范大学行政管理专业。我是一个工作细致、态度严谨的人，我觉得我非常适合行政秘书这样类型的工作。在我以前的一些兼职和实习经历中，我已经培养了许多行政秘书所必须具备的能力和素质，所以我对今天的面试非常有信心。

面试官：这样的话，我想多了解一下你的兼职情况。你在求职信中提到你曾经在某电子物流公司担任技术部助理，可以谈一下你的具体职责吗？

求职者：好的。我主要的工作是帮助工程师进行样品申请，对技术部数据库的日常维护和更新，供应商处的项目登记以及会务安排和协调各个工程师之间的工作安排。

面试官：你觉得你在这次实习经历中最大的收获是什么呢？

求职者：首先是学会了如何做事。这段实习经历不仅提高了我高效率、正确有效做事的能力，还给我一种做事的感觉。其次是企业文化和工作氛围给我留下深刻的印象，也让我学到了一些工作的基本流程。最后，通过这次过程提升了我的团队合作精神和沟通能力。

面试官：你还提到曾经在宝洁公司的产品推广会上负责协调工作，担任主持，我也很有兴趣了解一些当时的情况。

求职者：这是宝洁公司在我们学校组织的一次产品推广会。我主要起到桥梁的作用。一方面，我组织了一些同学和社团成员来帮助推广会的协调工作；另一方面，我也与宝洁公司的人员有一些接触，了解他们的推广会主题和主要内容。

面试官：在这个过程中你遇到的最大挑战是什么？

求职者：我觉得当时最大的挑战就是信息量很大，需要很多时间来做准备。因为每一次推广会的产品都不一样，所以要花很多时间去熟悉每一个产品。而一般每一次是开两到三场，然后又换产品，所以信息量非常大。由于涉及到许多专业的术语，我不能在主持时像背书一样，而是需要用自己的语言表达出来，并被大家接受、信服。

面试官：从这次经历中你主要收获了什么？

求职者：推广会不是我一个人能够做得好的，需要很多人一起合作，这让我了解了团队合作的重要性。最后我总结出只有团队合作得好，任务才能完成得成功。

面试官：遇到过成员意见不合发生冲突的情况呢？

求职者：意见不合是没有的，因为当时有专门的负责人。他会给我们一个大的方向，让我们知道如何去做，或者有时会给我们一个方案，让我们讨论如何把方案进行得顺利、完成得圆满。

面试官：对负责人做出的决定有异议时，怎样处理的？

求职者：异议总是会有的，我们及时沟通、协调，遇到有异议的决定要以一种询问的口气来表达我的观点。毕竟我没有什么经验和专业知识，例如我会说，"这样做可以吗？不会产生一些怎么样、怎么样的问题吗？"

面试官：你的老板是哪种类型的呢？是如何对你们进行管理的呢？

求职者：我理想中的老板是一个既严厉又不失亲切的人。严厉指的是他对我要求严格，但会清楚地告诉我要做什么，要达到怎样的目标，并且在我犯错误时第一时间提醒我，避免我再次犯错。而亲切指的是他能顾虑我的感受，能够照顾到我生活和工作的平衡。

面试官：如果你的老板不是你理想中的类型，甚至比较难相处，譬如说他的确比较亲切，但没有多余的时间和精力来顾虑到你生活和工作的平衡；或者说他的确很严厉，但由于工作繁忙没有时间指正你的错误，而更多是要靠你自己领悟。你会怎么办？

求职者：的确，现实会和想象的不同，但我认为，只要我能够和我的老板进行有效沟通就可以了。因为沟通是解决问题最好的办法。我要有好的工作态度和做好工作的决心。

面试官：很多人对于行政秘书这样职位的未来发展前景都有顾虑。因为如果你是一名销售助理，你可能在若干年后升职到销售经理、销售总监，但像行政秘书，就标准的发展路径来说，你可能只能成为一名资深的秘书或者行政助理，除非你改变发展方向。就这一点，你的想法是怎样的呢？

求职者：就发展角度来讲，我认为最主要是看你希望从工作中得到什么。我希望我的生活和工作能够平衡，我不是一个有很大野心的人，但是我会把工作兢兢业业地做好。我不排除在若干年后我会转到其他的领域，但就可预见的三到五年，我会努力把行政秘书的工作做到最好，成为这一领域的专业人士。我也看到过报道说，一个好的行政秘书是多么重要，而一名好的秘书又是多么难找。我想如果我能成为这一领域的专业人士，我的市场价值也会很高，也会为大家所认可。

面试官：那你对行政秘书职位的期望薪金是多少？

求职者：我希望不低于 2090 元。

面试官：如果你应聘成功的话，你大概什么时候就能到岗？

求职者：我估计是两个月以后，因为那时我才能拿到毕业证书正式毕业。

面试官：那好，我这边已经没有什么问题了，我们今天的面试就到这里，好吗？

求职者：谢谢您给我这次机会，再见。

媒体编辑类职位面试亲历：你为何选择我们这样的新杂志……

王小姐，毕业于某大学新闻系，应聘某知名传媒集团下属杂志生活编辑

面试官：你好，我是某杂志主编，负责这次招聘，很高兴你来面试。请你先介绍一下自己的情况。

求职者：我毕业于××新闻系，毕业后曾在××杂志担任时尚编辑，后在××报纸担任生活编辑至今。从贵方网站上得到了招聘信息，觉得这个职位对我很富有挑战性。我开朗乐观，富有创意，认真敬业，能够胜任我目前的工作，并有意向更高要求的职位发起挑战。

面试官：能具体谈谈你在××周报工作时的大体情况吗？

求职者：我主要负责"天下美食"和"旅游风情纪录"这两个版面，每周我都会根据热点、时令对不同的选题进行筹划和实施。在一些节日，如春节、国庆等，还会增加节日期间旅游和旅游区的土特产、小吃等。

面试官：××周报也是业内比较大的一家报业媒体，为什么会选择我们这样的新杂志呢？

求职者：在××周报担任生活编辑，日常工作十分繁忙。但我是一个喜欢挑战并超越自己的人，而贵杂志是最近新崛起的时尚月刊，因为新，所以有更多的困难和挑战，也有更多的机遇。我希望自己能够不断前进，所以想到贵杂志来实现自己的价值。

面试官：虽然同是纸媒，但是你过去在周报工作，而我们则是时尚月刊，对于这种转型，你能够适应吗？

求职者：同样是纸媒，我认为周报和时尚月刊只是出版的周期和目标读者群不同。我目前服务的 × × 周报是一家定位在 20~30 岁年轻人的都市报，而贵杂志是针对 25 岁左右白领女性的时尚月刊，在这点上是十分相似的。只要把握住共同点，加上我的适应能力，我相信很快就能进入工作状态。

面试官：你觉得和其他应聘者相比你的优势是什么？

求职者：我认为我的优势有两点。第一，我对读者和市场的需求很敏锐。我认为杂志也是为读者提供一种服务，满足他们的需求，我们所刊登的应该是读者想看的。如果撇开读者的意愿和市场的需要，那读者就不会愿意买我们的杂志，我们的工作是没有意义的。第二，我有突出的沟通能力。针对不同的人采取不同的沟通方法，以达成有效的沟通。无论是上司、下属还是客户，我都能站在他人的角度为他人着想。

面试官：你一定做过许多选题，觉得最满意、最成功的是哪一个？

求职者：对于每一个选题，我都是投入了 100％ 的心血和精力，希望读者满意，力求做到最好。所以每一个选题都是我尽最大努力完成的，我认为都是成功的。

面试官：如果一定希望你选出一个最成功的呢？

求职者：那我会选刚才提到的有关"旅游书籍大集合"的选题。因为在做这个选题时我遇到了很多困难，工作量十分巨大，但我都克服了，并在最后获得了广大读者的好评，在年终时被评为"年度最受读者欢迎的选题"，得到领导的嘉奖。

面试官：作为首席生活编辑，会有很快的生活节奏和很大的生活压力，你如何调节自己呢？

求职者：我认为作为一名首席生活编辑，最主要是保证自己的工作节奏，适当减轻自己的压力。可能所有的生活类版面都是由我来掌握，选题由我来确定，但是并不是所有选题都由我来具体操作，我主要会起到一个把关和决策的作用。而对于一些所有编辑都没有优势的选题，我会考虑约稿的形式。

其次，我认为就是要保证与其他编辑、客户在各个环节的有效沟通，保持我们之间融洽的氛围，这样也能够调节自己的工作压力。

面试官：那好，我们今天的面试就到这里，我们会在一星期之内通知你面试的结果。还有其他问题吗？

求职者：没有了，谢谢。再见。

附：搜狐财经编辑应聘笔试试卷

第一部分选择题（单选，每道题 1 分，共 15 分）

一、目前个人所得税的起征点是多少：（ ）

A.1600 元   B.2000 元   C.2500 元   D.3000 元

二、下列不属于央行收紧流动性的手段的有：（ ）

A. 发行央票   B. 提高存款准备金率

C. 反洗钱   D. 提高利率

三、下列国际协议中与环境保护无关的是：（ ）

A.《京都议定书》   B.《维也纳公约》

C.《巴塞尔协议》   D.《蒙特利尔议定书》

四、下列认证体系中，与衡量企业社会责任标准相关的是哪一条：（ ）

A.ISO9000 认证   B.SA8000 认证   C.ISO9001 认证   D.ISO8000 认证

五、中国正逐步告别企业所得税"双轨"时代，统一后的内外资企业所得税率是：（ ）

A.20%   B.25%   C.30%   D.35%

六、下面哪家银行没有在 A 股上市：（ ）

A. 兴业银行   B. 农业银行

C. 浦发银行   D. 建设银行

七、下列不在世界三大铁矿石巨头之列的公司是：（ ）

A. 新日铁   B. 必和必拓

C. 力拓   D. 巴西淡水河谷

八、下列中，哪一条是监管商业银行运营风险的核心指标：（ ）

A.资本充足率　　　　B.存款准备金率

C.坏账率　　　　　　D.利率

九、以下哪家金融机构在次贷危机中"幸免于难"？（ ）

A.高盛集团　　　　B.花旗银行

C.德意志银行　　　D.美林

十、香港股市中的涡轮，在A股市场中被称为什么？（ ）

A.权证　　　　B.股指期货　　　　C.蓝筹股　　　　D.红筹股

十一、下列学者中，研究领域与其他人不同的是：（ ）

A.林毅夫　　　　B.樊纲　　　　C.秦大河　　　　D.邹恒甫

十二、"空山新雨后，天气晚来秋。"是哪位诗人的诗句？（ ）

A.李白　　　B.苏轼　　　C.王维　　　　D.卢照邻

十三、"十一五"期间，国家提出的节能降耗的目标中，主要污染物排放目标减少多少？（ ）

A.15%　　　B.10%　　　C.20%　　　D.25%

十四、CNNIC最新调查数据表明，中国有多少网民？（ ）

A.1.7亿　　　B.1.8亿　　　C.2.1亿　　　D.2.5亿

十五、物价上涨受到普遍关注，国家提出的2008年CPI调控目标是多少？（ ）

A.8%　　　B.5%　　　C.4.8%　　　D.10%

第二部分：简答题（请用最最简练的词汇与表达回答，每题3分，共30分）

一、写出三个美国总统的名字。

二、请写出俄罗斯新任总统与现任美联储主席的名字。

三、请列出五家以上的2008北京奥运会合作伙伴或者赞助商名单。

四、业界惯常所说的"四大会计事务所"是指哪四家？

五、请列出互联网编辑工作中应用最广的几种软件工具。

六、请分别列出你所知道的世界范围内证券交易所名称与重要的股市指数名称。

七、请写出上证指数历史最高点位和今年以来的最低点位。

八、请列出至少三个以上你所知道的搜狐财经品牌栏目。

九、请列出你所知道的四位金融专家的名字（不含官员）。

十、请列出你所知道的三家官方公益机构名称。

第三部分：名词解释（请用最简洁的表述方式概要回答，前五题每题2分，共20分。）

一、恩格尔系数：

二、大小非解禁：

三、京都议定书：

四、小产权房：

五、蓝海战略：

六：请标出如下英文简称所对应的汉语名称（答对5个以上，每个计1分，共10分，5个以下不计分）

OPEC、APEC、NGO、CSR、GDP、CPI、IPO、IMF、QDII、FBI

第四部分：标题诊断（请诊断下列新闻标题是否有问题，如果认定没有问题，在相应括号中打钩即可；如果认定有问题，请选择，并在空白处写清错误理由，同时给出你做的标题。每题2分，共10分。）

一、我国南方罕见冰雪造成重大损失

诊断：有问题（　　）　　　　没问题（　　）

新标题：

二、500万年前可怕病毒被"唤醒"

诊断：有问题（　　）　　　　没问题（　　）

新标题：

三、宜宾规定人大代表约见政府官员须随叫随到

诊断：有问题（　　）　　　　没问题（　　）

新标题：

四、政协委员议案建议给低收入者发"物价上涨补贴"

诊断：有问题（　　）　　　　没问题（　　）

新标题：

五、科学家发明新武器可将美国炸回两百年前

诊断：有问题（　　）　　　　没问题（　　）

新标题：

第七部分：写作与表达（20分）

（请结合自身感受，选择下列话题中的一个进行简要论述。要求观点明确，结构清晰，言之有据，可以在限定的范围内自己拟定更体现核心观点的标题。不少于500字。）

题目一：我看改革开放30年

题目二：也谈高房价

管理职位类面试亲历：你如何理解刺猬法则……

汪小姐，毕业于某大学，应聘管理类职业

面试官：你好，欢迎你来面试。

冬天，两只刺猬走到了一起，它们决定联手驱除寒冷。问题出现了：当它们离得太近，他们的刺会刺到对方；太远，又冷得受不了。这是两只聪明的刺猬，它们最终找到了合适的距离，既能获得对方温暖又不被扎。请谈谈你对这个故事的理解。

求职者：作为企业的领导人，要与下属保持适当的距离。不能太近，因为这容易使你的缺点暴露在下属面前，让下属对你产生失望和讨厌；又不能太远，太远不利于沟通，有了问题也得不到及时解决，而应该保持适当的距离。

面试官：你对管理者什么事都要亲自过问怎么看？

求职者：在我看来这不是一个好管理者。因为企业事务多而杂，如果管理者什么事情都过问、都插手的话，会暴露出以下两个问题：第一，企业信任缺失，领导不相信下属，所以才事事过问。第二，管理者能力缺失，

办事抓不住重点。所以，作为管理者，必须适当放权，给员工一定自由，这样既有利于员工的发展，也有利于企业的发展。

面试官：你的下属没有按时完成任务，公司老总却批评你，遇到这样的事你如何处理？

求职者：我觉得作为部门领导，要主动承担责任，并向上司保证以后不发生此类事情。然后，对于我的下属，我要追究为什么没有完成任务。如果是员工玩忽职守，我会对其批评，并告诫他不要再让此类事情发生。如果是因为方法不当而导致的失误，我会对其进行指导。

面试官：如果你作为管理者，你所在部门人员集体辞职，你如何应对？

求职者：如果员工集体辞职，说明企业管理上肯定出现了问题，因此，先要稳住员工，然后调查集体辞职的原因。如果是管理者的原因，要改正这方面的问题，必要时向员工做出道歉；而如果是员工的原因，可以跟员工逐个面谈；如果是个别员工的问题，可以对这些员工采取果断行动；如果这些员工有一些影响力，可以先对其让步，然后组织人员接替其岗位。

500 强企业招聘流程全公开

Part 3

美国联邦调查局的电话铃响了。

"你好，是联邦调查局吗？"

"是的，有什么事吗？"警方问。

"我打电话举报邻居汤姆。他把大麻藏在自家的木柴中。"告发者说。

"我们会调查的。"联邦调查局特工说。

第二天，联邦调查局人员去了汤姆家。他们搜查了放木柴的棚子，劈开了每一块木柴，然而并没有发现大麻。他们狠狠地把汤姆骂了一顿后走了。

警察刚走，汤姆家的电话响了。

"喂，汤姆！联邦调查局的人帮你劈柴了吗？"

"劈了。"汤姆答道。

"好，现在该你打电话了。我家的花园要翻土。"

不得不佩服这两个邻居的高智商。虽然谋算的是自己的私利，却从警察工作职责的角度出发，使美国警察不经意地掉进了他们的陷阱。

在求职面试时，如果你也能了解到优质企业的招聘流程和面试方法，那么也就能够事先聪明地制定自己的对策了。

第 *10* 章

世界知名跨国公司的招聘流程

IBM 公司招聘流程

IBM 从 1996 年开始招收应届毕业生，如今通过校园招聘进入 IBM 的人才已经占员工总人数的 30% ～ 40%。近几年，IBM 的招聘主要同中华英才网、智联招聘网等合作，每年招聘应届毕业生的人数已经突破两位数。

招聘程序分为：网上投递简历 - 英才见面会 - 笔试 - 第一轮面试 - 第二轮面试。

1. 网上投递简历

近年来，IBM 主要委托中华英才网来接收和筛选简历。

2. 英才见面会

基本上每个提交简历的同学都会收到参加英才见面会的邀请函。见面会在一些城市举行，大家可以就近参加。虽然这个见面会并不是筛选应聘者的步骤之一，但参加这个见面会可以了解 IBM 的企业文化，并据此做一些笔试和面试的准备工作。同时，IBM 在见面会上还会对招聘职位逐一进行介绍，可以帮助应聘者更准确地确定求职目标。

3. 笔试

中华英才网受 IBM 的委托从应聘者中选出一批毕业生进行笔试。

笔试是全英文的，全部都是选择题，分为三部分：

第一部分：矩阵变换，时间是 15 分钟。

第二部分：数列推理，时间是 4 分钟。

第三部分：数学计算题，共 12 道，时间是 15 分钟。

4．第一轮面试

第一轮面试的面试官是代表 IBM 的中华英才网人力资源顾问。面试问题基本都是固定的，主要包括英语自我介绍、性格素质盘问、职业生涯规划等。应聘 IBM 技术类相关职位需要翻译一小段文章，还要接受英语口语水平测试，所以在面试中偶尔要用英语回答一两个问题。不过好在面试官本人不是技术人员，所以不会在面试中涉及技术类问题。

5．第二轮面试

第二轮面试的面试官一般是 2 ~ 3 位招聘部门的经理。面试问题因人而异，主要是考查应聘者是否适合该部门的工作。一般会提一些技术类问题，但重点还是考查应聘者的思维方式、解决问题的能力和学习能力。通过第二轮面试的应聘者可以在两周之内拿到 offer。

IBM 中国公司人力资源部总监李先生透露，在第一轮面试中，最先被拒绝的可能就是那些穿着以及言谈举止不合时宜的人，如穿拖鞋、牛仔裤，说话带脏字或者颠三倒四、意识流不着边际的人。一个基本原则是，主考官希望来 IBM 的人首先要有进取心，有工作热忱，对事物有积极的态度；其次要有团队精神。

李先生认为面谈是门艺术。他举例说，应聘者中曾经有一个非常优秀的学生，开始谈得也很不错，后来我问他一个问题：你考 GRE 干吗？他回答说想出国，先找一个大公司干一段时间，有利于出国。他说的是大实话，没错。可我不能要他，不然就等于 IBM 给他做了跳板。我们培训他半天，还没怎么干活儿他就走了，这种事情谁愿意干？可是，如果他反过来这么说：我想出国之前先在一个公司好好干几年，积累点儿经验，对我以后学习也有帮助，那就是另一回事。我们坚决不要说谎的人，但这并不等于应聘者只要实话实说就够了，表达其实很需要一些技巧。

通用电气公司（GE）招聘流程

当缺员时，通用人事部门首先在公司内部招聘，若内部不能招到合适人员再向外界招聘。

通用电气公司从外部招收人员（这里仅指工程技术、业务与管理人员）主要通过3个途径：

1. 从劳务场上招收人员。程序是由本人提出申请并附推荐信，经公司面试考核，重点考核他们从事工作的经历和实绩、贡献。

2. 从其他公司"挖"人。这部分人主要是关键技术人员或高级管理人员。

3. 招收新大学毕业生。

通用没有固定的招聘流程，不同部门甚至不同年份的招聘形式可能不会一样。以下是通用进行过的招聘流程，以供参考。

第一轮面试：

先是每个人一分钟的自我介绍，面试官会对你提问。然后将面试者分组做 Group Discussion（小组讨论，每组10人左右）。题目是一篇文章，15分钟准备，30分钟讨论（中英文均可）。

Group Discussion 包括四个部分：

1. author's opinion

2. your opinion about the essay

3. a uniform opinion of your group

4. a presentation by a member of the group

最后的 presentation，20分钟，英文。

第二轮面试：

HR 问题，主要看你的基本素质、英语口语能力、心理素质，没有专业问题。例如：为什么申请通用，从哪里能反映出你的领导力，你觉得一个领导应该具备什么品质，你最大的成功是什么，目前最欠缺的是什么，最喜欢的课程等。

第三轮面试：

1. 准备一个有关你参加的科研题目的英语幻灯片，然后用英语讲半个小时。5 个专家听，然后提问。

2. 之后，分别与这五人单独用英语交谈。内容很广泛，因为每个人关心的都不一样，有些会对你的专业感兴趣，有些会问你如何与同事相处，如何处理与领导的关系，每个人会和你谈半个小时。

3. 最后是人力资源的经理与你谈半个小时，都是 HR 问题，如介绍你自己、你有什么长处之类的，用英语。

GE 公司招聘方向非常明确，就是要"熟手"。如果应聘者是应届毕业生，那么他所做过的项目就非常重要，如果跟通用的某个项目相似，那么他拿到录用函的机会就很大；如果他没有接触过通用所要进行的项目，那么他再优秀，也许也不能如愿。所以，能否拿到通用的录用函，看上去很不可捉摸，其实已经注定。

皇家壳牌石油公司招聘流程

壳牌的招聘流程主要如下：

第一步：网申。壳牌的网申一般是从所用简历中选出 10% 左右的人面试。然后是电话面试，时间 15 ～ 20 分钟。

第二步：50 分钟的结构化面试。在面试中主考官会就预先确定的几个方面进行提问，考查应聘者分析、解决问题的综合能力。最终，应聘者决定是否继续应聘，公司决定是否将应聘者推荐至评估中心。这一关的通过率一般为 25%。通过结构化面试的人会进入评估中心。

第三步：接受为期一天的测试。内容包括：小组讨论（由 6 ～ 8 名应聘者独立探讨一个商业议题）、议案（就一个议题做一个陈述并接受质询）、商业模拟（处理成批的业务）、面试（主要针对分析力）。测试的结果交由公司最资深的经理进行评估。

评估中心面试过程具体如下：

1. 面试小组面试：首轮面试将包括对应聘者的个人资料、教育背景、职业目标、已有成就、社会活动经历等的了解。面试人员是来自公司各部门的高级经理，面试问题多为前面章节的"面试常见问题"。

2. 集体讨论：和其他候选人一起进行集体讨论。通常由人事部门人员主持，讨论话题一般比较普通，关键是评判应聘者参与小组讨论的能力，看他们如何脱离书本、抓住问题的核心、灵活进行思考（保持沉默或不积极参与绝对是下策）。

3. 和面试人员午餐：一顿看似轻松自由的午餐，其实是用来评估应聘者的社交礼仪和餐桌礼节，观察他用餐时的举止以及在餐桌上交谈的礼节。用餐时，切记不可发出很大的声响或者吃得过饱，吃得过饱会让你反应迟钝。

4. 向面试人员自我陈述：应聘者被要求对自选的题目做大约5分钟的演讲或陈述，之后接受面试评审团或其他面试者的提问，以考查应聘者的陈述能力和风度。

5. 实际业务演练：要求应聘者浏览内容五花八门的会议记录和电子邮件，涉及市场、销售、财务、审计、管理和人事。应聘者必须作出回应，并告知评判人员理由。这是要求很高的测试。

6. 鸡尾酒会：在这一天即将结束时，高层管理人员会和面试人选一起参加鸡尾酒会。虽然经过了一天的紧张，你需要放松一下，并加深彼此的了解，但别忘了这也是强化你个人优势和资质的大好机会。而且你可以借此机会让高层管理人员对你留下好印象，所以最好准备好合适的问题，适时发问。

下面是壳牌石油公司设计的一些问题，要求面试者立即作出回答。

· 描述你独创的一项新活动、事件或集会，并说明你在其中的作用。

· 你将如何拓宽国外产品在中国的销路？最重要的策略是什么？

· 用5个字概括同班同学对你的评价。他们为什么这样评价你？

· 清楚简练地说明你在过去工作和活动中的职责。

- 你对特别问题和挑战的解决方法。你是如何实现你的解决方法的？
- 对新工作你如何学以致用？
- 在大学你读得最好的学科是什么？
- 在大学你最喜欢的学科是什么？为什么？
- 在大学你本可以学得更好吗？
- 你的兴趣是什么？
- 你喜爱的运动是什么？
- 你对将来的计划是什么？
- 你的优缺点各是什么？
- 你如何安排业务生活？
- 你在大学中是如何选择科目的？
- 你对培训的概念是什么？
- 你是否曾应聘其他公司？
- 如果你与上司或同事合不来，你会怎么做？
- 你在此职业上希望有什么收获？
- 你对成功的理解是什么？
- 你怎样贯彻你的思想？
- 你对未来 5 年的工作如何看待？
- 你的生活观是什么？

花旗集团招聘流程

花旗首先会在企业内部对空缺岗位进行公开发布，一个员工在一个岗位上工作两年之后，就有资格在企业内部进行转岗。

比如，员工认为某一个岗位适合自己，而且自己的能力也达到了该岗位的要求，就可以向主管提出申请。在经过相关的考查程序之后，上一级部门认为其各方面确实适合，就会予以转岗。

在这期间，花旗也接受内部员工的推荐。对于推荐成功的员工，花旗会给予一定的奖励。

两个星期之后，如果仍然没有招聘到相应的合适人选，花旗就会对外公布这些空缺岗位。采取的招聘方式主要有广告、网络和校园招聘；对于高级人才，花旗也会通过猎头寻找合适人选。花旗在不同的地方所侧重的招聘方式会有所不同。

在花旗内部，有一个"人才库计划"。这个计划面向全球所有的花旗员工，各个部门的骨干、精英和花旗认为具有发展潜力的员工都会被列入"人才库计划"当中，成为该计划的一分子。

在中国，花旗银行每年在著名大学的应届毕业生中招募员工作为管理培训生，专业侧重在金融、财务、商务等领域。花旗银行前中国区企业传播及公共事务部助理副总裁郭晔就是作为管理培训生进入花旗集团的，从一名助理做起，短短几年她已经成为花旗的骨干管理人员。

在招聘程序上，花旗银行通常会首先通过简历筛选，选择专业和学历都符合要求的应聘者，然后对应聘者进行考核。在对应聘者的考核环节上，首先对应聘者进行笔试，大都通过英语进行。面试环节，首先由人力资源部主持，接下来由用人部门进行，有时可能会经历 5 ~ 6 次面试。

微软招聘流程

微软公司的面试招聘被应试者称为"面试马拉松"。应试者需要与部门工作人员、部门经理、副总裁、总裁等五六个人交谈，每人大概一小时，交谈的内容各有侧重。除涉及信仰、民族歧视、性别歧视等敏感问题之外，其他问题几乎都可能涉及。面试时，尤其重视以下 5 点：

1. 应试者的反应速度和应变能力。

2. 应试者的口才。口才是表达思维、交流思想感情、促进相互了解的基本功，比尔·盖茨每遇上口齿不灵的应试者，便会摆出满脸不耐烦的样子。

3.应试者的创新能力。空有经验而没有创新能力、只会墨守成规的工作方式，这不是微软提倡和需要的。

4.应试者的技术背景。要求应试者当场编程。

5.应试者的性格爱好和修养。一般通过与应试者共进午餐或闲谈了解。

微软面试应聘者，一般是面对面地进行，但有时候也会通过长途电话，主考官和应聘者只用坐在电话线的两端。

当你离去之后，每一个主考官都会立即给其他主考官发出电子邮件，说明他对你的赞赏、批评、疑问以及评估。评估均以4等列出：强烈赞成聘用；赞成聘用；不能聘用；绝对不能聘用。你在几分钟后走进下一个主考官的办公室，根本不知道他对你先前的表现已经了如指掌。

在面试过程中如果有两个主考官对应聘者说"No"，那这个应聘者就被淘汰了。一般说来，你见到的主考官越多，你的希望也就越大。

宝洁招聘流程

要顺利跨过宝洁的高门槛，求职者必须连过笔试关和面试关。

（一）笔试

笔试主要包括3部分：解难能力测试、英文测试、专业技能测试。

1. 解难能力测试

这是宝洁对人才素质考查最基本的一关。在中国，使用的是宝洁全球通用试题的中文版本。试题分为五个部分，共50小题，限时65分钟，全为选择题，每题5个选项。第一部分：读图题（约12题）；第二和第五部分：阅读理解（约15题）；第三部分：计算题（约12题）；第四部分：读表题（约12题）。整套题主要考核申请者以下素质：自信心（对每个做过的题目有绝对的信心，几乎没有时间检查改正）；效率（题多时间少）；思维灵活（题目种类繁多，需立即转换思维）；承压能力（解题强度较大，65分钟内不可有丝毫松懈）；迅速进入状态（考前无读题时间）；成功率（凡事可能只有一次机会）。考试结果采用电脑计分，如果没通过就被淘汰了。

2. 英文测试

这个测试主要用于考核母语不是英语者的英文能力。考试时间为 2 个小时。45 分钟的 100 道听力题，75 分钟的阅读题，以及用 1 个小时回答 3 道题，都是要用英文描述以往某个经历或者个人思想的变化。

3. 专业技能测试

专业技能测试并不是申请任何部门的申请者都需经历的，它主要是考核申请公司一些有专业限制部门的应聘者，如研究开发部、信息技术部和财务部等。宝洁公司研发部门招聘的程序之一是要求应聘者就某些专题进行学术报告，并请公司资深科研人员加以评审，用以考查其专业功底。对于申请公司其他部门的同学，则无须进行该项测试，如市场部、人力资源部等。

（二）面试

宝洁的面试分两轮。第一轮为初试，一位面试经理对一个求职者面试，一般都用中文进行。面试人通常是有一定经验并受过专门面试技能培训的公司部门高级经理。一般这个经理是被面试者所报部门的经理，面试时间大概 30 ~ 45 分钟。

如果应聘者通过第一轮面试，宝洁公司将出资请应聘者来广州宝洁中国公司总部参加第二轮面试，也是最后一轮面试。为了表示宝洁对应聘者的诚意，除免费往返机票外，面试全程在广州最好的酒店或宝洁中国总部进行。第二轮面试大约需要 60 分钟，面试官至少 3 人。为确保招聘到的人才真正是用人单位（部门）所需要和经过亲自审核的，复试都是由各部门高层经理来亲自面试。如果面试官是外方经理，宝洁还会提供翻译。

1. 宝洁的面试过程

主要分为以下四大部分：

第一，相互介绍并创造轻松交流气氛，为面试的实质阶段进行铺垫。

第二，交流信息。这是面试中的核心部分。一般面试人会按照既定的 8 个问题提问，要求每一位应试者能够对他们所提出的问题作出一个实例分析，而实例必须是在过去亲自经历过的。这 8 道题由宝洁公司的高级人力资源专家设计，无论你如实或编造回答，都能反映你某一方面的能力。宝洁希望得到每个问题回答的细节，高度的细节要求让个别应聘者感到不能适应，没有丰富实践经验的应聘者很难很好地回答这些问题。

宝洁面试的 8 个核心问题：

① Describe an instance where you set your sights on a high/ demanding goal and saw it through completion.

举例说明，你如何制定了一个很高的目标，并且最终实现了它。

② Summarize a situation where you took the initiative to get others going on an important task or issue and played a leading role to achieve the results you wanted.

请举例说明你在一项团队活动中如何采取主动性，并且起到领导者的作用，最终获得你所希望的结果。

③ Describe a situation where you had to seek out relevant information define key issues and decide on which steps to take to get the desired results.

请你描述一种情形，在这种情形中你必须去寻找相关的信息，发现关键的问题，并且自己决定依照一些步骤来获得期望的结果。

④ Describe an instance where you made effective use of facts to secure the agreement of others.

举例说明你是怎样用事实促使他人与你达成一致意见的。

⑤ Give an example of how you worked effectively with people to accomplish an important result.

举例证明你可以和他人合作，共同实现一个重要目标。

⑥ Describe a creative/innovative idea that you produced which led to a significant contribution to the success of an activity or project.

举例证明，你的一个创意曾经对一个项目的成功起了至关重要的作用。

⑦ Provide an example of how you assessed a situation and achieved good results by focusing on the most important priorities.

请你举一个具体的例子，说明你是怎样对你所处的环境进行一个评估，并且能将注意力集中于最重要的事情上以便获得你所期望的结果。

⑧ Provide an example of how you acquired technical skills and converted them to practical application.

请你举一个具体的例子，说明你是怎样学习一门技术并且怎样将它用于实际工作中。

根据以上几个问题，面试时每一位面试官当场在各自的"面试评估表"上打分。打分分为三等：1～2分（能力不足，不符合职位要求；缺乏技巧、能力及知识），3～5分（普通至超乎一般水准；符合职位要求；技巧、能力及知识水平良好），6～8分（杰出应聘者，超乎职位要求；技巧、能力及知识水平出众）。具体项目评分包括说服力／毅力评分、组织／计划能力评分、群体合作能力评分等项目评分。在"面试评估表"的最后一页有一项"是否推荐"栏，有三个结论供面试官选择：拒绝、待选、接纳。在宝洁公司的招聘体制下，聘用的每一个人应经所有面试经理一致通过方可。若是几位面试经理一起面试应聘人，在集体讨论之后，最后的评估多采取一票否决制。任何一位面试官选择了"拒绝"，该生都将从面试程序中被淘汰。

第三，讨论的问题逐步减少或合适的时间一到，面试就引向结尾。这时面试官会给应聘者一定时间，由应聘者向主考人员提几个自己关心的问题。

第四，面试评价。面试结束后，面试人立即整理记录，根据求职者回答问题的情况及总体印象作评定。

2. 宝洁的面试评价体系

宝洁公司在中国高校招聘采用的面试评价测试方法主要是经历背景面谈法，即根据一些既定考查方面和问题来收集应聘者所提供的事例，从而来考核该应聘者的综合素质和能力。

通常，宝洁公司在校园的招聘时间大约持续两周，而从应聘者参加校园招聘会到最后被通知录用大约有1个月的时间。

惠普招聘流程

员工招募在惠普的"优才管理四部曲"（识人、用人、养人、留人）中被称为"识人"。惠普的人才招募分为校园招募和社会招募两种。据惠普大中国区人力资源总监关迟透露："在中国惠普，每天几乎都会有七百到八百个岗位空缺。"在"识才"阶段，关迟重点强调了"多元面试、以人才吸引人才、广收"三点。

惠普的"多元面试"主要包括两级经理面试和同级经理面试，这样可以对用人部门的经理形成一种监督和制约。而团体面试主要运用在校园招募方面，一般同时面试五六名大学生。

一般情况下，惠普的面试都是一对一的，应试者分别要经过三位经理的面试。

首先面试的是应聘者将来的直接老板，也就是应聘者所在部门的经理，他是最最重要的决策人，因为他是最了解这个岗位的人。

第二个面试的是这个部门经理的上一级老板，因为他对整个部门需要保证什么样的质量心里比较清楚。

第三轮面试就会有各种各样的可能性，比如：跟他们合作的部门经理，像销售的部门找市场经理，也可能是人力资源经理。每一轮面试以后都会填一个报告，三轮面试之后再讨论是否录用这个人。

在这一过程中，应聘者直接的部门经理起着比较关键的作用，如果他觉得不行，就不会再有下一轮的面试。如果他已经觉得很满意了，他也会听听其他面试人的意见。他可能挑选出两三个候选人，参考大家的意见来决定。

惠普面试有时采用情景模拟的方式。如一个销售部门招人，惠普希望这个人是比较活跃、积极主动、比较有进取心，而不是很内向的。为了进行这方面的测试，惠普会给应聘者一个题目，让他们进行小组讨论，以这个讨论过程中每个人的表现作为参考。这种方式主要是针对销售和市场的职位，其他大多数职位都不会这么做。

近几年，惠普的人力资源部门着手在互联网上发展履历表中心，各部门的经理可随时入数据库，以输入关键词或设定条件的方式，搜寻自己所需要的人才履历表。经过面谈的履历表都会加入经理的面试结论，有些不错的人才，前次面谈因名额关系未录用，其他经理可立即搜寻出来，直接约谈。

惠普（中国）有限公司人力资源营运总监告诫应聘者，不要去天花乱坠地谈一大通，假如让人当场抓住你讲的是虚假的或者不懂装懂，结果可想而知。他说："我曾经在面试的时候发现过这样的人，把自己说得很了不起，什么都懂。当我问他某个具体问题时，他跟我打马虎眼，然后我又从别的角度问他，能看出来他并不是真正做具体技术工作的。一些基本的概念你都搞不懂，怎么去跟你的用户谈呢？最后这个人被我否掉了。所以你要经得起追问，人不可能十全十美，你不懂也不要紧，可以学嘛！可是你弄虚作假，这个是绝对不可原谅的。"

"以人才吸引人才"是惠普招募的又一要求。"如果应聘者感觉面试小组对自己漫不经心、不重视，那他也很难被惠普所吸引，所以我们要求面试小组表现出足够的重视与专业能力。"关迟介绍说。事实上，这也一直是惠普的传统。

丰田公司招聘流程

丰田公司要花费大量的精力寻求优秀人才，其全面招聘体系的目的就是招聘最优秀、有责任感的员工，这种体系大体上可以分成6大阶段，前5个阶段招聘大约要持续5～6天。

第一阶段：

丰田公司通常会委托专业的职业招聘机构进行初选。应聘人员一般会观看丰田公司的工作环境和工作内容的录像资料，同时了解丰田公司的全面招聘体系，随后填写工作申请表。1个小时的录像可以使应聘人员对丰田公司的具体工作情况有个大致了解，初步感受工作岗位的要求，同时也是应聘人员自我评估和选择的过程，许多应聘人员会知难而退。专业招聘机构也会根据应聘人员的工作申请表及具体的能力和经验做初步筛选。

第二阶段：

评估员工的技术知识和工作潜能。通常会要求员工进行基本能力和职业态度心理测试，评估员工解决问题的能力、学习能力、潜能以及职业兴趣爱好。如果是技术岗位工作的应聘人员，还需要进行 6 个小时的现场实际机器和工具操作测试。通过第一、二阶段的应聘者的有关资料转入丰田公司。

第三阶段：

丰田公司接手有关的招聘工作。本阶段主要是评价员工的人际关系能力和决策能力。应聘人员在公司的评估中心参加一个 4 小时的小组讨论，讨论过程由丰田公司的招聘专家即时观察评估。比较典型的小组讨论可能是应聘人员组成一个小组，讨论未来几年汽车的主要特征是什么。实地问题的解决可以考查应聘者的洞察力、灵活性和创造力。同样，在第三阶段应聘者需要参加 5 个小时实际汽车生产线的模拟操作。在模拟过程中，应聘人员需要组成项目小组，负担起计划和管理的职能，比如如何生产一种零配件，人员分工、材料采购、资金运用、计划管理、生产过程等一系列生产考虑因素的有效运用。

第四阶段：

应聘人员需要参加一个 1 小时的集体面试，分别向丰田的招聘专家谈论自己取得过的成就，这样可以使丰田的招聘专家更加全面地了解应聘人员的兴趣和爱好，他们以什么为荣，什么样的事业才能使应聘员工兴奋，从而更好地做出工作岗位安排和职业生涯计划。在此阶段也可以进一步了解员工的小组互动能力。

第五阶段：

一个 25 小时的全面身体检查。了解员工的身体一般状况和特别的情况，如酗酒、药物滥用等问题。

第六阶段：

新员工需要接受6个月的工作表现和发展潜能评估,新员工会接受监控、观察、督导等严密的关注和培训。

索尼招聘流程

索尼创建初期提出的口号是:永远争第一,永远不模仿他人。要实现这个口号,公司在选择员工时就会注重五大标准。第一是好奇心,他对新生事物是否有很强的猎奇心和创造欲望。第二是恒心,既然好奇了就应该尝试去做,不能半途而废。第三是灵活性,因为一个产品包括很多个环节,有多项功能,因此必须要有灵活性,和大家配合,这一点很重要。同时索尼是一个非常注重研发的公司,每年有那么多研究项目进行,并不是每一个都可以被市场认可的,所以第四点要求员工有很好的心理素质,能接受失败,承受打击。第五点就是乐观了,为某个环节的失败放弃全部是最大的失败,员工只要接受经验教训,把下一件事情做好就可以了。

针对不同的业务需求,索尼通常会采用社会招聘、校园招聘、猎头推荐、员工推荐和内部招聘这五种不同的纳贤渠道。

索尼每年会在全国范围内走访若干所高校,与大学生保持适时的互动了解,使更多的学生近距离与索尼产生了共鸣,其中的一批佼佼者加入了索尼。

简历是第一次筛选。然后索尼会先给应聘者打电话,这也是一次筛选。接下来第一次面试,人事部门会做一个基础性的考试,第二次会由业务部门来见,第三次会由相关的负责人来见。

索尼面试有时不足10分钟,而且五六个求职者同时参加;有时十分复杂:半个月里可能会约见求职者三四次,面试人经常更换,提很多与工作无关的问题。到了吃饭时间,面试人会像老朋友似的请你到餐厅共进午餐,说说笑笑地聊些家长里短。

前者往往被用于面试市场人员,考验的是他们在大众面前的表现力以及"抗压性";后者一般会用在要求较高的岗位或有一定级别的职位,通过多角度的接触了解以及营造轻松的沟通环境，双方都可以从中获取更多的信息，并且建立起一定的信任，增进相互间的感情，为判断的准确性以及今后的合作打下一个良好的基础。

员工推荐也是公司招聘渠道的有效补充。索尼是非常珍视人才的，比如觉得一个人才不太适合自己部门，但他的确非常优秀的话，主考官会推荐给其他部门，所以在索尼经常可以看到一个部门的人带着应聘者到其他部门转来转去。

联邦快递招聘流程

第一关是性格。联邦快递非常看中员工的性格，因此在对外招聘过程中，第一关不看学历、不看专业知识，而是测试求职者的性格合适不合适。尤其是一线员工，公司会通过一些手段考查对方是否有吃苦精神，能否接受不同的挑战等。有的人面试回答得很好，学历也很高，但是测试下来性格不合适，联邦快递会忍痛割爱。

第二关才是面试。他们的面试非常实际，不需要那种只懂得理论、原则，却不会将其运用到具体工作中的人，因此联邦快递要考查求职者的实际工作能力。面试主要通过案例的形式，如提问对方"如果两名员工发生了很激烈的矛盾，你会怎么办？""如果员工的职业发展方向和公司的发展方向不一致，你会如何处理"等。

对于各个岗位的不同要求，公司还会设置不同的考查方式。比如销售人员，联邦快递通常不会采用一对一的交谈方式来面试，而是让五六名求职者一起参与活动，面试官在一旁观察。这种方法非常有效。

另外，联邦快递非常注重内部人员的培训和选拔，只有在所有内部申请者已全部被考虑并面试，且找不到符合要求的人员后，联邦快递才会展开外部招聘。

因此，每当公司内有职位空缺时，首先会在内部公开选拔。人力资源部每周都会在公司的内部网站上公告本周有哪些职位空缺，一定时期内还会拿出一定数量的领导岗位在公司内部公开招聘。凡具有竞争实力的员工均可在一周内提出申请，之后相关部门会安排面试。

联邦快递最缺的 3 类人才：

1. 经理级人才

联邦快递非常注重管理人才的本土化，因此很多的经理人才都是本土招聘的。但合格的经理级人才很难找，因为上海集中了大量的企业，大家都缺乏这一方面的人才。

2. 专业人才

如 IT 人才、会计人才等。因为联邦快递的业务量增长很快，他们需要更加完备的系统去把财务理清楚。

3. 一线员工

主要是派送和收取包裹的递送员等。

联合利华招聘流程

进入联合利华有两个考评渠道，一个是专为应届毕业生设计的，一个是面向有经验的工作人员的。这两个渠道都要经历极为严格的面试。

据介绍，联合利华从全球 200 多位杰出的联合利华经理人身上总结出了杰出人才的潜质，构成了一个"出众才能模型"。出众才能包括合作精神、领导能力、工作热情、学习能力等。公司人事部根据这个模型来考量应聘者的综合素质。

为应届毕业生设计的是管理培训生计划。如何进入这个计划呢？联合利华有重重关卡：首先，人事部会考查通过网上提交来的申请表，给每一项指标打分，包括学习成绩、奖学金情况、社会实践等，根据总分进行筛选。其次，对通过初步筛选的申请者进行书面测试，主要测试逻辑能力，包括语言、数理逻辑等。测试内容一般委托专业顾问公司设计。然后是举行首轮面试，主要采用行为面试的方式。公司资深的高级经理人会担当主考官，他们将根据联合利华"出众才能模型"每个层次的要求，评估面试者。最后还有第二轮面试，这次采用"评估中心"的方式，主考官则是公司董事会成员，整个过程一般由案例分析、小组讨论和一次一对一面试组成。

近几年，宝洁公司在北大启动了一项在大三学生中招聘实习生的聘才计划，如果表现优越将在毕业时正式聘用。联合利华则启动夏令营计划，在全国范围内选拔优秀学生，邀请他们暑假到企业参观实习，让他们尽可能地了解企业文化的理念。若双方合意，毕业时将签约。

对有工作经验人才录用，联合利华主要采用行为面试。对专业技术人才，测试其专业技能、逻辑能力。对经理级以上人才，联合利华将进行职业心理测试，测试人才在工作中表现出来的心理倾向性。测试采用专业顾问公司提供的专业心理测试模块。

联合利华常见的面试题：

1. 你为什么选择联合利华？

2. 用英文介绍一下自己和家人。

3. 你对公司的 management trainee program 有什么期许？

4. 假设你是一个医生，下班途中路经一片荒郊野岭，这时一个人招手让你停车，说不远处有个妇女被车撞得颈椎骨折，不能移动，命在旦夕，而此刻你身边也没有任何通讯工具联络外界。你怎么办？

5. 你是一名军队指挥官，带领着一队人野外拉练。走到一个大粪坑前时，你下令让你的属下立即跳下去，但所有人都没有动作。这时你怎么办？

6. 你是否抽烟喝酒？

7. 你有什么问题？

可口可乐招聘流程

除装瓶厂以外，就可口可乐公司部分而言，公司每年的招聘人数不多，可以说是"精益求精"。近几年，可口可乐每年新员工的比例，约占全体员工的10%左右。对于应届毕业生，可口可乐公司启动了一项"战略性人才招募计划"项目，该项目的主要内容是：从2005年开始，招聘一定数量的应届毕业生。

在可口可乐公司面试，每个求职者会经历多次（至少三次）的面试，由不同主管从不同角度来考查。面试主要考核应聘者是否有热情，是否了解可口可乐，对公司所处的行业和生产的产品是否有热情，其次才是考核求职者的团队能力和领导能力。

可口可乐大中华地区人力资源总监郭先生说，公司每位招聘人员手中都有一份职位描述，明确了招聘职位所需员工的标准。面试中，招聘人员会围绕职位描述，非常具体地提出问题，希望应聘者以事实为基础与招聘人员沟通。在面试中经常会问求职者的人生目标，是否为自己制作了职业生涯规划，举例说明最喜欢的工作是什么、为什么喜欢等。

应聘者在应聘可口可乐的过程中经历的只是招聘整个过程里表面的一些环节。在人事部门的初次考查中，主要考查应聘者的背景、对文化的理解以及他在应试中的言谈举止是否符合本公司的文化。这一点是非常重要的。另外，还要看应聘的潜力及交流能力。人事部门经过初次筛选后，把筛选结果交给业务部门的主管，由他们来确定第二轮面试的人选。业务主管进行的这一轮面试主要考查应聘者的业务能力是否符合这一工作。还有的高级职位将由主管经理进行更高一级的面试。

麦当劳招聘流程

麦当劳招聘餐厅服务组员工一般采用餐厅海报的形式，招聘餐厅见习经理一般采用校园招聘的形式。麦当劳不太认可网上投简历的形式，感觉还是书面简历比较有效。招聘公司的中高层一般采用猎头公司提供资源的形式，而公司工作人员大多是从餐厅服务组员工中选拔的。

"麦当劳企管人才培训生"计划就是麦当劳每年将在几所中国内地排名靠前的重点大学里挑选10名以内的优秀大学生，通过对他们进行为期两年的高质量培训，让其成长为一个市场的总经理或者市场部门的主管。

据介绍，申请的学生要经过四道关卡：

第一关：看简历

因为参与计划的人要在很短的时间内学习大量的知识，学习能力非常重要，因此成绩是进入该计划的一个门槛。另外，麦当劳还看重学生在学校是否有过组织活动的经验。

第二关：笔试

笔试主要考英文和逻辑。因为麦当劳是跨国企业，所以它的领导应该有相当的英语能力；考逻辑，是因为将来的领导要有变革、创新的思维。

第三关：面试

麦当劳HR认为，判断一个人，简历上只能看20%，60～70%来自于面试。麦当劳在面试中会不断地追问，比如你在大学学生会做过干事吗？有没有组织过活动？碰到了什么困难？是如何处理的？……通过一些引导性的问题，了解应聘者的真实能力以及为人处世的经验。

第四关：游戏

最后的一批学生参加一整天的活动，活动由四五个游戏组成。一位面试官回忆道："很多学生很聪明，也很有能力，但是在游戏中却说'你们听我的好了，我肯定是对的'，这样的人我们不需要。""简历写得如何好，面试中如何地隐藏，游戏中都会显露出本性来。"

对于未来的发展方向，培训生有很大的自主权。他们可以选择横向发展，如市场主管、总经理等；也可以选择专业领域纵向发展，比如从事人力资源、营运等。

在培训一年后，培训生的"职业规划工作坊"将征询他们自己的意见："一年下来你感觉如何？你自己将来想走哪条路？"根据培训生自己的意向，第二年麦当劳将给他们安排不同的海外实习。

"两年之后，他们究竟能获得怎样的职位，最终要看他们自己了。我们希望通过四五年时间，他们能做到市场经理或部门主管。"

安利（中国）公司招聘流程

安利（中国）会举办校园招聘活动，数年来超过百名毕业生通过这一渠道进入安利。

应届大学毕业生求职安利（中国）报名流程为：

10 ~ 11 月，登录"安利官方网站"在线提交简历；

10 月 31 日 ~ 11 月 23 日，举行校园宣讲会。

11 ~ 12 月，进行笔试、集体面试、英语水平测试和初步面试。

次年 1 ~ 2 月，管理精英训练营，进行核心才能要素测评，终极挑战赛。

次年 2 月下旬，发出录用通知书。

次年 3 月，正式签约。

安利特别请专业顾问公司设计"案例分析面试"，由公司业务、财务、人事等方面的总监组成一个专业面试小组，面试候选人必须在一个小时之内根据顾问公司设计的具有实际意义的案例作出陈述和分析，面试小组以此考查候选人的观察能力、沟通合作能力、人际关系处理能力以及商业意识。通过如此综合而严谨的考查，诞生了一批对业务运作颇有影响力的骨干，收效奇佳。

安利最看重积极进取、乐观诚信、有责任心并具备领导潜质的大学生。要求应聘者中英文口语、书写表达优秀，对学生的专业基本无限制，但如果落实到专业性的工作岗位上，则仍会有一定的要求，如研发部门。录取人数将取决于学生的笔试和面试表现。

顺利通过笔试和集体面试的大学生将获得参加"博思"职业外语水平测试，并且到广州参加"安利管理精英训练营"的机会，同时可以获得量身定做的职业生涯发展指导报告与辅导。只有顺利通过管理精英训练营的大学生，才能最终成为安利（中国）管理培训生。管理培训生要经过一年的核心部门轮岗培训才能正式上岗，安利将安排经验丰富的职业经理人为新人提供有针对性的辅导与培训。

欧莱雅（中国）招聘流程

在欧莱雅（中国）目前近 3000 名员工中，95% 以上本地化。人员年轻化在中国更是明显，公司将近 80% 的员工均为应届毕业生或工作经验在两年以下的新人。

欧莱雅有多种方式对人才进行选拔：广招实习学生，积极与各高校合作，采用网络招聘方式。另外，针对应届大学毕业生，主要通过校园招聘、校园企划大赛、在线商业策略游戏等活动，考查应聘者是否适合公司，适合哪些职位。据悉，在中国，每年欧莱雅从校园所招募的人员中有三分之一来源于参与过这些赛事的学生。

欧莱雅对应聘者进行招聘考核主要通过面试来进行，欧莱雅中国 HR 介绍说，欧莱雅会引进心理学测试仪器用于招聘考核。一般情况下，应聘者首先应该经过人力资源部的面试，包括招聘执行人员和招聘经理的面试。之后，由用人部门对应聘者进行深入的面试，了解应聘者是否具备岗位所需的才能与资历。

欧莱雅的面试问题一般会从岗位要求出发，比如应聘的是财务，那么就要考查应聘者所具备的专业知识和处理相应事务的能力。

在面试时，面试官会问应聘者过去的学习经历、社会实践经历、业绩和得失、与周围人相处的情况等，通过这些看似常规的问题来发现、考查应聘者，挖掘他们的基本特征，包括沟通、团队协作等方面的能力和个性。

所谓普通评判标准，比如沟通时清晰阐述观点，简洁回答问题，能快速领悟面试官的要求，这些个人素质方面的差异，往往会在面试中起到重要的作用。

对于一些需要有较强专业知识的岗位，欧莱雅会安排一些当场测试。比如需要应聘者懂得电脑操作的，主考官就安排一些即时的测试，看应聘者是否懂得使用一些软件等；岗位需要有较高外语能力的，主考官就会安排一些翻译的测试。

诚信是欧莱雅首要关注的品质，欧莱雅不主张员工在公司中有亲属，认为人情有时将成为对诚信的挑战，在一定程度上有碍公平的用人环境。

欧莱雅的人力资源人员不会通过第一印象去对应聘者做出轻率的判断，而是通过对应聘者经历与才能的深入了解，认定应聘者的特长与优点，选择适合欧莱雅的人才。他们认为："细节方面的问题有助于我们对应聘者特征的观察，但它不会起主导作用，因为我们是要通过各方面的考查最后做出综合判断的。就像个人形象，只要对将来的工作没有负面影响，个人形象在面试中就不会有太多的影响，而且欧莱雅是一家从事美丽事业的公司，外表方面完全可以让员工加入公司后，在美的环境中熏陶形成。"

汇丰银行招聘流程

对于许多外资银行而言，汇丰银行的面试流程具有一定的代表性。

第一轮：笔试

类似 KPMG 的英文与数学（题相似甚至相同，但是英文的）你要考虑到大家几乎都做过，所以你的准确率必须很高才可以过关。

第二轮：简单行为面试

注意他们最强调员工忠诚度，不要随便说你一辈子不离开汇丰，要用使面试官信服的方式和理由来说话。

第三轮：笔试 case

一大堆资料，先看问题，再理清脉络，然后关注重点部分。最后是一整天的 assessment center，包括 group discussion（需要表现 leadership，但切记不要 aggressive）+ presentation + final interview。

"银行家培训计划"是汇丰的一大特色，每年它都从全国高等院校招收最优秀的毕业生，被誉为银行业管理英才的摇篮。通过层层筛选和考核，加入"银行家培训计划"的毕业生将得到 18 个月充分的专业培训。

对应届大学生而言，这个计划给他们提供了一个很好的机会。他们可以去了解银行每个部门的业务流程，同时也会有很多课堂培训相辅助。同时，汇丰还会给他们提供一个海外培训机会。在香港、在英国总部，他们可以认识来自世界各地的同事，了解很多汇丰在中国还没有开展的业务，对他们自身的提高是很有帮助的。通过这个培训计划，他们会对银行的运作、价值观、工作流程有非常强的认同感，能够很好地融入汇丰的文化，增强归属感。当他们从培训班毕业以后，将会走上汇丰各个部门的管理岗位，担当经理的职位。那时，他们就能够起到一个桥梁的作用，可以把汇丰的精神很好地传达给当地的员工，在银行与当地员工的沟通中起到一个润滑剂的作用。

雀巢公司招聘流程

雀巢公司的面试流程为：

1. 集体面试。每 2 ~ 8 个人一组，在闲聊中互相自我介绍。

2. 圆桌互动。圆桌上有每人的英文名，每人都有固定座位。

3. 每人花 3 分钟时间与身边的拍档用英文交流，然后到台上向大家介绍对方。

4. 即兴演讲。每人抽一份题，准备两分钟后上台，接受台下所有人的提问。

5. 小组讨论。每 2 ~ 5 人一组，讨论一个案例，在分发的内容完全一致的表格中，先填写，然后讨论，再作记录，没有面试官，完全自由。

6. 一对一面试。每位面试官有两名固定候选人，从微笑、肢体语言、眼神到仪容仪表，随时为考生打分。

第 *11* 章

大型国有企业招聘流程

中国移动招聘流程

　　中国移动采取多种方式进行招聘，包括招聘会、报纸、杂志、猎头等，用得最多的是网络招聘。同时，还会针对招聘项目进行校园招聘、社会招聘和内部竞聘。移动已经将很多工作外包给专业人才网站，因而在筛选简历、笔试和面试时都遵循着一个既定的程序和标准。一个优秀人才应聘移动，需要经过以下几个程序：

　　软件系统筛选简历→人工筛选简历→第一轮面试→笔试→第二轮面试。自动软件系统会通过考查五个方面来挑选简历，即学校和专业、学习成绩、班级排名、英语能力和项目经验。这些都是应聘中国移动的五大拦路虎。中国移动青睐那些来自重点院校、专业对口的大学生，名校背景、突出的英语能力以及担任过班长、学生会干部、社团组织者的经历，都会成为应聘中国移动的加分亮点。

　　中国移动的笔试分为两部分：性格测试和逻辑推理题。其中，性格测试又由三部分组成：个人特点与风格；个人需求特点；个性测试；思维推理测试。前三部分属于性格测试一类，不需要思考，也没有什么正确答案，按照自己的真实想法回答即可。逻辑思维测试包括数字推理、图形空间推理和图形序列推理三部分。

面试持续一整天，会有比较专业的问题，如中国移动的 GSM 和世界上多少个国家和地区实现了国际漫游？移动有哪些业务？如果由你来建议，你觉得以后应该增加哪些业务？比较常规的问题则是：希望自己三年之后达到什么水平？你最理想的工作是什么？你以后的职业发展规划是什么？

上海电信招聘流程

上海电信主要以网上招聘为主，在网申结束 1 个月后一般会有短信通知，当然网站上也会有相关通知，所以一定要密切关注电信招聘网站。笔试时笔带好 1 寸照片，简历，学校推荐表，4、6 级证书，以及其他证书，还有铅笔和橡皮（要涂卡），身份证（凭证入场），黑色水笔。收到短信一定要回复参加或不参加考试，这是礼貌问题。

重点介绍一下笔试情况。笔试是一天结束的，如果有信息表格就先把信息表格填好。一般和信息表格一起的还有一张考试说明，对身份证填写的说明等，建议填写前先看看，做到心中有数。

开始考试。考场很小，但是作弊是不可能的，因为你旁边的人和你考的项目是不一样的。比如你是考专业题（30 分钟）和性格测试题（30 分钟），那你旁边的就是考潜能题（1 个小时），1 个小时后就相反的。所以专心做自己的，把自己的最高水平发挥出来就好了。

潜能题是一般的 IQ 测试题，有图形题，如折纸，判断折好后的图形是什么样的；有逻辑推理题，最简单的莫过于 A=B，B=C，A=C；语文题，一段文字，让你说出以下几个选项符合文字意思的；常识题，让你说出几个物品中哪个与其他几个有显著区别，如黄铜，紫铜，锡，铁（天空，大地……）等；

潜能题 80% 的部分都不难，仔细点不会错，剩下 20% 如果实在想不出就先随便选一个，别钻牛角尖，要学会掌控自己的时间。最后留下 5 分钟来检查并改那几道题。

专业题分为三种，计算机，通信和销售。考卷按照你的专业而分，并不是按你申请的岗位。所以如果你是计算机专业，但是你申请的是销售岗位，那你的考卷是计算机的。专业题的题目全部是选择题，最后会有 4 道附加题（简答），每题 10 分。如果你对前面的选择题不懂，可以全选 C，然后潜心研究附加题。附加题有一道专业题，另外几道都是对电信产品的理解和改进方案，所以平时要到电信官网介绍中找，比如商务贸易等。语文好的就多写点。

素质题（性格测试），一定要快！否则完全来不及做完！前面和后面有几题意思完全一样，比如你是一个善于在陌生人面前表达的人吗？还有你喜欢别人先开口还是你先开口等。

信息填写，再一次问你想要申什么岗位，还有薪资意向，最后就要把你的所有文件和这张表格订起来交掉。填错不要紧，画掉直接重写。

在考试结束 2 天后，就会收到一面通知，4 天内面试会全部结束。

中国工商银行招聘流程

工行总行会在大型招聘会和总行的网页上同时公布招聘信息。和外企不同的是，工行总行会详细列出各个职位的招聘人数、招聘要求及笔试和面试时间，使整个招聘流程一目了然。

1. 申请

应聘工行总行可以通过网上申请或者投递简历。

2. 笔试

笔试近年来变化不大，主要分为三部分：第一部分是行政能力测试，共 70 题，和公务员考试的内容很相似，包括数量关系、概念判断、阅读理解、计算、推理，唯独少了常识题。题目难度比公务员考试要小，但考试时间比较紧张，大概要求考生 40 秒钟完成一道题；第二部分是翻译，包括中译英、英译中各一道，内容主要与宏观经济和政府政策相关；第三部分是作文，一般要求考生就一个事件发表评论，字数要求在 1200 字左右。

3. 面试

面试的形式是多对一，一般有五位面试官参加。虽然并不是每一位面试官都会提问你，但这种五对一的阵势往往会把有些应聘者吓住。所以，你的心理素质要过关。

中国工行常见的面试题有：

（1）请做一个简单的自我介绍

（2）你为什么应聘工行总行

（3）你最崇拜谁

（4）商业银行实行基金托管后，哪种投资方式带来的机遇最大？ A.养老基金；B.产业投资基金；C.封闭性投资基金；D.开放性投资基金。

（5）为了保证存款人的利益，规定（ ）都不允许单位和个人进行查询、汇划，除了特殊规定的之外。A.个人存款；B.单位存款；C.任何存款；D.合法存款。

（6）从前有个国王，非常喜欢收集稀有金币。有一天他发现一个钱庄老板有7枚稀有金币，索要无果。第二天国王颁布一条法令："第一，所有拥有稀有金币的人家都必须申报交税；第二，每枚稀有金币须交100元；第三，5枚以上的须交5枚金币的税；第四，任何人必须如实申报拥有的稀有金币数量；第五，否则将没收其稀有金币并治罪。"钱庄老板就准备按5枚金币交税，他儿子不同意，要求按7枚金币交税。两个人争执不下，碰到个智者。智者给他们出了个主意，让他们不会被国王没收金币，也不会被处罚。老板和他儿子都很满意。问：国王是怎么想的？智者的办法是什么？

（7）有一个12升的水桶，现在我们要倒出其中6升。但我们没有6升的水桶，只有一个8升的和一个5升的桶，请问怎么倒？

（8）汉译英：上海是世界上最大的海港城市之一，在过去她就是远东地区的经济、金融、贸易中心。随着颇具规模、现代化的浦东新城在浦江对岸兴起，上海成为推动中国经济增长的重要力量，并且带动了中国沿海地区的发展。世界关注中国，世界关注上海。

（9）作文：郭沫若先生应约为某个杂志写了一首纪念十月革命35周年的诗歌，诗歌的立意很好，但是在文笔和其他方面就不尽如人意了。年轻的编辑非常为难，在请示了领导之后，她去郭沫若那里。郭沫若非常热情地接待了她，并且说："这是我的败笔之作，应该修改。"根据上述材料，自拟题目，撰写1000字以上的议论文。

国家开发银行招聘流程

国家开发银行笔试分为两部分，分开考试，全中文。第一部分是类似公务员考试的行政能力测试，有词义辨析、词义联想、错误语句的判断，也有类似GRE的那种逻辑题。这部分其实主要考的是语文能力，题量虽然很多，但实在没有难度，可以很轻松地完成这部分。第二部分是心理测试，就是从侧面考察你是一个怎样的人。

开发银行还是很有效率的，如果通过笔试马上会就组织第一次面试。这轮仍是两部分：作文＋大组讨论。作文时间是1个小时，当时的题目是"谈学习雷锋"，这种题的难度在于：你必须在这有限的时间里写出东西来；你必须写出你的分析以及新意。你可以深思熟虑一下，在心里先有个框架，选中一个最有话可说的角度再动笔。像这个题目可以选择这样的角度：市场经济下不能靠雷锋精神，而要靠有效的激励机制，去激励人们为人民服务。

作文之后是讨论，题目是年轻人频繁跳槽的现象。12个人一组，抽号分配座位，围坐半圈，准备5分钟后开始自由发言。开行有六七人在一边坐一排，不做任何评论，只是不断地记录。发言可以采取主动的策略，但是内容要限于题目讨论的范围，注意控制整个讨论的时间，最后一定要选取一个代表做总结陈词。

多对一面试。这是最后一关。因为开行是政策性银行，更需要综合性的能力，所以开行没有看任何的专业背景，所有的人同样的考试、同样的标准。这一关就是六七个人一排面试你一个。不过相比之下，开行的问题到了点子上，很有现实意义。例如，如果你作了主管，你将怎样处理与资历比你都问深、年龄比你大的同事之间的关系。

交通银行招聘流程

交通银行招收金融、财会专业、经济相关专业、计算机专业、法律专业及金融工程专业的毕业生。除了计算机专业以外，总行录用的其他专业的应届毕业生都要到上海以外的省市的分支行锻炼两年，并且只有经考核符合总行的录用条件才能再回到总行工作。应聘程序包括提交应聘材料和面试。先要提出申请，提交应聘材料，应聘材料包括交通银行总行应届毕业生应聘表、自荐材料、学校推荐表、学习成绩单、外语和计算机能力证书以及奖惩证明等的复印件。

面试主要包括自我介绍以及个人选择等问题。专业问题涉及得不多，而且一天内一般要面试上百人，所以平均每个应聘者只有十多分钟的面试时间。

中国华能集团招聘流程

中国华能集团需要先在网上进行报名：应聘者填报《应聘报名表》《应聘人员基本情况一览表》，连同个人简历、成绩单、四级或六级证书等资料以电子邮件方式发至公司的人力资源部。填写应聘报名表的注意事项：

1. 中文姓名填写必须与身份证信息一致；
2. 健康状况根据本人的具体情况填写"健康""一般"或"较弱"；
3. 生源地须填写到省、市（非县级市）；
4. 第一联系方式请填写手机号码；
5. 家庭情况请填写父母、兄弟姐妹或配偶；

6. 英语水平若属于参加2004年新规则考试的同学，请填写考试成绩。

资格审查：公司组织筛选应聘学生资料，确定参加面试的人选。

面试的情况是这样的：公司根据报名情况分区域组织面试，同时派出招聘工作组到有关高校进行宣讲，现场接收简历，组织面试，确定拟录用学生。接到面试通知后，要带齐下列材料：

1. 打印的应聘报名表及个人简历一份，并在真实性承诺处签名；

2. 《毕业生推荐表》复印件；

3. 《毕业生成绩单》原件（要求有学校教务处盖章）；

4. 大学英语等级考试合格证书复印件（验原件）；

5. 一寸彩色照片一张；

6. 其他您认为足以证明能力的材料。

面试通过之后，公司会安排拟录用学生到指定医院进行体检。接到体检通知后，要做好以下准备：

1. 体检前确保充足的睡眠；

2. 体检前一天晚饭要清淡且不要喝酒；

3. 体检当天早晨要空腹，不要吃早餐也不能喝水；

4. 体检时，请携带身份证。

体检通过的人会与公司签署协议，正式成为华能一员。

南方日报招聘流程

南方日报面试先是自我介绍，然后要求每个人谈谈自己打算去哪个部门，跑哪条线，自己有什么能力、资本可以胜任所选择的工作，在工作中又如何利用特长和能力去提高报道水平。面试采用一对多的群面方式来进行。所有的应聘者都说完之后，可以对自己感兴趣的内容提问。如某次面试的题目是这样的：几个考生要针对一则中学生自杀的新闻展开讨论，要求形成一致意见，讨论的主题是这个素材值不值得做深入报道；如果值得做，该如何开发资源、如何策划。

另外一些面试题：

你觉得 2016 年最有意义的三件大事是什么？为什么？

假如南方日报有新的扩张计划，你对社长有什么建议？说说新办什么样的报纸或杂志？把它办在哪个城市？在微信公众号等自媒体迅速发展的形势下，你认为南方日报应该怎样转型应对？

新华社招聘流程

报考新华社的求职者先要认真阅读《新华社国内分社招聘应届高校毕业生条件》及《新华通讯社简介》。如实填写《新华社国内分社招收高校毕业生报名表》，然后通过电子邮件的形式发送到新华社。

新华社会挑选出参加笔试人员名单，发放准考证，组织笔试和面试。笔试一般都是静态写稿，回答一些新闻业和时事上的问题，接着面试决定实习名额，最后依据实习表现录用。录用之后还要进行体检，体检不合格的最后也会被淘汰。

新华社的面试通常是一个会议室，一张大圆桌，外加几个面试官。应聘者要先做自我介绍，然后会被询问选择这个部门的理由，中间面试官会突然发问，但是问题一般很随机，例如平时都看什么报纸杂志之类的。这不同于外企丝丝入扣的面试程序。

新华社作为国务院直属事业单位，岗位管理比较严格。新进人员一律实行聘用制，签订聘用合同，按岗管理。

第*12*章

500 强民营企业招聘流程

三一重工招聘流程

应聘三一重工需要在线投递电子简历，途径是"三一集团 2010 校园招聘"官方网站。每个人只能申请一个职位，同时请注意简历所填项目的完整性。由于不同学校招聘时间不一样，所以要特别关注你所在学校的简历投递截止日期。

通过简历筛选的同学将收到笔试通知。通知一般于笔试前一天以手机短信及电子邮件方式同步发布，请随时关注电子邮箱及保持通讯工具顺畅。

笔试的时候请遵照通知时间并提前 15 分钟到达考试地点。考卷因专业而异，笔试时间约 90 分钟（含应聘表、调查问卷填写时间）。笔试合格人员将收到短信通知，参加校园沟通会及下一轮面试。准备物品：考试文具、身份证、学生证、一寸免冠彩照一张、2B 铅笔。

面试分为初试和复试，请遵照通知时间并提前 15 分钟到达面试地点。面试采用多对一形式进行。

准备资料：个人简历、各类证书原件（英语等级证书、获奖证书及其他资格证书）、既往成绩单原件、身份证及学生证、《三一集团校招指南》。

终试就是高管见面会。由高层领导复试，采用多对一方式，复试通知将于面试结束一周内发布。请参加面试的所有成员保持通讯工具通畅，并按照通知所述时间和地点提前 15 分钟到达。

复试合格的学生可于见面会后现场签约。签约所需资料：《毕业生推荐表》复印件一份（加盖学校毕分办或学生处章）；《毕业生成绩单》复印件一份（加盖学校教务处或院系公章）；英语等级考试合格证书复印件一份；国家教委发放的就业协议书原件一式三份（加盖学校公章）。

广州风神招聘流程

广州风神也是通过网报筛选简历进入笔试，笔试通过后进入面试。下面着重介绍一下面试。风神面试对英语口语有要求，应聘者要能够用英语来介绍自己，并做到表达流畅。然后考官会问你几个问题。问题形式多样，可能是工作上的专业问题，也可能是生活中的问题，或者是你的个人问题，如兴趣爱好之类的。

接着是部门的主管来面试，这时就会涉及一些比较专业的问题，考察你的专业技能。当然第一步还是自我介绍，了解你的大致情况，期间也看你的表达能力和综合素质。接着就是一些比较专业的提问，比如：你对产品开发有没有兴趣？如果一件事不能按期完成，你会怎么处理？如果上司说这件事要么完成，要么滚蛋，你会怎么做，心里怎么想？这些问题是考察你随机应变的能力，处理问题的能力，自我调节的能力等，你要想好了再回答。最后面试官还会问你的发展目标是什么，也就是你的职业规划，进一步来看你是否适合这个工作。

笔试的考试内容，也是要求个人要有全面的发展，考计算机、逻辑和英语能力。考试之前需要翻一下书，进一步巩固和提高，拓展自己的知识面，以不变应万变。

万科公司招聘流程

万科的招聘流程分为：校园招聘会-网上申请-笔试-面试。

1. 笔试：

万科笔试被戏称为"GRE中文版"。这是因为，其中一些题目是GRE原题的中文版，45分钟要做80余道题。题目分为五部分：词语题、数理推断题、语句判断题、逻辑推理题、图形题。由于不能跨区答题，应聘者很难取长补短。总的来说题目难度比较大，而且时间又比较紧，每次都会淘汰掉不少应聘者。

2. 面试：

万科的面试是一对一的，面试官一般是人力资源部的主管，他会针对你提交的申请表来提问。常见的面试问题有：

请做简单的自我介绍。

对万科了解多少？

对未来职业发展有什么规划？

想在哪个城市工作？

做过哪些社会实践？

金地地产招聘流程

金地的招聘过程和其他公司差不多，最有特色的是笔试。笔试题目是给你一些情景，问你在这些情景下有什么反应和做什么决定。一共5道题，前4道题大家都做。最后一个是专业问题。考试时间150分钟，相当紧张。曾经考过的题目有：

1. 这段时间里你面临26件任务，你会按照什么原则处理这些事务，如何去处理。并且你要就其中重要的事务给出具体解决方案，指出你运用了什么原则。

2. 你在求职过程中碰到了一家心仪的公司，你会如何选择？并就你的个人特点提出你选择的依据，打出权重分数。你要进入这个公司，将采用何种方法？

3. 你在宿舍读到一篇文章，讲的是一个美国青年艰苦的人生之路。你阅读后有很多感想，正好你的老师来宿舍串门，你会就哪些方面和他交流？

4. 假如你应聘进了一个公司，第一个月你基本没有什么事情做，发现这个公司同事间很少说话，工作也很忙碌，部门经理经常出差不能见面，你有什么感想？一个月后部门经理突然给你打电话，问你这个月有什么体会，此时你有什么感想？最后上司交给你一件任务，要你组织一个新员工和董事长的交流活动，形式不限、时间3小时，请拿出一个策划书。

5. 给你一个东莞的住宅规划项目，请交出一份针对白领二次置业者的策划案。里面要有5张方案草图和一些资产收益表。建筑专业的应聘者需要对这个方案进行评价，分析优缺点，然后提出改进意见，画草图说明；其次提炼项目的"卖点"，并提出如何操作；最后是如何分期建设，各期侧重点如何，并就售楼宣传提出草案等。

由此可以看出，金地笔试考察得相当细致，而且都很贴近未来的工作情景，能够考察你分析问题、处理问题的能力以及性格、职业倾向。最后一道专业题，更是对你的专业能力有相当高的要求。

TCL 招聘流程

TCL 集团董事长兼总裁李东生认为，企业间的竞争归根到底是人才的竞争。正是基于这个理念，TCL 成为国内企业中最早开始校园招聘的企业之一，每年招聘的人数也不少。

每年 TCL 会偏重在理工科学校进行宣讲会。不过即使你所在的大学没有 TCL 的宣讲会也没有关系，因为除了一些紧俏专业以外，TCL 不现场接受简历。你可以直接在它的网站上查看招聘职位，在线填写简历。

　　TCL 集团虽然是一起发布职位消息的，但不同分公司的招聘流程各不相同。技术类职位一般会设置一轮笔试两轮面试，笔试主要考察专业知识。第一轮面试一般比较简单，主要是对综合素质的考察，而第二轮面试会更多地涉及你的职业倾向。营销类职位一般没有笔试，只有两至三轮面试，而且一般会有小组面试。另外从 2005 年招聘开始，部分国际性的校园招聘职位加入了 BULATS（博思）职业外语水平测试。

　　TCL 某分公司营销职位校园招聘的第一轮是小组面试，分为三个部分：首先是 1 分钟的自我介绍；然后是用几分钟时间研究案例，每人用 1 分钟时间发表自己的意见；最后应聘者要分成两个小组讨论 10 分钟，然后选一位代表做最后总结并写出不超过 100 字的书面报告。

网易公司招聘流程

　　在所有公司的招聘中，网易的校园招聘阵容是最强大的。在校园招聘宣讲会上，丁磊亲自介绍了网易公司和中国互联网的发展，其中最让毕业生们感到兴奋的是丁磊对网易核心竞争力的描述。丁磊认为网易的核心竞争力并不是他们最赚钱的网络广告、数字娱乐等，而是：发展战略清晰；组织管理结构良好（员工期权制度）；对技术开发十分重视；对人才十分重视；良好的企业文化。在提问环节之后，丁磊当场口述了一个笔试题，要求应聘技术类职位的同学现场作答。问题是：请描述如何用最优的算法统计丁磊口述的一篇英文文章有多少个句子、多少个单词，以及每个单词出现的频率。可以自己选定编程语言，主要是写出最优算法。

　　网易的面试和笔试因为应聘部门的不同有不同的安排。

　　游戏组的面试是一对多的，有好几位面试官，会注重考察你是否有编写游戏软件的经历以及你掌握编程软件的熟练程度。

　　常见问题有：

有没有过开发游戏的经验？

你对游戏有什么样的认识，比较熟悉哪个游戏？

你认为测试中最重要的是什么？

你是在哪个平台下开发游戏软件的？

而技术类面试可能要求在面试前再进行一场笔试。笔试主要是考 C++ 和排序等。面试以考察技术能力和相关项目经验为主，但难度不是很大，一般一轮就可以决定是否录用了。

常见的面试问题有：

以前做过什么项目？

C++ 的 statm 有哪些用法？

函数指针是干什么的？

TCP 和 UDP 的区别和优劣是什么？

你对网易产品有什么样的了解？

腾讯招聘流程

腾讯首先在各大高校举办校园招聘，主要招聘技术类和业务类人才。技术类主要招聘三类人才：网站和游戏的开发；腾讯产品 QQ 的开发，主要是 VC 方面的；腾讯服务器方面：Linux 下的 C ／ C++ 程序设计。

技术类的招聘是一轮笔试和三轮面试。笔试分为两部分：首先是回答几个问题，例如："你觉得你做过的最有创造性的事情是什么？""你觉得你最成功的事情是什么？"。然后才是技术类的考核。考试内容主要包括：指针、数据结构、Unix、TCP ／ UDP、Java 语言和算法。题目难度比较大，跟高级程序员考试难度相当。

第一轮面试是一对一的，比较轻松，主要考察两个方面：一是你的技术能力，主要是通过询问你所做的项目来考察；二是一些你个人的基本情况以及你对腾讯的了解和认同。

第二轮面试：面试官是应聘部门的经理，会问一些专业问题，并就你的笔试情况进行讨论。

第三轮面试：面试官是人力资源部的员工，主要是对你做性格能力的判断和综合能力测评。一般会要求你做自我介绍，考察你的反应能力，了解你的价值观、求职意向以及对腾讯文化的认同度。

腾讯面试常见问题：

说说你以前做过的项目。

你们开发项目的流程是怎样的？

请画出项目的模块架构。

请说说 Server 端的机制和 API 的调用顺序。

华为公司招聘流程

1. 华为招聘流程

华为每年都有人力资源计划，招收人数每年不等，主要分为技术类和营销管理类。一般都是一轮笔试、四轮面试。

2. 华为笔试

华为技术类的笔试公司有一个专门的题库。在每个城市招聘时使用的题目都不一样的。

华为 ASIC 考过以下的笔试题：

（1）请画出 LATCH 和 D 触发器的输入输出时序。

（2）请画出一个 CMOS 与非门的结构图。

（3）做一个脉冲正跳变的监测器，可以画原理图，也可以用 VHDL 或者 Verilog。

（4）设计一个 16 分频器，可以画电路图，也可以用 VHDL 或者 Verilog。

华为软件笔试题：35 个单选题每题 1 分，16 道多选题，每题 2.5 分。

主要考察 C／C++、软件工程、操作系统及网络，有少量关于 Java 的题目。

3. 华为面试

华为的面试求职者戏称为"车轮战"，在 1～2 天内要被不同的面试官面试 4 次，都可以立即知道结果，很有效率。第一轮面试以技术面试为主，同时会谈及你的笔试；第二轮面试也会涉及技术问题，但主要是问与这个职位相关的技术以及你拥有的一些技术能力；第三轮面试主要是性格倾向面试，较少提及技术，主要是问你的个人基本情况，你对华为文化的认同度，你是否愿意服从公司安排以及你的职业规划等；第四轮一般是用人部门的主要负责人面试，面试的问题因人而异，既有一般性问题也有技术问题。

华为曾考过的技术面试问题：

（1）什么算是好的 Java 代码？

（2）什么是 J2EE 的三层架构？每层有什么功能？

（3）做过什么项目？是商业项目吗？做过哪些模块？遇到什么问题？如何解决？

（4）什么是信息安全？

（5）JSP 和 ASP 有什么不同？

（6）一些寄存器的题目，主要是考寻址和内存管理等知识。

（7）请你详细解释一下 IP 协议，在哪个层面上，主要有什么作用？TCP 与 UDP 呢？

（8）请问 C++ 的类和 C 里面的 Struct 有什么区别？

（9）请你分别画出 OSI 的七层网络结构图，和 TCP／IP 的五层结构图？

（10）请讲一讲析构函数和虚函数的用法和作用？

除了会计和审计需要笔试以外，华为营销和管理类的考试都是直接面试。第一轮面试是多对多的面试，面试官首先要求你自我介绍，然后有可能问一些专业问题；第二轮面试主要是性格和职业能力测试，面试官会围绕你的个人经历与你交谈，但在面试过程中也可能会为难你，抓住你的弱点来发问。例如，他（她）会问"你的专业课成绩看来不是很好，但会计是一个技术和专业性很强的工作，你能胜任吗？"第三轮面试主要是测试你的英文水平，会要求你用英语做自我介绍，然后问一些英文问题。第四轮面试主要是应聘部门的负责人面试，考察会更加综合。

中兴通讯招聘流程

中兴以网络招聘为主。应聘者访问中兴的网站，详细填写个人信息并提交。不真实的信息会影响到你的面试，对于没有填写的关键之处，系统会自动提示。别忘了自己注册的用户名和密码。

你接到笔试通知后，请携带身份证、学位证，到通知的地点进行笔试。笔试分为专业笔试和辅助笔试。

然后是面试，面试分为初试、复试、口语。每一轮的面试结果会及时通过短信、邮件通知。接下来是签订协议。在充分沟通的前提下，本着"双向选择"的原则，公司与毕业生之间签订《录用意向书》和三方协议书，《录用意向书》作为三方协议的附件签署后同时生效。具体信息请留意公告，各大学校 BBS 和就业网站，那里会及时更新招聘动态信息。

百度招聘流程

应聘者登陆百度招聘的网站，先用自己的电子邮箱注册一个账户，填写详细的个人信息。注册之后，应聘者的邮箱里会收到一封激活邮件，激活之后就可以系统登录进行职位申请，每人一次最多可申请三个职位。

人力资源部门会用 10~15 个工作日筛选简历，并将笔试通知发到应聘者的邮箱里。通过的人大约在 10~15 个工作日之后参加笔试。再过 10~15 个工作日，笔试通过的人参加面试。最后通知是否被录用。

常问问题以工程师应聘问题为例：

1. 请你分别画出 OSI 的七层网络结构图，和 TCP/IP 的五层结构图。

2. 请你详细地解释一下 IP 协议的定义，在哪个层上面，主要有什么作用？ TCP 与 UDP 呢？

3. 请问交换机和路由器的实现原理分别是什么？分别在哪个层次上面实现的？

4. 请问 C++ 的类和 C 里面的 struct 有什么区别？

5. 请讲一讲析构函数和虚函数的用法和作用？

6. 全局变量和局部变量有什么区别？是怎么实现的？操作系统和编译器是怎么知道的？

7. 一些寄存器的题目，主要是寻址和内存管理等一些知识。

8. 8086 是多少位的系统？在数据总线上是怎么实现的？

测试题：

1. 由于你是新员工，没有公配手机时，当你在现场遇到紧急事故时，你会（   ）向公司求助

A. 打用户机房内的电话

B. 借用户手机

C. 拔 110

D. 拔 200 或 300

E. 立即打车回办事处

（答案：D。答 C 和 E 者立即辞退，因为按照公司规定，不能随便使用用户的电话，以提高公司形象）

2. 工程师王某周日晚正在家里看电视，突然手机响了。电信局运维员工突然打电话过来，小王接起电话，用户声音很急迫，说："不好了，瘫了，你快来处理"。

请问这里"瘫了"最有可能是什么意思（   ）

A. 设备漏电将维护人员电瘫了

B. 设备支架不够结实，被压瘫了

C.设备坏了，将维护人员吓瘫了

D.设备坏了，大面积业务中断了

（答案：D。答错者，按不合格处理）

500 强企业选人标准与工作准则

Part 4

员工："经理，我能不能请求您，研究一下给我增加工资的问题呢？不久前我结婚了……"

经理："非常抱歉，我们不能承担业余时间所发生的不幸事件。"

员工提出加薪的要求本来无可厚非，但在要求加薪的时候，首先要提供一个能够说服上级的理由。

同样的道理，你在面试官面前的所有表现，都是为了一个目的：给对方一个选择你的理由。本篇阐述了部分 500 强企业的选人标准和工作准则，可以帮助你事先了解企业的价值观和对人才的要求，从而不会犯"把结婚当成加薪理由"的错误了。

第*13*章
世界知名跨国公司的选人标准与工作准则

GE 公司选人标准：技能 +GE 价值观 + 潜力

招聘人才是 GE（通用电气）每天都在进行的工作，甄选人才时有两个最基本的要求：一是具备某个职位必需的专业技能；二是个人价值观与 GE 价值观要相吻合。坚持诚信、注重业绩、渴望变革，是 GE 价值观的主要内容。如果员工个人的价值观与 GE 的价值观不一致，是不会被 GE 选用的。除此之外，更重要的一点是，是否具有能够从事更高级别工作的潜力。因为 GE 是一个强调变革的企业，在变革的同时也会要求员工能不断地挖掘潜力，提升自我。总的说来就是：技能 + GE 价值观 + 潜力 = GE 人。

原 GE 中国有限公司人力资源总监韩女士表示："我们会通过行为面试和团队面试来考查应聘者的综合素质。"比如行为面试，主考官会让你讲一件你觉得自己做得有成就感的事情，你是怎么做的。结果怎么样，学到了什么。团队面试是以 4 ~ 6 人为一个小组，由主考官临时给一个资料，集体讨论 15 分钟，然后由一名代表陈述解决问题的方式。在讨论过程中，主考官会观察每个人的反应。通常这种即兴的面试能很快测试出应试者的性格，以及他适合做什么样的工作。

另外，GE 还非常看重一个人的爱心和社会责任感。除了在学校参与一些社团活动之外，GE 认为，做社区义工能让学生接触到社会，关注身边发生的事件。这些方面的素质，主考官都会在面试时加以考查，比如他会问你空闲的时间在做什么，等等。

GE 是一个多元化的公司，有很多业务部门，只要你有潜力、有诚信、有业绩，在公司就会得到直线发展，不必考虑民族、性别，不必托人情、走后门。

丰田公司选人标准：注重综合素质

每个企业都有其企业文化的核心理念，对于求职者来说，了解这一点是求职前的必修功课。

对于丰田的员工，"Toyota Way"就是他们必备的个人素质，包括挑战、改善、现地现场、尊重和团队合作。这包含着丰田对员工素质的要求，即能接受挑战、有创新能力、实事求是、尊重人和群策群力的团队精神。

在"硬件"上，丰田 HR 表示，除了一些技术型的岗位需要汽车专业背景外，丰田大多数的岗位对专业并没有具体规定，但外语能力很重要，大多岗位都需要求职者具备较好的英语能力。而在一些技术型岗位上，有一定的外语能力则更能为个人添分不少。

品质是丰田公司的核心价值观之一，因此，公司也在找寻对于工作有责任感的员工。小组面试的一个主要目的，就是发现员工自己最感到骄傲的成就。

丰田公司的生产体系基于决策的一致性、工作轮换制、富有弹性的职业发展路线。这就需要头脑开阔灵活、适应力强的员工队伍，而不是因循守旧的教条主义者，丰田公司的全面招聘体系正是为此而设计的。

大多数人认为，在日本企业个人的升迁是个漫长的过程，但正是因为丰田是个年轻的企业，年轻人往往能很快在企业里挑起大梁。

丰田公司工作准则：把节约成本进行到底

丰田公司之所以获得今日的显赫地位，与它长时期、全方位降低成本的努力分不开。

丰田公司追求领先的过程中，采取了全方位的措施。它对汽车的整个生产流程进行了全面的改善，尤其对那些重复性的大规模制造流程，公司在改善的基础上建立起了新的流程，新流程的首要目标就是削减成本。

在此过程中，丰田公司首先提出了"看板系统"的概念，具体的做法是在公司的厂房摆放一套彩色的看板，用于显示生产过程中的现有库存量。这一系统看似简单，却非常有效地降低了公司的库存水平，它使得丰田生产车间里的流水线节拍变得非常和谐，极大地提高了生产效率。

丰田公司还和供应商签订了关系更加密切的采购合同，直接从供应商那里获得存货。它们通过计算机系统与供应商直接进行联系，当工厂的库存下降到安全值以下时，它们就能够从供应商那里获得迅速补给。这样的补给每天可以进行一次，必要的时候甚至一天可以进行好几次。对于丰田公司来说，这样的举措使得公司的库存始终保持在一个较低的水平上，极大地降低了库存成本。这一由丰田公司首创的生产方式就是现在广为人知的 JIT 生产。

丰田公司本着降低成本这一至高无上的原则，通过长期不懈的努力，提高自己的生产效率并建立了完善的精益生产体系。鉴于丰田公司在生产上所作的贡献，人们把这种生产方式称为"丰田生产方式"，这一方式在20 世纪 80 年代彻底打破了美国三大汽车巨头的垄断神话。

丰田公司还在设计环节降低成本，在设计新产品的时候会把生产、销售和零部件采购要求考虑进去。这样做有很多好处，它使各个部门在产品问世前就经过了充分的协调，针对各部门的不同意见，设计部门通过计算机来进行改进，从而避免了很多不必要的浪费。

在采购环节，丰田和供应商会坐到一起，大家共同商量降低成本的措施。

丰田会找出占采购成本 90% 的零部件，然后按照不同零部件组成工作小组，要求他们和供应商协商降低成本的办法。丰田经常通过这种做法来降低成本，同时还要保证供应商有利可图。

事实上，丰田公司在降低成本上的努力并不仅仅局限于对生产领域效率的改进，丰田公司从不放过一些细小环节上的成本节省，从一点一滴做起。在丰田公司，办公用纸张用完了正面还要用背面，午间休息的时候必须关灯，并取消了传真，改发电子邮件。

在丰田公司，每一名员工都是监督浪费和消除浪费的专家。公司还对员工进行宣传和培训，将一些好的节约方式推广到分销、物流等业务中去。有人甚至这样评价道，丰田公司的利润大部分并不是生产过程中产生的，而是在每一个细小环节中不断抠出来的。

有一天，日本松下公司的领导来丰田参观学习，受到了丰田人的热情接待。服务人员恭敬地递上咖啡，礼貌之周无可挑剔，但是当客人接过咖啡时不禁大吃一惊：公司使用普通的粗瓷碗来盛咖啡！在丰田有个这样的规定：接待贵客一律用普通的瓷碗。其实丰田并不是没有咖啡杯，主要是为了杜绝浪费。

丰田公司内部实施的是细节管理。例如，每一位员工工作做完之后可以随时回家，因为在丰田的员工看来，不必要的逗留就是浪费资源。在办公室灯火通明，还不如回家看看书、吃吃饭、和家人聊聊天。

微软公司选人标准：青睐"聪明人""失意者""冒险家"

在计算机能力、研究能力、智商、人品这四种应聘者具有的品质中，微软将人品放在第一位，在人才选拔中实行"人品一票否决制"。团队合作精神、交流能力、正直诚实、动机正确，这都是人品好的体现。

IT 行业要靠团体协作，同时，拥有技术的最终目的是为人服务。微软要求从业者能以人为本，人品一定要好。

微软一直在寻找自己需要的"聪明人"，不限于计算机专业，而聪明人的含义又很特别。微软有自己的一套，用来考查人的"聪明"程度。比如，微软的招聘人员会给应聘者"3、3、8、8"四个数字，看他能不能在最短的时间内通过加减乘除得出24。还有一些问题更是"刁钻古怪"，比如主考官会问应聘者"美国有多少加油站""上海的出租车产业占上海多少比例"。这些问题当然不是考应聘者的记忆力和常识，事实上也没有什么标准答案，关键是考查应聘者分析问题的能力，看其如何找到解决问题的切入点。

微软并非只招聘计算机人才。微软全球技术中心2001年在清华大学招了19个学生，其中计算机及相关专业的9个，而精仪、化学、生物、核能等非计算机专业的学生10个，突破了以往"计算机及相关专业的学生占大多数"的模式。

微软不仅寻找聪明人，也寻找"失意者"。比尔·盖茨认为：当一个人为生计发愁时，他就会发挥自己的潜能，进行创造性思维。恰恰在这种时候，最容易出成绩，而且这种人比事业顺利的人更具有承受挫折的能力。微软公司以后也将会经历挫折，那么，这些曾经失业的人才必定会在逆境中干得更加出色。因此，盖茨一旦发现本行业中比较出色、但又因所在公司经营败落而失业的人才，就会在适宜的时候聘他来微软工作。

微软还青睐具有冒险精神的人。要想成为微软的一员绝非易事，应聘者要对软件有浓厚的兴趣，还要有丰富的想象力和敢于冒险的精神。微软宁愿冒失败的危险选用曾经失败过的人，也不愿意录用一个处处谨慎却毫无建树的人。

英特尔公司选人标准："六大价值观"

客户第一、自律、质量、创新、工作开心、看重结果——这是英特尔的企业文化和企业精神。英特尔聘人的首要条件就是认同这个精神、这个文化，因为这是英特尔的凝聚力所在。英特尔在人们的印象中是一个不断推陈出新、升级换代的品牌，其创新精神在招聘过程中也有充分的体现。英特尔在各高校招聘应届毕业生时，愿意招各种虽得 3 分却富有创新意识的学生，最好是在校期间就完成过颇有创意性的项目。

除了看求职者的专业技能是否符合要求外，英特尔还要看他的沟通技巧、团队合作精神及做项目过程中分析和解决问题的能力。从专业的角度来看，英特尔招的员工范围比较广，有读过 MBA 的，有学电子工程专业的，还有学计算机专业及管理方面的。可以说，英特尔对人才的需求是多方面的。

英特尔在看待人才的时候，将其分为关系型和做事型，二者之间并不排斥。而且，英特尔对两种人都比较看重，但是更倾向于后者。在英特尔内部，大多数人都是勤奋工作的类型。

另外，英特尔也青睐那种开放的人才。他们有自己的想法，敢说敢做，富有冒险精神，但是一旦作出决定，就要坚决服从执行。另外，严明的纪律和团队精神是十分重要的。

基于六大价值观，英特尔对于"先育人，再用人"和"用新人"的说法都表示支持。英特尔公司在这个方面会根据人才的实际情况来加以定夺，不同的人适合不同的岗位，尽管英特尔要求的人才都是"Best"的，但是态度最为重要。他们在招聘时，首先看重的是应聘人的态度，然后才是专业和工作能力。

英特尔对经理的评价也是看他领导组织的业绩，而不是看他本人。所以，作为经理人才，英特尔看重的是既有个人专长又有领导才能的人才。

摩托罗拉公司选人标准：四个 e 和永恒的 E

摩托罗拉文化的核心是强调"对人保持不变的尊重"和"坚持完美操守"。公司有"四个 e 和永恒的 E"的标准：四个 e 分别是 envision（高瞻远瞩）、execute（高效贯彻）、energize（激情互动）、edge（果敢决断）；一个 E 是 Ethics（高尚操守）。

这一标准要求未来的员工在竞争激烈的商业环境中要有远见和创新精神；激励自己和领导团队达到目标；迅速行动，以结果为导向；在复杂情境中勇于决策，敢于冒险。在商业活动中坚守职业道德，包括对人保持不变的尊重和操守完美、诚信。这个永恒的"E"，帮助摩托罗拉渡过了发展中的种种难关和困境，尤其是在近年来一些公司面临诚信危机、通信行业整体下滑的情况下，摩托罗拉倡导的诚信原则在确保其优秀业绩上发挥了积极的作用。

摩托罗拉渴望招到"德才双馨"的人才。"德"指个人品行和职业道德，"才"指专业技能。对应聘者职业道德的考量，是摩托罗拉筛选应聘者的最后一关，也是最重要的一个环节。如果一个应聘者的品行不符合摩托罗拉的要求，就算其专业背景再好，工作兴趣再高，摩托罗拉也不会录用。摩托罗拉非常强调团队精神，一个品行欠佳的人会影响团队的凝聚力和战斗力。个人能力再强，也不能弥补个人对公司整体造成的损失。虽然一个人的品行很难量化，但人力资源经理在面试过程中，仍可从多个方面来判断一个人的品行。比如应聘者的工作经历、对一些问题的看法、以往与客户、同事的关系，在寻求自身事业发展的过程中是对公司考虑得多一些，还是对自己考虑得多一些。例如，有的求职者来面试，对所问问题不懂装懂，经过一次提醒后仍继续胡扯，这样的人一看就是撒谎成习惯了；有的求职者为达到某种目的会隐瞒一些问题，只要稍加追问很快就会露出马脚。这样的人是不受公司欢迎的。

西门子公司选人标准：看重三素质

西门子十分青睐高素质的人才，其人才素质模式包括三大内容，分别是知识、经验、能力三大领域。西门子在招聘人才时，特别看中人才这方面的素质。

知识

根据不同岗位的要求，"知识"层面包括四方面的内容：技术知识、业务流程知识、商务知识和市场知识。作为全球技术与服务领域的领头羊，西门子要求员工必须具备相应的技术知识，这是适应电子、光电技术竞争的基础；同时，作为出色的西门子人，还必须了解业务的整个流程；而要赢得全球激烈的市场竞争，必须具备基本的市场与商务知识。

经验

西门子所说的"经验"，主要包括四方面的经验：专业经验、项目管理经验、领导经验和跨文化的经验。由于西门子在全球近 200 个国家与地区实施项目、雇佣员工，因此，西门子在重视四方面经验的基础上，更为强调员工的项目管理经验与跨文化经验。

能力

在对应聘者三方面素质的要求中，西门子最强调"能力"。知识可以通过学习获得，经验可以通过实践获得，而能力则不同。西门子强调的"能力"，包括推动事情的能力、专注于事情的能力、制造影响的能力和领导下属或团队协作的能力。

苹果公司选人标准：看学历，更看能力

想要被苹果电脑公司接受，首先，基本的学历还是应该具备。在大学时应该努力学习。取得各种证书是很必要的，上了班之后工作会非常紧张，很难抽出更多的时间再来学习和考取证书。

面试时的表现非常重要。你得对自己有信心，举止应落落大方。必须有专业知识，主考人说的专业术语必须能听得懂。还会有英语口语的面试，你必须做好充分的准备。在任何一家外企，英语都特别重要。你工作所要参考的资料、你平时看的网站以及公司的培训，多半都是讲英语，所以英文听、说、读、写能力差会让你举步维艰。

另外，工作经历非常重要。最好有本行业内的工作经验。苹果公司基本上不招应届毕业生，大学生如果想到苹果公司一类的外企，毕业后可以

先到其他公司，小公司也没关系，重要的是不要丢掉 IT 专业，而且技术上要跟进最新的东西，因为计算机行业发展极为迅速，一定要不断学习，不然很快就会落伍。在 IT 行业积累了几年经验，就比较容易进入大的外企。

苹果公司强调创新观念。你的创新意识越强烈，你就越能得到上司的青睐。如果老板给员工一个策划，员工觉得有更好的办法，或者发现老板有哪些地方没有想到，会马上提出来，老板也会很高兴地采纳。作为外企的领导者，他通常不愿下属只是自己的左右手，只有自己一个人的大脑在思考。他希望下属不仅是左右手，也是自己大脑的一部分。

松下公司选人标准：个人素质＋适应能力

"你不诚实我不要你！"这是松下在招聘过程中一贯坚持的用人原则。松下招聘的独到之处除了强调员工的忠诚度之外，还特别重视应聘者的个人素质和适应能力。松下信奉企业的主体是人，而人又是企业中最宝贵的财富，所以每年都会投入大量的人力物力进行人才的筛选和录用。事实上，松下一直都在积极吸收各种各样具有专业技能、善于进取、能很快把自己融入企业文化之中、理解企业经营理念的优秀人才。应聘者不仅要具有良好的基本素质，包括教育程度、人品、对企业的认识和理解，个人性格是否适合企业具体岗位的发展，也是人力资源部门比较看重的因素。松下（中国）所需求的人员范围比较广泛，适合的专业基础知识是必不可少的，但更重要的是个人发展潜能和融入企业文化的适应能力。具体对应聘者的考核过程和确认办法是，通过对以前经历的了解、专业知识考试、语言能力测试、面试、实际操作或短期实习来实现。

松下特别重视和应聘者用很轻松的谈话方式来了解个人最真实的一面，让应聘者消除紧张或其他不良因素的影响，使人与人在平等的聊天气氛中接触个人最真实的人性和各方面的实际能力与素质。因为有些人面试效果很好但不一定入职后工作就优秀，相反，由于某些原因企业可能会错过一些本来很出色的人才。

公司创始人松下幸之助喜欢寻求 70 分的人才。他说：说实话，人才的雇用以适用公司的程度为好。程度过高，不见得一定有用。当然水准较高的人会认真工作的也不少，可是很多人会说："在这种烂公司工作，真倒霉。"如果换成一个普通程度的人，他却会很感激，"这个公司蛮不错的"，从而尽心竭力地为公司工作。如此，不是很好吗？所以招募过高水准的人是不适宜的。"适当"这两个字很要紧，适当的公司、适当的商店，招募适当的人才。如果认真求才，应该是没有问题的，虽说不能达到 100 分，但达到 70 分是不成问题的，达到 70 分的有时候反而会更好。

佳能公司选人标准：关注情商、专业

佳能（中国）正处在高速发展期，平均每月都会引进 10 个左右的新人。但是，佳能选择人才是相当慎重的，只给愿意提升自己的人提供机会，不去吸引那些被迫需要工作的人。这是佳能在用人方面所重点强调的。

佳能招聘人才最关注的是文化的契合、价值观的匹配以及一个人的"情商"。情商包括与人沟通的能力、适应环境的能力、工作的激情及是否有长远发展的眼光等。

佳能欣赏能够在工作上拿得起放得下的人。比如公司给求职者一个工作，他能够出色完成他的工作职责。

在佳能看来，是大专、大本，还是硕士、博士并不重要，只要专业知识达到一定程度，专业技能达到量化指标，经过面试合格就予录用，且招聘时不限定专业。

不过，任何一个职位，员工进入公司后都需要进入"学徒期"。佳能现在推出一个新的培训计划——蜜月培训计划，就是员工进公司的第一天就由一个导师带着，负责头一个月的指导，包括正常形式的培训、在岗的培训、现场演练等。之所以叫"蜜月期"，是希望让员工感受到关怀，在适应环境的过程中得到各方面的辅导。

三星公司选人标准：善用奇才、怪才

三星集团中国总部社长兼三星电子大中华区总裁李相铉表示，三星的"人才经营"新战略是：注重吸纳"天才"；善用"个性"人才；敢用奇才、怪才。

吸纳"天才"或"天才级"人才

三星目前已拥有不少具有世界一流技术水平的"准天才级"人才，和一大批企业首脑、技术专家和专业经营者。三星物产株式会社人事经理金素英说："申请人越来越热切地希望加入三星。"当然，她只能挑选申请者中最优秀的人员，因此她不得不拒绝很多有天赋的应聘者，这的确困难。

善用"个性"人才

所谓个性人才，就是整体看起来不算十分优秀，但在特定方面兴趣浓厚、才能超人，能够在所在领域独树一帜的人。这样的人通常不合群，在组织内部协调共事方面存在缺陷，许多企业经营者都不太喜欢这样的人。但三星认为，"个性"人才对事业极为执著，有望成为特定领域的专家，一旦扬长避短便可担当大任。

敢用怪才

三星一直坚持在不同部门大胆任用多种类型的人才，甚至曾经做过电脑黑客的程序高手也因为技术出众而被聘请进公司从事开发工作。

事实上，三星公司中，很多高层管理人员在学校中的专业和最初进入的领域与他们现在的职位并不一样，但是在公司中得到了新的位置，他们的能力也得到了更好的发挥。

三星公司工作准则：首重责任心

在韩国，对三星公司的员工有一种称呼，叫"三星人"。这种叫法是独一无二的，其他公司就没有被称作"什么什么人"的，而这种称呼正体现了三星独特的企业管理思想。

在一个企业中，每个人都有自己的角色，或者是员工，或者是主管，或者是高级经理。是什么支撑他们尽职尽责、加班加点地工作呢？通常认为，答案是工资、奖金和福利。

而在三星，从前台到高级经理，每个人拿的都是年薪，也就是所有员工每年拿的都是一个固定数字的薪酬，没有加班费也没有奖金。年薪的等级和数量是一年考评一次，调整一次。那么，靠什么方法让员工不偷懒，兢兢业业地做好自己的工作呢？三星有自己独特的方法：在一个家庭中，每个人也都有一个角色，或者是丈夫（妻子），或者是儿女，或者是父母，是什么支撑他们为自己的家庭操劳，无怨无悔地投入和付出呢？是金钱吗？肯定不是，答案是爱与责任。

这就是三星管理的核心思想，依靠责任感而不是金钱来激励员工工作。三星认为，"金钱刺激就像止痛药，只能是痛一下止一下，不能解决根本问题，而且容易产生依赖性。拿加班费来说，很多企业付加班费，但是他们无法杜绝员工拖延工作时间和进度来领取加班费这样的问题。而三星员工加班，完全靠自觉。自己的工作没有做完，责任感会激发他加班完成工作，没有加班费的刺激，员工也就会尽量提高工作效率而不会养成拖延时间的习惯。"

三星是如何使员工具有这种责任感的呢？与责任感相对应的必然是"爱"与"信任"。三星对员工的"爱"与"信任"在许多细节上都可以体现出来。在这里，员工上下班无须打卡，完全凭自觉，如果是早上 8 点来的，那就 5 点下班；如果是 9 点来的，那就 6 点下班；如果早上塞车晚了一点，那下班的时候就自觉晚走一点，在年终评定成绩的时候，没有那种残酷的硬比例的"末位淘汰制"，如果所有员工在上一年表现都很优秀，那就一个也不用淘汰。

一旦出现了一些责任心不强的员工，三星也不会立即解聘他，而是主要通过教育劝导来使他改正。就像一些孩子有坏习惯或犯了一些错误，家长也不会轻易说不要他。最主要的还是让他认识到自己的错误，这也是三星"家文化"的一种体现。

三星认识到：你对员工越信任，他就越有责任感。在三星，部门经理的权力很大，而三星也正是通过这种授权来代替金钱激励。如果你这次做好了一件事情，成功地完成了一个项目，那么在以后的工作中就会拥有更多的自主权。通过这样的激励方式，每一层级的员工都能感受到这种"被信任"的感觉，也就会激发出更多的责任感，更努力地做好自己的工作。

皇家壳牌石油公司选人标准：发现未来的老板

世界领先的国际石油企业、位居全球 500 家最大公司排名前列的壳牌集团，是许多年轻人心目中的"顶尖级"外企典范。那么，什么样的人才能进壳牌？

首先，他是不是有能力工作，并且能够完成工作任务。这是壳牌聘人的一个前提。所以一旦成为壳牌员工，他从第一天起就必须开始真正工作、承担责任和执行任务。

其次，他的观念是不是跟公司、时代合拍。这是软性的方面，包括对公司的经营准则是否认同，并且身体力行。还有很重要的一点，就是要不停地去学习新的东西。

另外，壳牌招聘人才所关注的不仅仅是某一个工作，而是希望他有能力从现在的位置做起，一步一步地向更高、更宽的方向发展，做到经理、甚至董事的位置。公司有一套机制支持员工实现这些愿望。公司在网上有一个内部的公开招聘系统，公布公司内部的所有空缺，只要认为自己有时间和精力，每个人都可以去应聘、竞争。这需要员工有很大的主动性和勇气。

壳牌是以"发现未来老板"的态度来招聘人才，他们希望招到的人才将来能管理壳牌公司。壳牌有三个衡量标准：人际关系能力、分析能力、成就欲以及成就能力。

人缘好绝不是壳牌所说的人际关系。壳牌的人际关系能力是指是否尊重他人；是不是理解他人；在与人沟通时，是不是能有效地倾听对方，并把自己的意见说出来；意见不一致时，是不是能把不同意见综合，然后得到一个大家都比较满意的结果……

壳牌的分析思维能力是指一个人对细枝末节的敏感性，是不是能够举一反三，高瞻远瞩；能不能从纷繁的信息中抓住最重要的，对它进行分析、加工，获取有用信息并得出结论，等等。

壳牌希望未来的员工有成就欲，面对压力时能够坚持得住，能在大家争论不休的时候站出来说这个意见是最好的，请跟我走，并能够说服大家……

Google 中国公司选人标准：实干、内功与人品

招聘时，Google 看重人才的实干精神、内在素质和人品。

"很多大学生在开复学生网上表示疑惑，他们学习了平行计算、操作系统等技术而无用武之地。我告诉他们现在可以来 Google 工程研究院了。"Google 前中国区总裁李开复表示："如果计算机毕业生的目标不是去一个大公司做一个 IT 管理人员，而是要做一个改变世界的工程师，Google 将是你的乐土。"

李开复表示，他心目中的优秀人才和希望招聘的人才首先必须人品好，Google 希望其招收的人才认同 Google "不做不善良的事、利众"这样的企业文化。"但这并不代表我们要招好好先生、听话的乖乖，我们不反对争论，我们强调的是互相之间的尊重"。公司对人品考查采用过的方式包括出一个具体的题目，比如"你是如何个人牺牲而让团队获胜的"，主考官会要求求职者写下来并且向他的导师和同学求证。

李开复表示不在乎所招聘的人会不会某种语言或系统，不在乎是不是

非要"数学很好"，因为"这些都是外在和可学习的，并且任何一种语言都是不断变化的，有好内功的人随时都可以学习并掌握"。Google 非常在乎一个人对 IT 技术的理解，比如对算法的理解、对架构的掌握等，在面试时 Google 会通过要求应聘者现场编写代码等方法进行考评。

普华永道选人标准：找优秀、有领导能力的人

普华永道招聘员工不只看是不是会计专业毕业，重点是要选择有才能的人，因为会计师事务所最大的价值就是人才。

普华永道的网站上有招聘信息，同时还通过校园招聘以及朋友介绍等形式招聘新员工。普华永道一直认为，要找优秀、有领导能力的人作为员工。因此，没有必须具有会计专业背景的要求，任何专业毕业的人才都有可能进入普华永道。当然，选择人才需要通过合伙人面试，共同讨论、评价应聘者是否具有领导才能、是否注重团队精神，等等。有许多求职者都持有像澳大利亚注册会计师（CPA）等证书，这些证书能够证明求取者在学术水平、工作经验方面达到了专业会计师要求，普华永道自然会把这些证书证明的能力考虑进去。不过，关键还是看个人本身的能力。

成绩好、头脑聪明；有团队合作经历和精神；具备较高的英语水平；有与众不同的思考问题方式；懂得创新，显示出和其他人不一样的特点；有职业概念，有不断学习的动力和能力；有幽默感。这样的学生，是普华永道所青睐的。

而对于即将走向岗位的大学生，普华永道认为，首先要好好学习，拿到好成绩。其次，要尽量利用课余时间拓展自己的能力，比如参加团体活动或实习工作等非学习方面的活动，以此增长自己的经验。最后，要培养自己的兴趣。中国有成千上万的优秀学生，只有让自己变得与众不同，才能脱颖而出。

宝洁公司选人标准：注重七原则

宝洁公司立志寻找那些能对公司作出贡献、开创一个新局面的人才。为宝洁工作的人具有不同的文化背景及学历，但他们都具有一些共同点。这些共同点包括：

强烈的主动工作能力——克服困难，完成工作。宝洁人都具有极强的主动性，能坚忍不拔、独立自主地以极大的热情做好自己的工作。

卓越的领导才能——领导及激励别人。宝洁人与同事都有良好的工作关系，并努力帮助同事发挥他们的潜力。

较强的表达交流能力——简明而有说服力地表达自己的观点。在对别人产生影响的同时，宝洁人也善于以客观开放的态度吸取别人的建议、反馈。

较强的分析能力——全面思考工作中的问题，并得出合理的结论。因为宝洁人具有较高的才智，他们能对瞬息万变的商业竞争及时做出反应。

创造性——发现新的思想方法、新的工作方法及达到某个目标的最佳途径。我们经常会面临前所未有的变化，只有更富有创造性地工作，向一些基本的假设、传统的观念提出挑战，才能驾驭它。

优秀的合作精神——成功地领导一个集体以取得最佳成果。宝洁人懂得如何激发热情，从而在工作中最好地发挥个人及集体的作用。

诚实正直的人格——按照宝洁的"公司信条"来工作。宝洁在每天的工作中都努力遵循诚实和正直的原则。尽管时代一天天在变化，但那些具有传统的"侠义之风"的应聘者是宝洁最期待的。

而在这些原则中，宝洁公司最注重的就是员工的主动工作精神。

宝洁公司工作准则：把消费者当作自己的老板

把消费者当作老板，全心全意地为消费者服务，了解消费者的需求，满足消费者的偏好，是宝洁员工的一贯作风。

事情发生在一个秋天，柏林墙倒塌后。宝洁公司采取"一个国家引进一个产品"的策略，每一次的产品引进都以广泛的研究为基础。宝洁早就知道东欧人需要较好的清洁产品，但是东欧的消费者并没有想过清洁产品该是什么味道，研发人员也无从问起。宝洁的调查员和当地家庭一同生活，了解到东欧民众的喜好。他们注意到洗衣剂的香味和清洁度几乎是同等重要的，于是，宝洁根据东欧民众的需求最终推出了3种不同价位的品牌，一举成为东欧市场的领导者。

当宝洁公司进入中国时，宝洁公司首先调查了中国人民的洗衣方式。他们注意到中国气候变化大，经常出汗，劳动强度大，衣服相对比较难洗，所以宝洁改良了熊猫洗衣粉，推出了含宝洁特有超洁因子的熊猫超洁洗衣粉，用这种洗衣粉洗出来衣物更干净，洗衣更轻松。

同样，当意识到中国人的口腔保健习惯与欧美各国的差别时，宝洁推出了第一支含中草药的佳洁士多合一牙膏。

正是宝洁对消费者的需求全面满足，把消费者当作自己的老板，才占领了众多市场，并在竞争激烈的日用品市场上保持领先。

就像一个多世纪前宝洁的创始人一样，宝洁人永远着眼于未来。宝洁公司一贯奉行"生产和提供世界一流产品，美化消费者的生活"的企业宗旨，在世界各地生产出了众多质量一流、深受消费者喜爱的产品。每一个成功企业背后都有一种体现适应性、创造性、开放性和导向性的企业文化，他们的常胜之道在于了解顾客、不断创新，并以此来满足消费者的需求。尊重员工，与员工良性互动，让员工成为公司真正的主人。同时，宝洁也要求员工把对消费者的服务当成工作的核心。

欧莱雅公司选人标准：寻求"诗人与农民的完美结合"

应届大学生一直是欧莱雅非常重视的人才，每年他们都会倾注大量精力在上海和北京等地的多所知名高校做宣讲会。在每年的招聘中，应届大学生占的比例达到了10%。

欧莱雅的选人标准与企业文化息息相关。对员工的要求是富有胆识和想象力，善于出谋划策并将其付诸行动，有脚踏实地的创业精神的"诗人和农民"。欧莱雅是一个开放的公司，对每一个有才能的人，欧莱雅都提供机会和空间让他们进行尝试。因此，要进入欧莱雅，首先要有诗人般的想象力和创造力。尤其是像市场、销售这样的岗位，应聘人员对化妆品市场要有极强的领悟力和敏感度。员工首先要热爱所处的行业，这是追求事业成功的原动力。兴趣是激情的源泉，有激情才能既富有想象力又具有实干精神。同时，又要像农民那样吃苦耐劳、脚踏实地。农民精神的可贵之处就是一步一个脚印，根据四季和环境的变化及时播种、浇灌和收割。在欧莱雅，这种精神的一个重要表现就是对市场的敏感，就像农民对于天气变化的敏感一样。同时，要把作为"诗人"一面的想象力和创造力落实到具体的工作中，通过对于细节的关注去达到计划中的效果。

是否具有潜力，是欧莱雅招聘员工的重要标准之一。欧莱雅中国人事总监戴青举例说，作为市场部基层管理人员的市场助理岗位，其工作内容包括文件的处理、协调、联络、档案的管理等，虽然都是比较基础的工作，但欧莱雅从来都很重视这些基础岗位的招聘。欧莱雅认为招聘一名适合的人才就像在这个空位种上一株树苗，希望能在欧莱雅的用人环境中长成参天大树，所以欧莱雅所招聘的人才不但要能够满足基本的要求，更要具备能够担当更大责任的潜能。所以对于像市场助理这样基本的岗位，欧莱雅的人事总监戴青都会亲自把关面试应聘者。

麦当劳公司选人标准：用人有七招

麦当劳的成功与其贯彻在用人问题上的几个观念是分不开的。

1. 人才的多样化

麦当劳的员工不是只来自一个方面，而是从不同渠道请人。麦当劳的人才组合是家庭式的，去麦当劳可以看到有年纪大的人，也有年轻人——年纪大的可以把经验告诉年轻人，同时又可被年轻人的活力所带动。因此，麦当劳请的人不一定都是大学生，而是各层次的人都有。

2. 不用天才

麦当劳不用天才，因为天才是留不住的。麦当劳请的是最适合的人才，是愿意给出一个承诺、努力去工作的人。

在麦当劳里取得成功的人都有一个共同特点：从零开始，脚踏实地。炸土豆条、做汉堡包，是在麦当劳走向成功的必经之路。这对那些取得了各式文凭、踌躇满志想要大展鸿图的年轻人来说，是难以接受的。但是，他们必须懂得，脚踏实地、从头做起才是在这一行业中成功的必要条件。

3. 不用"靓女"

当今服务行业招工时，对雇员的外貌、身材特别讲究，尤其是女性，漂亮的容貌是首要条件。但麦当劳绝不讲求漂亮，其录用的员工相貌平平，但是必须能吃苦耐劳。

4. 用"生"不用"熟"

其聘用的人才几乎全是初出茅庐的年轻人。麦当劳在几十年的创业中积累了一整套成功的管理经验，录用新员工时宁用"生"不用"熟"，因为他们要用自己的经验培训员工，而不希望被他人的思维框框所束缚。

5. 招聘不搞暗箱操作

为了确保求职者准确无误地了解工作岗位和工作条件，所有履历考核全部通过后，求职者将在餐店里进行3天实地实习，之后，双方将第二次见面，最后确定是否录用。

一位年轻的毕业生在成为经理之前必须担任4～6个月实习助理。麦当劳公司认为，快餐店的良好管理来源于对生产全过程的深入了解。基于这个原则，公司要求实习助理熟悉各部门的业务：从付款台到薯条，每位麦当劳人将掌握各工种的诀窍。在这段短暂的时间里，实习助理应该掌握达到最佳质量、最佳服务的所有方法。

麦当劳在人才方面的一个基本观点是：人才的作用是为人员招聘、企业管理等方面的经营者提供帮助，最大限度地减轻他们的负担，让他们更加集中精力为客人服务。

6. 一般不"炒鱿鱼"

麦当劳首先是一个培养人的学校，其次才是快餐店。在麦当劳精神下培训出来的人，即使离开了，也是一个对社会有用的人。

7. 工作时间不搞死限制

麦当劳录用了你，你可以在工作时间上自由选择：可以当全职员工，也可以当兼职员工；工作时间从早上7时到晚上11时，任你挑选。这一点吸引了大批人才应聘，范围之广遍及各个行业，麦当劳可以从中选拔最优秀的员工，将那些认为极有潜力的员工送往麦当劳汉堡大学深造，这就激励了员工们为企业创造更大的效益。

麦当劳公司工作准则："SQC&V"精神

美国麦当劳快餐店从30多年前经营汉堡包起家，目前，其分支机构已扩展到30多个国家和地区，拥有8400多家分号。麦当劳快餐店之所以能获得如此迅速的发展，有赖于其多年来所坚持的"SQC&V"精神。所谓"SQC&V"，是英文"服务""优质""清洁""物有所值"的第一个字母。

"SQC&V"的企业精神，是麦当劳快餐店在激烈的市场竞争中处于不败之地的立足之本。

麦当劳快餐店从一开始就把为顾客提供周到、便捷的服务放在首位。所有的食物都事先盛放在纸盒或杯里，顾客只需排一次队，就能取到他们所需要的食品。为了适应高速公路上行车人的需要，麦当劳快餐店在高速公路两旁开设了许多分店。他们在距离店面10来米远的地方，都装上通话器，上面标着醒目的食品名称和价格。当人们驱车经过时，只要打开车门，向通话器报上所需食品，车开到店侧小窗口便可以一手拿货、一手交钱，马上又驱车上路。

麦当劳在为顾客提供快速服务的同时，十分重视食品的质量，不断改进菜谱、佐料，努力迎合不同年龄、性别、层次、地区消费者的不同口味。为了吸引顾客，麦当劳快餐店把场地清洁也作为一条重要的经营原则，总店经常派出人员到各地搞突击式的检查，发现问题及时处理、纠正，以努力改变公众那种"廉价餐厅不清洁"的偏见。因此，除继承和发扬一些优良传统和保留一些尚能适应新环境的因素外，必须培育和建立以竞争、风险、质量、服务、效率、效益以及企业社会责任等经营哲学和价值观念为主要内容的新型企业文化。

耐克公司选人标准：寻找有想象力和创造力的员工

耐克公司生产全世界最好的运动产品，耐克是世界最优秀的品牌之一，所以要招最优秀的人才。

耐克的人员构成以及招聘时的偏好可以用"多元化"来形容。耐克希望员工的组成多元化，员工的年龄层次不同、背景不同、工作经历不同。唯有多元化才能富有生命力。所以，尽管耐克品牌给人的感觉很年轻时尚，但完全不排斥年长的员工，他们的经验和稳妥的处事能力是宝贵的财富。耐克更不会因为缺乏经验和社会关系忽略大学毕业生。创新能力、想象力、热情，这些特质都是耐克看重的，而且他们有很强的学习能力，可塑性极高。

招聘多元化并不意味着什么样的人都能进耐克，千万别忘记"最优秀"这三个字。首先要有专业素质。以面料开发员这个职位为例，需要达到四条要求：若干年的专业经验；纺织专业毕业的学历背景，对面料有一定认识；世界 500 强企业工作经验；良好的语言沟通能力，尤其是英语。

耐克公司工作准则：销售真正始于售后服务

耐克坚信销售真正始于售后服务，并非在产品尚未出售之前。耐克时常告诫员工，应当以信用为中心、诚实服务为支点，才能成功地取得顾客的好感。

耐克公司是不会让顾客买了鞋之后就把他们抛至九霄云外的，耐克员工对顾客的关怀是发自内心的诚意。一位耐克员工说："顾客再回来要求服务时，我会尽全力替他做到最佳的服务。必须像个医生一样，他的鞋出了毛病，你也为他感到难过。"

在公司的鞋出现"热敏胶事件"后，霍利斯特说："我们并没有推开不管，我们只是马上更换新鞋。"

耐克公司的成功优势，主要得力于它那无懈可击的员工服务策略。周到的售后服务、优异的品质、产品的可靠性，几乎成为耐克公司的品牌象征。

今日的市场推广方式是要结合广告及其他宣传推广武器的威力，尽量将产品或服务信息传达到目标顾客手上。

耐克公司充满策略性地把广告、公关、直销推广、明星效应、减价促销等推广工具结合连用的"混合式行销传达"，是最醒目、最直接有效地与消费者联系的行销方法。

传统的传媒广告，在广告爆棚的环境之下，再不像以前使用的传媒广告那样好使好用。耐克公司结合所有"有关痛痒"的行销武器，使目标顾客在多元化的行销信息轰炸之下，不得不张开耳朵和眼睛，把信息接收。

除了传统的广告方式可以把产品牌子及好处输入目标顾客脑中之外，真的没有其他办法可行了吗？

耐克公司认为，服务是永续销售的灵丹妙药。在员工对客户的服务中，信用与诚实是耐克公司最宝贵的品质。随着健身热潮的到来，生产运动用品的公司越来越多，除了老牌的阿迪达斯、彪马以外，布鲁直、新巴兰斯、康弗斯等也应运而生。耐克公司在同行中独占鳌头，靠的是企业及员工的信用和诚实。对于一项产品，类似品越多，顾客对产品的功能和自己的需求就越熟知，这时，决定向谁购买就看谁的服务好了，这是顾客选择的一个守则。

美国航空公司：节省每一分钱

美国航空公司（简称"美航"）是美国最大也是最赚钱的航空公司之一。

美航的成功，归因于它的执行长官罗伯·柯南道尔及其管理团队所采取的一系列策略，包括将成本降到最低的热情。他们的工作准则是"节省每一分钱"。

除了代表美航标志的红、白、蓝条纹外，美航飞机机身不加任何油漆。这项策略降低了油漆和燃油的成本。一架不上漆的 DC10 大约轻了 400 磅，因此每年每架飞机的燃油大约可以省下 12 万美元。

20 世纪 80 年代中期，美航把每架飞机的内部重量至少减轻了 1500 磅，而重量之所以能够减轻，是因为装上了较轻的坐椅：把金属推车改换成强化塑钢；换用较小的枕头和毛毯；在头等舱中使用轻型器皿，以及重新设计。这些改变为美航的每架飞机每年至少节省 22 万美元。

柯南道尔和他的管理团队在追求成本最小化的过程中，做到了巨细靡遗。

有一回，柯南道尔在美航班机上把未吃完的剩菜倒入一个塑料袋，交给机上负责餐食的主管，并下令"缩减晚餐沙拉的分量"！仅此，他还不满意，又下令拿掉每位旅客沙拉中的一粒黑橄榄。如此一来，又为美航每年省下 7 万美元。

最令人称绝的是，有一回柯南道尔为了省钱，开除了一条看门的狗。在一次访谈中，柯南道尔自己对此事进行了说明：

"确有此事。我们在加勒比海边有一栋货仓，早先我们雇用一个人整夜看守，后来决定要省掉这项支出。有人反对说：'我们需要个人来防止盗窃。'我就说：'把他换成临时工，隔天守夜一次，也不会有人知道他在不在。'过了一年，我还想减少成本，便告诉他们：'何不换成一条狗来巡守仓库？'我们就这么做了，而且非常有效。又过了一年，我还想把成本往下降，下属说：'我们已经降到只用一条狗了。'我就说：'你们干吗不把狗叫的声音录下来播放？'我们如此做了，也行得通，没人知道那里是否真的有条狗在看守。"

商业经营的终极目标是为了赚取利润，节省在某种程度上而言就是收入。而且，节省下来的每一分钱大于所赚的每一分钱。因为，节省下来的每一分钱，都是不折不扣的纯利润。

联邦快递：扩大员工的职责范围

联邦快递成功的一个重要原因之一是重视员工，依靠优秀的管理原则取胜。他们具体的做法包括：

扩大员工的职责范围；恰当地表彰员工的卓越业绩；激励员工去树立公司形象。

每月总有许多世界各地商业人士愿付 250 美元，花几个小时，去参观联邦快递公司的营业中心和超级中心，目的是为了亲身体会一下这个巨人如何在短短 23 年间从零开始，发展为拥有 100 亿美元、占据大量市场份额的行业领袖。

大家深切地体会到，联邦快递公司创始人、主席兼行政总监弗雷德·史密斯创建的扁平式管理结构，不仅得以向员工授权赋能，而且扩大了员工的职责范围。

与很多公司不同的是，联邦快递的员工敢于向管理层提出质疑。他们可以求助于公司的保证公平待遇程序，以处理跟经理有不能解决的争执。

公司还耗资数百万美元建立了一个联邦快递电视网络，使世界各地的管理层和员工可建立即时联系，它充分体现了公司快速、坦诚、全面、交互式的交流方式。

20 世纪 90 年代初，联邦快递准备建立一个服务亚洲的超级中心站。负责亚太地区的副总裁 J·麦卡提在苏比克湾找到了一个很好的选址，但日本怕联邦快递在亚洲的存在会影响到它自己的运输业，不让联邦快递通过苏比克湾服务日本市场。

在联邦快递公司，这不是麦卡提自己的问题，必须跨越部门界限协同解决。联邦快递在美国的主要法律顾问肯·马斯特逊和政府事务副总裁多约尔·克罗德联手，获得政府支持。与此同时，在麦卡提的带领下，联邦快递在日本发起了一场大胆而又广泛的公关活动。这次行动十分成功，使日本人接受了联邦快递连接苏比克湾与日本的计划。

联邦快递经常让员工和客户对工作做评估，以便恰当表彰员工的卓越业绩。其中几种比较主要的奖励是：

1. 祖鲁奖：奖励超出标准的卓越表现。

2. 开拓奖：给每日与客户接触、给公司带来新客户的员工以额外奖金。

3. 最佳业绩奖：对员工的贡献超出公司目标的团队以一笔现金。

4. 金鹰奖：奖给客户和公司管理层提名表彰的员工。

5. 明星／超级明星奖：这是公司的最佳工作表现奖，相当于受奖人薪水的 2% ～ 3%。

沃尔玛公司工作准则：十步服务原则

在沃尔玛公司，有一条十步工作原则。即无论何时，只要顾客出现在自己的十步距离范围内，员工就必须看着顾客的眼睛主动打招呼，并询问是否需要帮忙。

这一工作原则也是山姆·沃尔顿首创的。他在密西西比大学读书的时候十分有抱负，决定竞聘校学生会主席。他为自己找到了一条迅速提高知名度的捷径，那就是对在校园里遇到的每一位学生，在他们开口之前，先跟他们打招呼，并尽可能与他们交谈。他说："如果我认识他们，我会主动叫他们的名字打招呼，即使我不知道他们的名字，我也主动打招呼。"
久而久之，山姆·沃尔顿成了大学里认识学生最多的人。在竞选的时候，这
些人都认出了他，都把他当成自己的朋友，结果他如愿以偿地当选为主席。
后来，山姆·沃尔顿把这一成功经验带入他的商业帝国并加以完善，最终使
之成为公司具有鲜明特色的企业文化的一部分。

每个沃尔玛的员工都被要求宣誓，"我保证对十步以内的顾客微笑，
并且直观其眸，表达欢迎之意"。在员工培训时，公司甚至要求员工微笑
的标准是上下露出一排八颗牙齿。沃尔玛这样告诫第一次进店的员工："顾
客来到商店是来给我们付工资的，这样无论如何，我们都要好好对待顾客。
永远要尽力帮助顾客，要走到顾客的身边，问他们是否需要帮助。"

沃尔玛力图让顾客在每一家连锁店都感到"这是我们的商店"，都相
信会得到"殷勤、诚恳的接待"，以确保"不打折扣地满足顾客需要"。
正是"事事以顾客为先"的点点滴滴，为沃尔玛赢得了顾客的好感和信赖。

沃尔玛的十步工作原则不仅赢得了顾客的热情称赞和滚滚财源，而且
为企业赢得了价值无限的"口碑"，为企业长远发展奠定了坚实的基础。

福特汽车公司工作准则：团队价值管理系统

团队价值管理（Team Value Management，简称 TVM），是福特公司
2003 年开始大规模推广的一套流程管理系统。这一系统的主要内容是将工
程、采购、生产、财务等部门集合起来，与供应商一起讨论如何提高产品价值，
优化产品质量。

团队价值管理系统最先由福特在其欧洲地区业务部门试行，从 2003 年
开始在北美地区开始大规模推广。到 2003 年 4 月份，福特已成功组建了 59
个 TVM 小组投入营运。

福特为什么要在全球范围内大力推行这么一个系统？在回答这一问题
之前，我们不妨回顾一下企业提高效率的历程。从效率的角度看，在上个

世纪一百年中，经营企业发生了两次革命。第一次革命是企业内部分工导致的专业化。福特通过对操作流程分工协作，建立了流水线的工作方式，从而大大提高了规模效率，光是 T 型车，福特就生产了 1500 万辆。第二次革命是产业链分工导致的专业化。市场中出现了一批像耐克那样的公司，只专注于做产业链的一环，精而专。像微软、英特尔，甚至沃尔玛这样一批新兴世界级公司的出现，都是这一革命性事件的产物。

但凡事都有两面性，这两次革命虽然创造出极大的生产力，也付出了极大的代价：效率是上去了，客户意识却下来了。

在第一次革命中，企业的部门和员工由于内部分工的原因，只对标准与流程负责，并不对客户价值负责。流水线上的工人只要生产的产品符合下道工序就好，至于是不是符合客户价值，是不是能够卖出好价钱，就不是工人要管的了。

在第二次革命中，企业之间也由于分工的原因，承担供应的企业也只要对合同与标准负责就好了。我的产品只要符合你提供给我的要求与标准，就是合格品，至于是不是符合客户需要，那是你生产商的事。

这无疑造成了巨大的浪费。可以说，管理上几乎所有的努力都与消除这些浪费有关。无论是目标管理还是流程再造，无论是学习型组织还是六西格玛管理，目的都只有一个：消除工人之间、部门之间、企业之间由于各自为战所产生的成本。

可是，一百多年的努力也证明了这是不得不付出的成本，因为我们无法做到所有的企业、所有的部门、所有的员工都能直接对客户负责，沟通的成本太高了。但是，近 20 年发生的信息革命使情况发生了根本的变化，计算机网络为基础的信息系统使得沟通的物质成本大大降低。

这一技术革命直接导致了经营企业的第三次革命：消除内部分工专业化导致的部门壁垒或员工壁垒，使所有部门与员工不是对规则和程序负责，而是对终端客户负责；消除产业链分工专业化导致的企业壁垒，使企业之间不再是对标准与合同负责，而是对终端客户负责。

这就是福特公司 TVM 的真正含义。按福特公司自己的说法，TVM，就是消除一切浪费（Ford TVM Attacks Waste Everywhere）。由此，我们也不难发现，福特 TVM 背后的思想基本上可以归结为一句话：我们只有一个客户，那就是终端客户。只有在最终客户这儿才制造效益，其他所有环节制造的都是成本。

在这种思想下，所有的操作流程就要重新审视了。过去，供应商提供的产品只要符合福特采购标准，就算万事大吉。但现在最终用户不满意，即便再符合标准，产品也是不合格的。福特公司组建 TVM 小组，就是针对最终客户的需求，调整一切不符合客户价值的流程与标准，在产业链内实现客户价值的无缝连接。

同样，过去部门之间互为客户，只要提供的服务符合要求，也就万事大吉。但现在所有部门的工作都要针对最终客户的要求来进行，TVM 小组的目的，就是要在各个相关部门与客户之间实现"亲密接触"。

理解了这一点，我们就不难懂得福特公司为什么要导入这一套系统。其目的很清楚，就是通过这种对客户价值的战略性把握，在流程设计上控制成本，而不是在制造阶段控制成本。按福特公司的说法，有了这种工作方式，我们就能缩短与行业标杆的差距，围绕客户满意度提高品质！事实也的确如此，在导入这一系统之后，欧洲福特光是制动系统每年节省的成本就接近两亿美金。

IBM 公司工作准则：沃森哲学

全球最成功的商人之一托马斯·约翰·沃森出生在纽约州北部一个普通的农民家庭。

沃森一家并不富裕，但是品德教育却异常严格。沃森的父亲要求他的孩子们一定要尊重所有人，穿着整洁、坦率正直、努力做好每一件事，始终保持一种乐观的积极生活态度。此外，最重要的一点是：忠诚。

在 19 世纪的美国，这是一种十分普遍的家庭教育方式，几乎所有的家庭都会对子女提出类似的要求，希望他们在童年时就坚守这些原则，以便在成人之后可以从中受益。

尽管大多数父亲认为这些家庭教育至关重要，但是，许多人并不能完全遵守这些原则，甚至慢慢地将它们抛之脑后，直至完全忘记。然而，托马斯·沃森，这个童年时并不怎么起眼的孩子，却严格要求自己，始终一丝不苟地恪守着这些教义。他还发誓：应该不惜一切代价地捍卫这些原则，应该不断地向他人输送这些教义，应该在自己全部的职业生涯中尽职尽责地贯彻执行。

行为准则的价值在 IBM 公司（国际商用机器公司）受到充分重视。自 1914 年以来，创始人老托马斯·沃森就为公司的所有员工，包括管理阶层的人，设立了"行为准则"。这些"行为准则"被其受益者称为"沃森哲学"。

如同每一位有野心的企业家一样，老托马斯·沃森也希望他的公司财源滚滚，然而，他最希望的是借助这些"行为准则"把 IBM 公司培养成美国最强大的企业，把 IBM 的员工培养成为美国最优秀的员工。因此，他把这些价值观标准写出来，作为公司的基石。在 IBM 工作的任何人，都以此"行为准则"做为个人职业生涯的"座右铭"。

第一：尊重个人

所有的员工都要知道，公司最重要的资产不是金钱或其他东西，而是人；尊重每一个人，包括你的同事、顾客和你的竞争对手；每一个人都拥有可以改变公司的能力，"我"就是公司的最需要的人；用自己最优异的成绩去获得表扬、提升和奖金。

第二：提供品质最高的服务

为顾客提供最优秀的服务；永远把顾客的利益放在第一位；最成功的服务是使你的顾客再来惠顾。

第三：追求完美的工作表现

对所有的工作，都以追求完美的态度去对待；争取第一次就把事情做好；随时随地学习他人的长处；在执行工作时，坚信一定能出色地完成。

戴尔电脑公司工作准则：黄金三原则

1965 年，戴尔出生于美国休斯敦。在很小的时候，他就表现出杰出的商业才能。读中学时，他通过推销报纸竟然赚够了买一辆宝马轿车的钱。中学毕业时，他开着宝马轿车进了德州大学。

在大学里，他看到电脑是一种很有前景的商品，开始在学校里推销驱动器。同时，他低价购买低配置电脑，将它们升级后又以低于同配置经销商的价格出售，从中盈利。

1984 年，戴尔用 1000 美元注册了一家电脑公司，做起了学生老板。之后又放弃学业，专职经商，装配电脑。到 1986 年，戴尔的员工已达到 400 多名，年收入将近 7000 万美元。

1988 年，年仅 23 岁的戴尔成立了戴尔电脑公司，戴尔电脑从此诞生。如今，戴尔电脑在全球电脑市场中排名第二，在美国排名第一，产品畅销170 多个国家和地区。

现在，管理界一致认为，戴尔最大的成功在于其直销模式。其实，直销模式只是形式，只是戴尔经营理念的外在表现，它真正的成功在于戴尔员工"心里想着顾客，不要总想着竞争"这一卓越理念。正是因为心里装着顾客，戴尔才选择了于顾客于公司都有利的直销模式。戴尔在经营中提出的"黄金三原则"，即坚持直销、追求零库存、与顾客结盟，就真实地再现了其卓越的经营理念。

戴尔经营者对市场进行细分，充分了解顾客的需求，让客户得到最满意的电脑，并有针对性地为顾客提供最优质的售后服务。同时，他们将研究重心放在顾客身上，而不是竞争对手身上。正是因为对顾客的准确把握，戴尔电脑在一个又一个国家取得成功。在直销过程中，戴尔公司员工可以充分接触顾客，与顾客进行双向沟通，使公司迅速掌握顾客需要，了解顾客对产品和服务的意见，同时，也可以在接触中，把公司的产品和服务信息准确地传达给顾客。在生产模式上，戴尔实施按单生产，追求零库存，既降低了风险和资金占用，又扩大了利润空间，为让利于消费者提供了最大的可能。按单生产，也是面向顾客的体现，可以满足顾客多样化、个性化的追求。

戴尔倡导与顾客结盟。公司设置了贵宾网页，8000 多个网页是针对每一位重要顾客的特定需求而精心设计的企业个人电脑资源管理工具，顾客可以在这些网页上找到企业需要的不同配置的电脑及其报价，并在网上订购，效率非常高。在售后服务方面，戴尔公司也表现出高效率。用户在使用电脑过程中，无论遇到硬件还是软件方面的问题，都可以通过 800 免费电话与戴尔公司联系，公司会在最短时间内派出技术人员上门服务。对于大客户，戴尔公司派出专门的技术小组常驻客户处，零距离服务。比如波音公司就常驻有 30 多名戴尔的技术人员，这些技术人员与顾客融为一体，时刻与顾客沟通，准确地把握顾客信息。

正是因为戴尔的管理者和员工们心里想着顾客，倾力回报顾客，戴尔电脑才在强手如林的 IT 界取得重要的席位。

思科公司工作准则：服务至上

思科公司是专营网络设备和软件的公司。它在网上设立了专门用于销售产品和提供顾客服务支持的站点，其中尤以顾客服务体系最具魅力。

思科公司从 1992 年就开始着手利用网络来为顾客提供更为满意的服务。起先，公司在网上建立站点的唯一目的是向顾客销售产品。思科认为公司的潜在顾客都在网上，之后便逐步开创出独具特色的顾客服务体系。

思科公司对站点内容的管理独具特色，建立了一种自由、合作、自助式的自动化机制来保持站点内容的更新和发展。思科网上联络的管理人员由一群权力界限模糊的编辑和作者组成，前者负责网页管理和网络技术，后者为站点提供内容。公司为使作者阵容强大，允许公司的所有雇员作为作者在站点上添加内容。为此，公司还创建了许多使用方便的自动工具，便于员工为站点提供新内容。

思科公司尤为重视网络顾客服务系统。公司的站点有一个专门介绍负责公司站点的高级顾客服务系统小组成员的页面，详细介绍小组中每个成员的职能，使站点人格化，给顾客以亲切感。公司还创办网上杂志，介绍公司新闻、用户提示、产品服务信息。对于顾客的提问，公司除了 PAQ 外，还采用开放论坛和案例库，来解决稍复杂和较复杂的技术问题。思科公司为了更好地为顾客服务，还对顾客进行分类，针对不同层次顾客的需要及问题提供相应的服务。

思科公司不仅设置了功能完备的顾客服务系统，还设置了顾客追踪系统，有专门的顾客调查页面，询问顾客的个人情况及访问者所在公司技术情况以用于产品规划和市场分析。每一位填写调查表的顾客均得到一份小礼物——一件 T 恤衫。对于所调查顾客的基本信息，思科从不滥用，恪守对顾客负责的信条，同时这些信息被安全地放置在防火墙的保护下。思科公司视供应商、零售商、顾客为整个营销过程的重要参与者，倾听他们的意见，形成能动系统。同时，不断完善和扩展站点内容，精益求精，将开发、运送、培训等部门纳入顾客服务支持小组，保证系统安全，深受顾客喜爱。思科公司在网络营销中取得了骄人的业绩。迄今为止，公司已销售的路由器比其他公司销售的总和还要多，公司也被誉为"企业的先锋"。

第*14*章
大型国有企业的选人标准与工作准则

国家电网选人标准：热爱本职工作

　　国家电网作为关系国家能源安全和国民经济命脉的国有重要骨干企业，以投资建设运营电网为核心业务，为经济社会发展提供了坚强的电力保障。一流的工作效果需要一流的人才做保证，所以国家电网非常重视人才的选拔和任用，其具体的选人标准是：

　　诚信做人。以诚实守信为基本准则，说老实话，办老实事，做老实人，表里如一；对自己，加强修养、完善人格，扬善惩恶、光明磊落；对工作，求真务实、恪守职责，坚持真理、修正错误，以诚实的劳动创造财富、获取报酬。

　　办事公道。按原则和政策办事，对外办理业务坚持公开、公平、公正的原则，秉公办事，一视同仁，不徇私情；处理事务实事求是，言行一致，客观公正。

　　热爱本职。了解电力发展史和现状，明确电网公司在社会发展中肩负的责任，树立强烈的事业心和责任感；立足本职，不断进取，做到干一行、爱一行、专一行，为企业改革发展稳定勇挑重担，乐于奉献。

　　钻研业务。努力学习政治、业务和科学文化知识，熟练掌握本职业务和工作技能，不断学习新知识，掌握新技术，努力提高思想道德素质、专业技术素质和实际工作能力，做本专业的行家能手。

追求卓越。有强烈的市场意识、竞争意识和创新意识，认真履行岗位职责，勤奋工作、勇于创新、精益求精，高标准、高质量地完成自己承担的各项任务，努力创造一流成果和突出业绩。

服从大局。牢固树立"全网一盘棋"思想，听从上级指挥，做到令行禁止、雷厉风行，局部服从全局、个人服从整体；坚决贯彻"安全第一、预防为主"的方针，严格执行电网调度指令，自觉维护电网正常、稳定的运营秩序。

严守规章。严格遵守企业的各项规章制度，认真执行工作标准、岗位规范和作业规程；模范遵守劳动纪律，不发生违章违纪行为，杜绝违章指挥和违章操作。

保守秘密。严格遵守保密法规和保密纪律，不泄露国家秘密和企业商业秘密，妥善保管涉密文件和资料，不传播、不复制机密信息和文件，不携带机密资料出入公共场所，自觉维护国家安全和企业利益。

紧密配合。大力弘扬集体主义精神和团队精神，正确处理开展竞争与团结协作的关系；上下班次互相负责，上下工序互相把关，单位部门之间紧密配合，不各自为政、不推诿扯皮、不搞内耗，齐心协力干好工作。

同心同德。上下级互相尊重，领导支持下级工作，维护职工民主权利，关心群众疾苦，自觉接受群众监督；下级服从上级管理，对工作勇于负责，创造性地完成领导交办的任务，维护企业的整体利益和形象。

团结友善。同事间和睦相处，互相帮助、相互支持，善待他人；一切以工作为重，求同存异，不计较个人恩怨得失，做到处事宽容、大度，善于理解和谅解别人，努力营造心情舒畅、温暖和谐的工作氛围。

真挚服务。坚持"优质、方便、规范、真诚"的服务方针，认真执行供电规范化服务标准和文明服务行为规范，自觉接受社会监督；虚心听取客户意见，做到服务态度端正、服务行为规范、服务纪律严明、服务语言文明。

中电电气集团选人标准：能耐有多大，舞台就有多大

中电电气在"科学创造奇迹，绿色造福社会"理念的指导下，十分注重人才的创新能力。中电电气企业文化的核心价值观便是创新，它是在中电电气十年发展历程中产生和逐渐形成特色的文化体系，所以也要求员工在平时的工作中要善于积累、不断学习、努力创新。

中电电气文化以观念创新为先导、以战略创新为基础、以组织创新为保障、以技术创新为手段、以市场创新为目标，伴随着中电电气从无到有、从小到大、从大到强，从中国走向世界，中电电气文化本身也在不断创新、发展。员工的普遍认同，主动参与是中电电气文化的最大特色。

中电电气在选人用人标准上，十分注重创新能力。凡事遇事爱思考、善于动手、发现方法的人，都会受到企业的欢迎。

当前，中电电气的目标是创中国的世界名牌，为民族争光。这个目标使中电电气的发展与中电电气员工个人的价值追求完美地结合在一起，每一位中电电气员工将在实现中电电气世界名牌大目标的过程中，充分实现个人的价值与追求。中电电气文化不断得到国内专家和舆论的高度评价。

中国人寿保险集团公司选人标准：永远追求一流

中国人寿保险公司推行"机制引才、制度用才、培训育才、环境留才"的人才战略，坚持"以人为本"的用人理念，着力培养和造就一支结构合理、素质优良、竞争力强、与国际一流寿险公司需要相匹配的员工队伍。

中国人寿拥有在人寿保险、金融和投资等领域具有丰富经验的专家型经营管理团队，在培训员工高标准严要求的同时，致力于为客户和股东创造卓越价值。所以中国人寿要求每一个员工都严格要求自己。

中国人寿要求员工充满活力、积极向上，对待工作严谨务实、善于思考，

对待客户诚信专业、热情周到，因为这是中国人寿勇攀高峰的力量源泉。

"面向未来、创造卓越、回报社会"是中国人寿员工一致的价值选择，"求真务实、学习创新、追求一流"是中国人寿员工一致的行为准则。

中国人寿保险集团公司工作准则：成己为人，成人达己

中国人寿保险公司秉持"成己为人，成人达己"的"双成"理念，倡导"求真务实、规范严谨、令行禁止、艰苦奋斗、创新争先"的工作作风，积极推进"外树形象、内树精神"的文化建设工程，全面塑造"厚重诚信、自强致远"的企业品格。要求员工在工作中牢记"双成"理念，不断与时俱进。"双成"理念的基本内涵是这样的：

1. "双成"是一个动态标准

"双成"理念是中国人寿处理企业内外事务的根本标准。"成"是一个动态的标准。随着形势的发展变化、知识的不断更新、寿险要求的日益多样化，中国人寿"成"的标准将不断提高。不管是"成人"还是"成己"都不可能一劳永逸，必须与时俱进。

2. "双成"是一种发展境界

"双成"是中国人寿追求的最高境界。它强调突破一己之限制，把发展和提高自己作为帮助他人的前提条件，通过成就他人来发展自己的事业。

3. "双成"是一个努力方向

"双成"理念强调既成就他人也成就自己，二者相辅相成，这是中国人寿努力的方向，是全体员工奋斗的目标。依据"双成"理念，中国人寿在处理社会与企业、企业与个人、企业与客户、他人与自己等关系时，绝不能只单独强调一方，双方的利益必须都能得到保证。

4. "双成"是一种道德规范

"双成"理念源自中国传统儒家道德观，源自孔子的"仁"学。孔子"仁"学的精髓就是"爱人"之道。中国人寿以"双成"理念作为企业发展的根

本原则，即是取其"爱人"之意。

5. "双成"是一种现代视野

"双成"理念提倡一种相互依存、共生共荣的新的竞争精神，深刻反映了未来全球经济文化发展的潮流和趋势，符合知识经济和全球经济一体化时代对企业的要求。

6. "双成"是一系列关系的整合

"双成"理念集中反映了以下四种基本关系：企业与客户的关系、企业与社会的关系、企业与竞争对手的关系、企业与内部成员的关系。

中国东方航空集团公司选人标准：态度、热情、忠诚

中国东方航空集团公司坚信，只有发挥员工的潜质和能力，才能够为消费者提供优质服务。具备职业发展的潜力，加上积极态度和对公司的长期承诺，是中国东方航空集团公司招聘最为重要的标准。

在选择新人时，中国东方航空集团公司希望他们具备广泛的兴趣、良好的总体教育、负责的态度和行为以及健康的体魄，而态度、热情、忠诚始终是中国东方航空集团公司选择人才时最看重的素质。同时，中国东方航空集团公司管理者应具备以下重要的素质：个人的承诺，勇气、坚毅和冷静，应付压力的能力，学习的能力，开明及领悟力，交流的能力，激发和发展员工的能力，造成一种创新气氛的能力，根据情况而非孤立地看问题的能力，值得信赖、言行一致，愿意接受变化及应付变化的能力，经验及对其他文化的理解能力。

另外，中国东方航空集团公司不仅看其职能方面的能力和经验，也注重那些具有成为中国东方航空集团公司经理人的素质和潜质。中国东方航空集团公司为求职者设立的面试问题，着重于行为方面，这些问题会根据不同的职位及求职者的情况而改变。中国东方航空集团公司的管理和领导原则即发动所有层次上的全体员工积极参与公司事务。不断学习是至关重

要的，尤其是在中国东方航空集团公司这样一个快速变化和发展的环境里。中国东方航空集团公司为所有级别的员工提供不断的全面培训，同时越来越多的高潜力重要员工得到了培训，为赋予他们更多的管理责任做好了准备。

中国航空集团公司选人标准：以人为本

中国航空集团公司的用人遵循"以人为本"的标准。

第一条，就是看求职者是否是一个善良、正直的人。"只有善良、正直的人，我们才能相信他会不遗余力地为客户提供良好的服务，我们才放心赋予他们权力。"

第二条，要有开阔的世界观，要有很强的服务意识。

第三条，要有乐观、积极的性格。"因为我们的工作每天都会遇到不同的情况，比如有时候天气非常不好、飞机故障不能准时起飞或到达等。如果没有乐观的性格，如何去沉着面对种种突发情况并采取及时的应对措施？"

第四条，要有团队合作精神。"我们的工作一环扣一环，一个人是无法完成的，我们要实现一加一大于二的团队合作效果。"

中国网通集团公司选人标准：要有责任心

中国网通要求员工要有责任心，网通人负有诚实守信的义务，恪守商业道德，维护公司利益，不得存在欺骗或任何违背诚实信用原则的行为。

对工作负责还应表现在公平对待公司的客户、供应商、竞争对手和公司其他员工。

而员工和员工之间也应互相尊重对方人格尊严、宗教信仰和个人隐私，禁止任何形式的骚扰和造成胁迫性或敌对性工作环境的行为，应发扬团队合作精神，树立全局意识，共同创造、共同进步，建立和谐的工作环境。

网通要求员工对待客户和消费者，首先要快速响应客户需求，为其提供优质服务，依法保护客户的通信秘密和通信自由，尊重客户的自主选择权，谨慎处理与销售相关的佣金、折扣、授信和补贴等安排，禁止通过贿赂、回扣等方法与客户建立商业关系。

中国网通集团公司工作准则：公平是关键

中国网通要求在竞合中赢得市场，在融合中创造力量，用诚信铸就品牌，靠服务编织未来。所以对员工的要求就是要敢于竞争，要团队合作，要有诚信精神，要有无私奉献的服务精神。其工作规范具体来说是这样的：

"竞合赢得市场"是中国网通集团以崭新的姿态参与电信市场竞争与合作的战略定位。与国内外各大电信运营商及社会有关方面在竞争中谋求合作，在合作中有序竞争，积极推进技术手段上的平等介入，做好互联互通工作，实现多方共赢。

"融合创造力量"是中国网通集团改革与发展的前提和基础，也是现阶段中国网通集团企业文化建设的需要。中国网通集团的每一位员工都将秉承"融合创造力量"的信条，迅速形成中国网通的凝聚力，为中国网通集团的可持续健康发展奠定坚实基础。

"诚信"是社会主义市场经济的基石，是中国网通集团铸就知名品牌的立足之本，是中国网通集团对社会及广大用户最郑重、最庄严的承诺。中国网通集团以此赢得客户和合作伙伴的真正信任和更长远的合作，发挥品牌效应，充分体现经济效益和社会效益的统一。

"服务编织未来"是中国网通集团经济战略的具体体现和参与未来市场竞争的基本手段，提供优质的服务是中国网通集团经营战略的出发点和落脚点，用户的满意是对中国网通集团的最高评价。中国网通集团向社会展现全新的服务形象，在市场竞争中赢得主动权。

"竞合赢得市场，融合创造力量，诚信铸就品牌，服务编织未来"相互作用、相辅相成，有着内在的必然联系，是一个较为系统的理念体系。它将在寻求业务界同仁及社会各界广泛共鸣的同时，引领中国网通集团的全体员工，不辜负党和人民的重托，团结进取，励精图治，完成历史赋予的使命。

中国移动公司工作准则：让话筒的另一端感受到你的微笑

中国移动的服务理念：沟通从心开始。"沟通"，代表中国移动通信从事的是一项旨在沟通千万人互相之间理解与信任的事业。"从心开始"，表明中国移动通信将用真心和真诚筑起心与心之间的桥梁。"从心开始"是沟通的基石和最高境界，只有用真心、用真诚去传情达意，才能使彼此的交流更为顺畅、更为高效、更为精彩。所以，中国移动选人的最基本准则是善于与人沟通。

员工一定要拥有"沟通从心开始"的理念，真心真诚地与人沟通，延续不断、永无止境。因为每一次心灵的交流和理解，都将打破心与心之间的隔阂，缩短心与心之间的距离，为下一步更高境界的心灵之旅做好铺垫。

沟通无止境，对客户满意服务的追求也无止境。中国移动通信员工与客户之间最惬意的沟通就是客户的满意。

中国移动要求员工要：正德厚生，臻于至善。这既体现了中国移动的特质，又阐释了中国移动历来的信仰。"正德厚生，臻于至善"就是要以人为本，打造以"正身之德"承担责任的团队，就是要求员工成为以"厚民之生"兼济天下、承担社会责任的优秀企业公民，就是要培养精益求精、不断进取的气质，锻造勇于挑战自我、敢于超越自我的精神。

中钢集团公司选人标准：要有较高的政治素质

大型国有企业首先强调的便是政治素质，中钢的第一条也是要求有较高的政治素质：热爱国家、忠诚于集团，自觉维护国家、集团的利益和形象，遵纪守法，明辨是非，廉洁从业。

其次，看你的业务能力，是不是勤奋学习，努力钻研。一个人能力的培养不是朝夕之间的，必须不断充实自己、不断学习，必须精通业内规则，具有较高技能，爱岗敬业，创新开拓，团结协作。

第三，注重个人的良好的文化修养：文明礼貌，诚信友善，努力营造"积极向上、团结友爱，健康和谐"氛围，艰苦奋斗，乐于奉献。

第四，健康的心理身体：心胸开阔，心态平和，沟通顺畅，情绪稳定，心情愉快，劳逸结合，适度运动，合理膳食，积极调整，精力充沛。

首钢集团公司选人标准：以大局为重

先进的理念是一个公司能够长盛不衰的秘诀。首钢集团正是拥有了这些先进的理念，才使得员工快速成长，不断进步，并越来越优秀。具体来说有以下几点：

首钢集团要求员工要不断更新自己的观念，创新理论，树立"没有发展就没有首钢的一切"的发展理念，把能不能促进发展作为一切工作的出发点和评价工作效果的标准。

树立"把握时机就能获得发展"的机遇理念，抢抓机遇、抓紧机遇、抓实机遇，使机遇产生最大效果。

树立"人人为企业，企业为人人"的共存理念，职工为企业发展尽职尽责，企业为职工发展搭建舞台。

树立"我就是首钢形象"的责任理念，人人从我做起，从本岗位做起，从每件事做起，为优化首钢发展环境作贡献。

树立"有什么不如有人才"的人才理念，努力创造一个人才引得进、留得住、长得大、用得好的人才发展环境。

树立"人、技术、环境高度和谐一致"的环保理念，不断推进技术进步，加大环保投入，改善人与环境的关系。

树立"以顾客满意为宗旨，以持续改进为手段"的质量理念，用科技进步和标准化管理创出用户满意的产品。

树立"安全、顺行、清洁、高效"的生产理念，在确保安全的前提下，实现生产的低成本、高效率、清洁化。

树立"诚信、高效、共赢、发展"的营销理念，实现与用户之间的互相信任、互惠互利、长久合作，实现共同发展。

树立"一切为用户着想"的服务理念，上道工序为下道工序着想，机关为基层着想，企业为用户着想。

首钢集团公司工作准则：学习能力很重要

首钢力图建立一个自强、开放、务实、创新、诚信、敬业的企业。

自强，就是要有一种不怨天、不尤人、一切靠自己的自主意识；就是要有一种不甘落后、迎难而上、奋发有为的精神状态；就是要有一种敢竞争、不服输、不服气、不达目的不罢休的决心和勇气。所以，员工要不断挑战自我、战胜自我、超越自我。

开放，就是要员工跳出自我封闭、夜郎自大的狭隘圈子，以博大的胸怀融入社会、面向世界；就是要积极接受新生事物，广泛开展合作，充分利用一切可以利用的资源；就是要以虚心的态度，海纳百川，博采众长，把首钢办成学习型企业。

务实，就是要一切从实际出发，讲真话，干实事，重实效；就是要坚决克服图虚名、重形式、走过场的坏风气，做到不唯书、不唯上、只唯实。

创新，就是要敢于突破，打破常规，走别人没有走过的路；就是要改变因循守旧的思维，摆脱僵化落后的状态；就是要以超常的努力，把挑战和压力变为机遇和动力，把目标变为现实。

诚信，就是要忠诚老实，诚恳待人，以信用取信于人，对他人给予信任；就是要信守合同，平等竞争，公平交易；就是要坚决反对弄虚作假、坑蒙拐骗、假冒伪劣的不道德行为。

敬业，就是要有强烈的事业心和高度的责任感，为企业发展恪尽职守，建功立业；就是要克服对事业不负责任、敷衍了事、推诿扯皮的不良现象；就是要破除"不求有功、但求无过"的思想，树立开拓进取、永不满足、追求卓越的崇高境界，做到创新敢为人先、创业敢比人快。

中粮集团公司选人标准：团队让你走向成熟

中粮欣赏踏实肯干的人，更欣赏勇于创新的人。中粮希望员工是发自内心地认同公司的文化，热爱工作、激情投入，不断创造辉煌的人。我们都知道员工是公司及股东价值的创造者，是构成公司核心竞争力的重要组成要素。中粮非常重视员工的成长，认为员工的成长与公司的成长是互为基础、互相促进的。

中粮对员工的首要要求是诚信，倡导"公开、公平、公正"的做人做事准则，是中粮发展的基石和中粮人的道德规范。

第二是团队，倡导"阳光、透明、真诚、协作"的个性品质，使中粮人能在共同使命、愿景下团结奋斗。

第三是专业，这蕴涵了对事业尽善尽美的追求和不断提高的专业水准，是中粮人应该具备的基本素质。

最后重点强调的一点是创新，中粮希望自己的员工富有激情和创造力、进取心，这才是企业发展的不竭动力。

中粮遵循这样一个理念：这不仅仅是一份工作，而是一份事业，一个能让你充分发挥特长、才智和创造力的舞台。最终形成一个以业绩为导向的系统化人力资源管理体系。

中国核工业集团公司工作准则：有纪律才能更高效

中国核工业集团公司首先十分强调所聘用员工的纪律性。因为工作纪律是强制性的规章制度，必须严格遵守，才能更好地保证公司生产、经营及各项管理工作有序、高效地进行。员工不仅要遵守组织纪律，听从工作指挥和安排，并按照规定程序下达指令、请示汇报；还要遵守岗位纪律，履行岗位职责，提高工作效率与质量，积极完成各项工作任务；遵守其他工作纪律，杜绝一切不利于工作的言行。

员工之间的关系应该是彼此信任、平等沟通、团结协作、公平竞争的关系。每位员工都是团队中的一员，都应受到尊重。既要重视个人发展，更要注重团队绩效。服从上级，关爱下级，同事间坦诚相待，相互尊重。尊重和包容他人的个性，尊重他人隐私，彼此间予以充分的理解和信任。公平参与竞争。

第二，员工要始终坚持学习，并自觉接受公司组织的培训，提高自身素质和能力。结合工作需要，提高技能操作水平，或专业技术水平，或经营管理水平，并接受培训效果的检查和考核。参加有特殊要求的培训时，要与公司签订培训协议。

第三，员工要注意工作礼仪，遵循基本的工作礼仪。举止得体，要礼貌、规范，体现公司员工的素质与风范。并且注意着装规范，在工作期间应按照劳动保护的规定和岗位要求着装。尤其是出席会议、从事商务或外事活动时，应按要求着装。

中国航天科技集团公司工作准则：从经历中学习经验和教训

中国航天科技集团公司对待员工犯错误的问题上，态度一向明确：所有人都会犯错误，每一个人都不例外。但是，并不是所有人都能够正确地对待错误。中国航天科技集团公司对员工的要求是：如果你发现自己做错了某件事情，你可以参考下面的建议，使局势对自己更加有利：

接受你所犯的错误。你可能会对自己感到灰心失望，但是自怨自艾或者寻找出气筒是没有意义的，只能使事情恶化。

人难免会犯错误，承认犯错误是生活中不可避免的事情。

衡量自己犯的错误。清晰而明确地考虑：这件事是否影响到了其他人？所犯的错误是否严重？

如果你犯的错误不会影响到其他人，而且你知道如何处理，就应该直接改正，不必让全世界的人们都知道你做错了。

如果你犯的错误影响到了其他人，你应该及时改正并告诉相关的人，同时指出你已经纠正了错误或者你正在考虑如何纠正错误。你也可以说明你会尽力避免此类事情的再次发生。

如果你不能独立解决问题，你可以找其他人帮忙，并记下解决问题的办法，这样你就会避免犯同样的错误，或者如果你不幸犯了同样的错误，你就能自己解决问题。

如果你犯的错误影响到了公司内外的客户，你需要向他们道歉，这样做会平息他们的怒火。

如果你犯的错误很可能会使老板处于尴尬境地，你需要立刻通知老板，并向他道歉，说明你将尽快改正。一定不要让老板在检查工作时或者从其他人那里得知你所犯的错误，否则，他（她）会认为你不值得信赖，并将更密切地监控你的工作表现。

如果你犯了错误，但是不知道如何改正，也不清楚下次应当如何避免犯错时，你就需要从其他人那里获得帮助，比如向乐于合作的人征求意见。有些时候，当你向别人说明你所遇到的问题时，可能会自己得出解决问题的办法。如果对方提供了有益的建议，你应该向他们表示感谢。

从错误中学习，吸取教训，尤其要注意那些比较严重的错误。不断进行改进，把新的技术和知识应用到每天的工作当中。

中国石油天然气集团公司工作准则：以人为本，注重安全

中国石油天然气集团要求员工在工作中立诚守信，言真行实。在每个人的工作领域要与时俱进，开拓创新，这样才能取得好的业绩，而每个员工都要树立业绩至上的理念，并努力创造卓越。而且员工之间要团结协作，营造和谐的公司氛围。但是要仍要注意以人为本，安全第一。

具体的工作规范是"四统一"：

一是规范使用集团公司的企业标识，塑造良好的外部形象。

二是大力弘扬统一的企业精神，把"爱国、创业、求实、奉献"的大庆精神赋予新的时代内涵，作为激励员工队伍的精神动力。

三是建立统一的核心经营管理理念，把"诚信、创新、业绩、和谐、安全"贯彻到各项实际工作中去。其中诚信是基石，创新是动力，业绩是目标，和谐是保障，安全是前提。

四是奉行统一的企业宗旨，努力"奉献能源、创造和谐"，实现能源与环境的和谐、企业与社会的和谐、企业内部的和谐。

"三老四严"：即"当老实人、说老实话、办老实事"和"严格的要求、严密的组织、严肃的态度、严明的纪律"。

"三要十不"：即"要甩掉我国石油落后的帽子，要高速度、高水平地拿下大油田，要赶超世界先进水平，为国争光"和"不怕苦，不怕死，不为名，不为利，不讲工作条件好坏，不讲工作时间长短，不讲报酬多少，不分职务高低，不分分内分外，不分前线后方"。

中国一汽集团公司工作准则：第一汽车，第一伙伴

中国一汽奉行"第一汽车、第一伙伴"的核心价值观，致力于造车要用汗水和智慧，让中国每个家庭都拥有自己的汽车。

在平时的工作中奉行学习、创新、抗争、自强的企业精神。坚信观念是生产力，观念是竞争力，永争第一。

员工要奉行"用户第一"的经营理念。以第一的质量造名牌汽车，把第一的服务送给广大用户。奉行民族品牌、开放合作的发展理念。铭记狮子和羚羊赛跑的警示，比市场需求快一步。

员工在工作中时刻注意产品质量，奉行质量是策划出来的产品品质理念。严格要求自己，第一次就把事情做对。奉行耐住寂寞，从"0"和"1"做起等管理理念。

中国一汽致力于建设具有良好社会形象的高品位企业，全力支持合作伙伴做大做强，追求人、车、社会和谐发展。

中国建设银行工作准则：不能忽视小细节

中国建设银行所推崇的员工精神是：团队精神、敬业精神、创新精神、奉献精神。所以建行员工的工作作风是：诚信亲和，严谨规范，求真务实，拼搏进取。

建行历来都以高标准、严要求要求每一位员工，并不断改善服务水平和质量。员工要时时刻刻保持敬业的精神，对待每一个人都要真诚，不论他是来办理什么业务。每一个柜台前都配有员工工作满意度评价标准，顾客可以根据自己的业务受理情况进行评价。这本身也是一种对员工时时刻刻的监督，也是不断促进业务改善的方法。这样员工在工作中便会事事严谨，人人争优，不断提高自己的服务水平和服务质量。

建行员工鞭策自己不断进步的名言警句是：我的微小疏忽，可能给客户带来很大麻烦；我的微小失误，可能给建行带来巨大损失；贪欲、失德、腐败必然给自己、亲人和建行带来耻辱。

第 *15* 章

500 强民营企业选人标准与工作准则

百度公司选人标准：简单可信赖

百度的性格是简单可信赖，百度的用人标准也是很简单实用的。百度所倡导的理念是以用户体验为核心，所以对所选员工作了如下需求：

第一，必须坚持以用户需求为导向。无论是新产品研发还是市场拓展，都要时时刻刻心存用户。

第二是分享，员工要不断学习，充实自己。不仅扩充自己在所学领域的知识，也要补充吸收新的知识，并学会和同事积极分享。在这个分享的过程里，双方相互学习、取长补短、共同提高。

第三是求实，坚持坦诚和实事求是的作风。百度倡导的责任是：让世界更有效，让人们更公平。要求员工在平时的工作中坦诚对待别人，坦诚对待自己，坦诚对待所做的工作，形成一种良性的循环。

第四是系统，从系统的角度思考解决问题。不是孤立、片面地看问题，而是将问题置于全盘来考虑，寻求最佳的解决思路和途径。

第五是卓越，拥抱挑战和变化，追求卓越。优秀的员工是可以不断超越自己的人。

第六是惜时，珍惜并善于管理时间。怎样在有限的时间里做最多的事情，就需要合理安排自己的时间。

第七，百度倡导轻松自在的工作环境。为了让员工在繁忙工作间隙能够有一个放松、变换思考方式的空间，公司在每层的办公区都开设了一个休息空间。空间配备有按摩椅、游戏机、轻松的音乐、舒适的坐椅、时尚的读物等，对员工 24 小时开放。

总之，百度选人的标准是你的个人素质和工作技能好中选优。

腾讯公司选人标准：正直、尽责、合作、创新

腾讯的用人理念，首先要求正直。因为做人德为先，正直是根本。一个人首先要保持品德的端正，才能保持公正、正义、诚实、坦诚、守信，才能在工作中尊重自己、尊重别人、尊重客观规律、尊重公司制度，从而自爱自强。这是从人品方面来说的。

从对待工作的态度来说，首要的便是要尽责。因为负责是做好工作的第一要求。不断追求专业的工作风格，不断强化职业化的工作素质，不仅是工作能力的提升，也是自我发展很重要的一个环节。学习是一个没有止境的过程，在学习中不断地拓展自己，培养自己的责任意识，有担当责任的能力，有勇于承担责任的品格。

一个孤军奋战的人是不可能有很大作为的，所以腾讯很注重团队合作。因为团队优秀才能真正成就个人的优秀，与环境和谐发展是企业基业长青的基础；积极主动，重视整体利益，从而创造优秀的团队绩效；放眼长远，胸襟开阔，不断追求优秀的合作境界。

最后需要强调的是创新。任何一个企业要想保持长期的发展，就要有持续不断的创新力。创新不仅是一种卓越的工作方法，也是一种卓越的人生信念； 在方式、方法、内容上，时时寻求更好的解决方案，精益求精，谋求更好的成果水平；不断激发个人创意，完善创新机制，以全面的技术创新、管理创新、经营模式创新，推动公司不断成长。

腾讯公司工作准则：以用户价值为依归

腾讯的经营理念：一切以用户价值为依归，发展安全健康活跃平台。在实际工作中，要坚持"用户第一"理念，为用户创造价值、维护用户正当利益是经营的第一要务；保持对用户需求的敏感，重视用户的消费体验，服务水平适当超出用户的期望；注重培育用户的满意度和忠诚度，不断提高与用户沟通的服务水平；以用户价值的最大化创造公司价值的最大化。而发展安全健康活跃平台，则表现在以即时通信和门户网站"一纵一横"为核心，构建最佳业务架构和产品组合，兼顾技术开拓、利润获取、竞争优势，有效支持公司稳健发展；所有公司产品和服务要树立健康社会的理念，肩负培育行业良性发展秩序的责任，引领行业运行规则，最有效地推动社会文明的进步；保持高度的危机意识，准确把握市场机遇、有效降低经营风险；以良好的机制和制度，保持公司的技术活力、竞争活力和成长活力。

腾讯在工作中的管理理念：

一是关心员工成长。具体表现在重视员工的兴趣专长，以良好的工作条件、完善的员工培训计划、职业生涯通道设计促进员工个人职业发展；重视企业文化管理，以健康简单的人际关系、严肃活泼的工作气氛、畅快透明的沟通方式，促进员工满意度的不断提高，使员工保持与企业同步成长的快乐；激发员工潜能，追求个人与公司共同成长。作为个人要有先付出的意识，甘于为团队奉献智慧和勤奋，以优秀的团队成就优秀的个人。

二是强化执行能力。因为再好的研究策划，没有好的执行就会成为空谈。强力执行是腾讯在管理上的核心原则之一；良好的执行力，要依靠优秀的机制、规范的制度、精诚的合作、有效的激励、感人的榜样，但最重要的，要依靠每位腾讯人对公司的热爱和对工作的负责精神；谋定而后动才能果决执行，要精于总结，执行才能不断完善。

三是追求高效和谐。由于公司规模扩大，必须形成规范高效的管理机制，保持较高的公司系统运作效率；根据公司发展阶段和业务变化，动态优化企业的管理，形成和谐有序的内部环境；在高效与和谐的环境下，坚持结果导向的管理原则，有效支持公司经营目标的实现。

四是平衡激励约束。根据工作贡献和成果价值，形成差异化的激励机制，有效激发员工的主观能动性和创造性；在大力推动员工了解、理解和认同制度的基础上，强化制度的有效实施，形成无形但有效的内部约束机制；强调激励与约束相结合、保持平衡有度，为实现内部管理提供有力保障。

华为公司选人标准：高薪体现高效率用人之道

高薪体现了华为高效率用人之道，本质上体现了总裁任正非的企业家精神。高薪成为挖掘潜力的最好方式。

但是高薪并不是华为用人之道的本质。华为通过一部企业自己的基本法，为自己建立一种文化和理念。

基本法代表了华为的文化，也代表公司的理念。在华为，基本法中最为显著和精彩的篇章在于人力资源管理。

新"生"入职开始接受培训时，华为就要求员工成为一个正直、诚实的人，一个有大事业的人。

第一步是综合性培训。进入一个大队接受企业文化以及相关制度法规、教育等综合性培训，就是要教授大家做人。通过普通员工和高层领导多次现身说法，让新员工知道华为公司的理念、华为公司的做人方式。第二步是技能培训。做市场进入培训一营，不是教授销售技巧而是教授产品，即使是文科生都要接受产品技术培训，从通讯原理开始直到工厂参观。光让新人知道技术还不行，还要知道客户在想什么。3个月后，华为会把新人派到"用户服务"前线去，到地方和用户服务工程师一起干。再过3个月，才能调回总部，进入培训二营，内容转为市场和客户服务，观看胶片和VCD，一遍一遍地听老师介绍，私下彼此辅助交流，最终被放到客户服务展厅去，向客户讲产品，等等，后面还会根据不同的岗位接受不同的考验。

在整个培训过程中，新人一年内几乎"白吃白喝"，就是学习。华为光这一项培训投入花费就很可观，但这一步工作帮助了华为的新人"洗脑"，以便更好地适应未来在华为的工作。

联想公司选人标准：力争取胜、快速执行、团队精神

联想对人才的诚信尤为看重，要求每一名联想员工都要做到诚实、正直；联想还希望员工拥有充分的自信心，并且要主动地去学习与工作；而团队精神反映一个人的素质，一个人的能力即使再强，若没有团队精神，联想公司也不会要这样的人。更为重要的是，联想要求人才要认同公司的三个核心价值观：精益求精；高品质的客户服务；尊重个人。

在联想工作，即使不是技术人员或产品销售人员，也会接触到很多软件和硬件产品。所以，计算机操作能力是必需的。

英语水平与人员的工作性质和将来的发展息息相关。做技术开发的口语能力相对差一点不要紧，但联想日益成为一个全球化的公司，经常要与国外的同事协作，英语不好，沟通起来就会有问题。另外，随着职位的升高，可能会听到各地的英语，如果听力不好就没法沟通。一般说来，英语水平达到四、六级就可以了。

在基本职业素质中，联想非常看中个人发展潜力，因为联想认为这关系到员工学习新知识、接受新观念、适应新环境的能力，关系到员工是否能够有所发展。

宏基公司选人标准：人性本善

宏基的用人策略，可以说是中西合璧的。在讲究效率和责任之外，加入了对人性的尊重。宏基的管理模式鼓舞了人性中善的部分，围堵恶的部分，

所以能够成功。宏基董事长施振荣认为：股权分散，结合地缘，能使每位主管都觉得和公司的利益休戚与共，主从架构让每个人都能做主，又不能逃避责任。

施振荣说："我一直认为人的潜能是无限的，信奉'人性本善'，把权力放下去，给下属一个挑战的目标，下属的潜力就会发挥出来。我们的创业始终是在设法寻找到能够把人性组织起来，把人的潜能发挥出来的方法。"这是中国企业比较欠缺的东西。因此，宏基要进行人性组织的实验，也实验出了一些方法。"可以说，如果不是宏基的集体创业、全员入股等等这些机制为高科技企业发展提供了一种参考，台湾高科技如果还是沿用传统的方式，也不会出现像今天这样蓬勃发展的局面。"

在人的管理上，宏基主张严于律己，宽以待人，这同时也反映"人性本善"。其实人才流失的真正源头是因为没有用"人性本善"来思考，导致给予人才的舞台太小，崭露头角的机会太少，所以人才难留。如果高层愿意享受大权旁落，落实分散式管理，人才自然会有机会历练成大器。

步步高公司选人标准：看重持续学习

步步高在选人的时候，首先最看重的是诚信。公司是这样解释诚和信的：诚，即诚实、无欺，内诚于心。信，即守承诺、讲信用，说到做到，外信于人，即使遭遇挫折、付出代价也要坚守。总之，诚信是一种责任、准则和资源。

步步高其次强调的是团队精神，因为没有团队的成功，就没有个人的成功。而且团队的成员要相互信任，坦诚沟通，将个人融入团队，以共同愿景为最高目标；尊重每一位员工的价值，因为只有员工和公司共同成长，才能获得更多的骄傲和成就。

第三是对品质的追求。品质是一种精益求精的追求，是必须要满足顾客的需求并且高于对竞争对手的满意度。品质是设计出来的，是全员关心和环环相扣的一个系统工程。不断提升产品品质，这不仅是价值的体现，更是尊严的体现。

第四要强调的是持续学习，步步高必须成为学习型公司，"持续学习"永远是对公司与员工的鞭策。积极主动地学习、借鉴和引进世界一流企业已经进行或正在进行的最佳实践，改进和优化企业的管理和运营系统。只有时时刻刻保持头脑清醒，永不自满，才能够思维开放，看得更远。

第五要以消费者为导向，从消费者的角度来设计产品、提供服务，避免做貌似消费者喜欢的东西。通过科学、严谨的市场调查，充分研究消费者的需求，一切工作须以消费者的真实需求为原点而展开。在公司内部的日常工作中，要坚持内部客户导向的原则。

第六强调的是品质方针不懈进取，步步登高。为用户提供完全满意的产品和服务，我们的"步步高"品牌，必须是高品质的象征。

最后是 EHS 方针。要求员工遵守法律法规，持续减废节能，把员工的健康安全放在重要位置，共同建设绿色家园。

美的集团公司选人标准：以人才成就事业

处在 21 世纪这一经济全球化时代的美的，随着海外市场的拓展及在欧美等地分支机构的设立，集团人才世界化与国际化更成为了美的人力资源最明显的特征。据统计，美的近年从世界各地引进的外籍专家及具有海外留学和工作背景的高层次人才就有 80 名，硕士、博士和博士后有 300 多名。另外，美的还不断致力于提升本土人才的国际化素质，有效地培养国际化人才，美的集团的员工来自全国乃至世界各地。

在美的，企业人力资源战略的远景是致力于成为员工最佳雇主，打造保留与吸引员工的竞争优势，集团及下属单位严谨规划短、中期人力战略。

美的集团之所以能够留住人才，是因为企业有一个好的机制和好的环境。美的开发新产品实行承包制和领衔制，拨给一定开发经费。新产品开发出来后，给技术人员股份，以后按股份分红，亏损了同样承担风险。这种方式充分调动了科研人员的积极性，有的技术人员年收入可达到1000多万元。

有企业家说，一流的企业靠文化留人，二流的企业靠人留人，三流的企业靠钱留人。美的本着"以人才成就事业，以事业成就人才"的核心理念，全面促进人才与企业同步发展，采取了包括组建美的学院、开展多样化培训课程及学历教育、派遣高层管理人员到新加坡国立大学等世界名校深造、开展人才科技月专项奖励优秀科技人员与团体、通过薪酬福利政策向关键人才与科技人才倾斜等举措，扎实推进人才的素质与事业不断提升、发展，以及激励人才为企业前进与发展创造更大的动力，用实际行动诠释着企业留人的秘诀是靠企业文化。

青岛海尔公司选人标准：看重能力、品德

海尔总裁张瑞敏认为："企业的领导者，你的任务不是去发现人才，而是建立一个可以出人才的机制。"建造这样一种人才机制，就是要给每个人相同的竞争机会，像比赛一样，赋予每个人参与竞争的可能，关键看你领导的能力。中国人有个最大的特点就是惰性很大，所以你一定要创造一个互相竞争的环境，让他们去发挥，并给予一个积极的目标。不过，结合中国人的特点，在营造良好的用人环境的时候，有必要兼顾情、理、利三个方面。中国人最讲实惠，最注重实际，看重身边的收获和利益，如果后顾之忧不能解决，容易见异思迁，产生走人的念头。企业家不能"只想马儿跑，不喂马儿草"。海尔人"改相马为赛马"，就是营造良好的用人环境的一种很好的策略和机制。如今，在全国范围内已有许多企业在尝试采用这一用人机制。面对激烈的市场竞争环境，各企业大有"你死我活"之感时，唯有营造良好的用人环境，充分发挥企业员工的积极性和创造性，才能拯救企业于生死之中。

企业主管人力资源的领导应加强以下两方面的工作：一是通过与员工

协商，给每个员工制定通过不断努力可以达到的更高目标，这些目标会随着员工的不断成长和能力的不断提高而提高。二是定期对员工进行评估，并与他们坦诚地沟通评估结果，了解员工的想法。

要学会用比自己有本事的人才。中国古代的刘邦在这方面是楷模："用兵打仗我不如韩信，使用计谋我不如陈平，后勤补给我不如萧何，但我却懂得如何使用这些人。"能承认别人比自己有本事并雇佣他，这不仅是一种的观念，在某种意义上已是一种人格的提炼与跨越。

要学会有效地淘汰企业不需要的人员。终身雇佣似乎是我们的"传统"，似乎也是企业对每个员工的一种"承诺"。但市场竞争残酷，企业的生死存亡之维系已不容许企业经营者有任何"仁慈之心"。

要避免任人唯亲。用人以与自己亲近、关系好为标准，总觉得与自己亲近的人对自己忠心、靠得住，放得下心。事业之初，或许真的需要一帮志同道合的亲朋好友，但是，当企业发展到一定时期就要做到任人唯贤。

另外，有必要避免任人唯"顺"、任人唯"资"，在用人的过程中搞平衡，如任用一个年轻的就想方设法用一个年纪大的……这些都会给企业带来不良的影响。经过实践，大多成功企业一致遵循：被市场检验、认可的能力、品德才是企业用人的最高标准。用人虽然不可求全责备，但企业根据自己的需要及发展目标，不拘一格大胆使用能促进企业发展的能者，却是天经地义的。

康师傅公司选人标准：寻找"尖子"

康师傅的目标之一是建立一个能够吸引、培养、激发、激励和保持杰出人才的企业，达到这一目的的第一步就是招聘最优秀的可能人选加入公司。

康师傅总是在寻找具有分析思考能力的人，他们可以把问题分解成几部分。康师傅想要的是他们如何把问题组织起来的证据，同时还要看商业判断能力，以及这个人对其解决方案的感受。

案例是康师傅在面试时进行挑选的武器。从一般的麦肯锡实际案例的翻版到一些稀奇古怪的类型都有，例如："天津有多少加油站？""为什么下水道的盖子是圆的？"

在面试中，面试者想看的是被试者看待问题的能力，而不是回答的正确与否，像绝大多数商业问题一样，不存在什么真正的答案。要想在案例面试中获得成功，要求必须把问题分解成几个部分，并且在必要的时候作出合乎情理的假设。

蒙牛公司工作准则：智慧来自分享

蒙牛希望用一种精诚团结、勇于拼搏的精神，不断在学习中创新，努力追求卓越，能够跟上时代的步伐，实现报效祖国的目标。

蒙牛坚持百德诚为先、百事信为本，诚信是蒙牛文化的核心；滴水之恩，涌泉相报，感恩报恩则是蒙牛做人的原则。

蒙牛要建立相互尊重的蒙牛拇指文化，让人人都感到伟大和崇高，在工作中感受生命的意义。员工在工作中要注重人与人之间的合作，因为二人为仁，三人为众，"人"字的结构就是相互支撑，在合作中共赢是蒙牛人做事的原则。

最后蒙牛强调分享的重要性。一个人最大的智慧就是与别人分享的智慧，只有分享的思想才有力量；没有分享，就没有团队的成长。团队的成长也要依靠新旧资源的整合，旧的资源新的整合，便是创新，而创新是一个企业事业发展的灵魂。

青岛啤酒公司工作准则：高、精、严、细

青岛啤酒的企业作风是严谨认真、务实高效。具体来说"严谨认真"

要求员工以认真负责的态度、严谨的工作作风，一丝不苟地完成工作任务，它体现了行业的特点和企业的传统。提高工作质量不仅要靠严格管理，而且要依赖每个员工的责任心和主动精神；"务实高效"要求员工从实际出发，重实效、办实事、讲效率，不搞形式主义，不做无用功，扎扎实实地做好工作。

青岛啤酒对员工的具体要求：爱岗敬业、文明守纪。"爱岗敬业、文明守纪"是对员工最起码的要求，"好人做好酒"，有一支良好的职工队伍，有助于提高企业管理水平，有助于企业树立良好的社会形象，得到消费者的信赖。

同时，青岛啤酒要求每一位员工要树立严格的质量观，以高、精、严、细来要求自己。"质量第一，卫生第一"，"纯净稳定，顾客满意"，追求产品卓越的本质，是青啤人的传统。对待质量，就要追求高标准，追求精益求精，追求严格的质量管理，特别是要提高生产工艺人员的管理水平，生产现场管理做到"整理整顿、清理整洁、干燥无菌"；同时，要追求认真细致的工作作风，不放过任何一个可能出错的环节。

同仁堂公司工作准则：一百道工序，一百个放心

同仁堂是一家百年老店，其古训是：炮制虽繁必不敢省人工，品味虽贵必不敢减物力。这是多年以来流传下来的，是为宗。而堂训是：同修仁德，亲和敬业；共献仁术，济世养生。求珍品，品味虽贵必不敢减物力；讲堂誉，炮制虽繁必不敢省人工。承同仁堂诚信传统，扬中华医药美名。拳拳仁心代代传，报国为民振堂风。

同仁堂的服务铭是：为了您的健康与幸福，尽心尽力，尽善尽美。员工要时刻谨记这条座右铭，并运用到实际工作中。

最后总结同仁堂全体人员共同行为规范——弘扬"德、诚、信"三大优良传统。"德"包括仁德、药德和美德，具体说来是：

仁德：做人以德为光明正直，待人以善为重亲和友爱。

药德：求真品抵制假冒伪劣，重质量务必精益求精。

美德：环境美有秩序无尘垢，行为美有礼节无秽语。

"诚"包括诚实、诚心、诚恳，具体包括以下几点：

诚实：货真价实，做到童叟无欺。

诚心：周到服务，不讲分内分外。

诚恳：倾听意见，不计顾客身份。

最后是包括信念、信心、信誉的"信"：

信念：服务同仁堂，献身同仁堂，立志岗位成才。

信心：勇于面对困难，善于排除障碍。

信誉：一言一行顾着集体荣誉，一思一念为了企业兴衰。

中国平安保险公司工作准则：3A 服务

中国平安保险的公司价值观：以优秀传统文化为基础，以追求卓越为过程，以价值最大化为目标。要求员工所拥有的价值观是：诚实、信任、进取、成就。而每一个员工又都隶属于某一个团队，所以又要拥有团队价值观：团结、活力、学习、创新。

平安保险要求每个员工都要树立"3A 服务"理念，即无论何时、无论何地、无论以何种方式，您都可以得到平安保险公司的满意服务。因为价值最大化是检验平安经营管理一切工作的唯一标准。

员工要始终保持踏实肯干的姿态，乐于奉献的精神，不要太过张扬，行为要中规中矩。做事耐心、细致、滴水不漏，用实际行动诠释 3A 服务。

平安的员工还要遵循人无我有、人有我专、人专我新、人新我恒。具体来说就是：通过差异化战略，向客户提供别人没有的超值产品和服务；在差异化的前提下，实行专业化的经营和服务；在保持专业化经营和专业化服务的同时，不断创新，保持领先；平安为顾客终身提供忠诚的超值服务。

海信公司工作准则：质量第一

海信发展的核心理念是：创造完美，服务社会。海信要求每一位员工都要敬人、敬业，创新、高效。这也是海信的企业精神。

身为海信中的一员，要树立团队意识。具体说来就是厂兴我荣，厂衰我耻。有了大家才有小家，企业发展了，员工才能够不断改善物质生活，提升精神品位。因此，在当今激烈的市场竞争中，海信员工只有团结协作、荣辱与共、众志成城，心往一处想，劲往一处使，才能增强企业的战斗力，使企业立于不败之地。

海信为了赢得更为广阔的市场和广大消费者更好的口碑，十分注重产品质量，始终把产品的质量放在第一位，于是便有了海信质量管理的七条箴言：

1. 质量不能使企业一荣俱荣，却可以使企业一损俱损。

2. 用户是质量的唯一裁判。

3. 技术创新是产品质量的根本。

4. 善待供应商就是善待自己。

5. 要有好的产品质量，先得保证人的质量。

6. 创新是重要的，但绝对不能以创新为由改变质量标准和传统但实用的方法。

7. 质量是财务指标的红绿灯。

万科公司工作准则：客户是永远的伙伴

万科的员工在实际工作中，要遵循这样一个基本的规范：客户是我们永远的伙伴，我们要努力让客户微笑。原因如下：

客户是最稀缺的资源，是万科存在的全部理由。

尊重客户，理解客户，持续提供超越客户期望的产品和服务，引导积极、健康的现代生活方式。

在客户眼中，我们每一位员工都代表万科。

我们1%的失误，对于客户而言，就是100%的损失。

衡量我们成功与否的最重要标准，是我们让客户满意的程度。

与客户一起成长，让万科在投诉中完美。

只有以客户的需要为中心了，才能不断地改进技术，改善经营管理，万科也才能更加壮大和发展。

"客户是我们永远的伙伴"所阐释的是万科人与万科客户之间所存在和要去追求的关系；"让客户微笑"则代表万科人在与顾客进行交往时需要遵守的根本原则，体现了万科定义的客户意识，"客户并非永远是对的，但是当你试图证明客户是错误的，你就是错误的"，"尽管有时候客户的表现并非理性和客观，但面对新阶段出现的新问题，万科应该更多地同情理解，更多地检讨反思自身的不足"。

凤凰卫视工作准则：拔尖精神

凤凰人要成为感性的华夏文化传播者，理性的历史大潮弄潮儿，奔放的时代发展前驱，冷峻的炎凉世界评判！正是这种一贯的高标准定位，严要求执行，在一次又一次重大事件的报道中，凤凰传媒总是站在客观、公正的立场发出这个时代的最强音。

凤凰卫视要求员工在工作中要具有创新精神，一定要跑在对手变化之前，跑在政策变化之前，跑在观众口味变化之前。

凤凰的企业文化一直提倡"拔尖精神"，引导员工做出类拔萃的节目，做出类拔萃的事情，做出类拔萃的人。

凤凰卫视时常提醒每一位员工，要意识到自己是在夹缝中生存：在地缘的夹缝中生存；在政治与资本的夹缝中生存；在高科技与传统文化的夹缝中生存；所以每一个凤凰人都要在官人的剪子和百姓的票子中踩钢丝，在通俗的平庸和典雅的高尚中找平衡。

凤凰卫视要跻身世界一流大台的行列，将咨询台办成名副其实的华语CNN，还需要开展有影响的大活动，做有震撼力的大节目，并通过有效手段兼并、控股、参股优质资产，从而完善公司的产业结构。

联想公司工作准则：始终保持上进心

联想好员工的工作标准是：敬业精神和上进心，有韧性，有责任感，有悟性，富有创新精神，善于沟通，既会工作又会生活。在平时的工作中，联想要求员工做事要讲求三项原则：如果有规定，坚决按规定办；如果规定有不合理处，先按规定办并及时提出修改意见；如果没有规定，在请示的同时按联想文化的价值标准制订或建议制订相应的规定。

联想精神有四个字，即"求实进取"。联想员工严守四天条，即"不利用工作之便牟取私利；不收受红包；不从事第二职业；工薪保密"。管理风格讲述四要求，即认真、严格、主动、高效。

问题沟通四步骤：

一是"找到责任岗位直接去沟通"；二是"找该岗位的直接上级沟通"；三是"报告自己上级去帮助沟通"；四是"找到双方共同上级去解决"。

搜狐公司工作准则：以诚信为本

搜狐保证对客户、员工、股东、社会大众、商业界以及政府信守道德的最高准则，并要求所有的员工遵守与业务经营有关的法律和规定，更期望所有员工负起道德责任、遵守法律规定及公司的条文及精神。

对公司诚信要求员工应避免与公司业务冲突之个人商业行为，员工应对公司及股东负责，不能利用职务之便从公司获取个人利益；不得接受竞争对手、与公司有业务往来的或正在寻求与公司进行交易的组织或个人提供的报酬、馈赠、金钱、贷款、服务、礼品等，也不得安排其亲属、朋友接受上述利益；不得利用在公司的职务之便收受同事及下属的贿赂，谋取个人私利；员工不得参与利益关系影响或将影响到员工为公司从事的业务活动。诚实地遵守财务制度，所有员工必须了解并遵守公司财务政策和规定；雇员不得向他人透露或透过出卖公司秘密获取个人利益，也不得利用其所掌握的公司信息自己进行或帮助他人进行如下事项：买卖公司的有价证券、买卖其他公司或其他非公司制组织机构的有价证券。

遇到无法确定是否与公司利益相冲突的问题时，员工应向自己的直接主管提交报告，说明是否与公司利益存在着潜在冲突；当上述报告中的情况发生变化时，向直接主管及时报告；当疑惑自己进行的或将要进行的行为是否违反本政策、是否和公司利益相冲突时，及时向直接主管提出询问；向公司法律部门报告潜在的利益冲突，以便公司法律部门进行审查并作出决定。

对客户诚信要求员工要尊重、理解客户提出的需求，真诚予以合作。不因公司及个人利益而欺骗或诱导客户决策。信守给予客户的承诺，以快捷的速度和周到的解决方案帮助客户成功，与客户共发展。

对工作诚信要求员工要有高度的职业责任感，忠于职守，恪守工作承诺。遵循公司的标准程序进行工作，完成既定的工作目标。工作积极主动、敬业。不推诿责任，尽心尽责，追求卓越的工作品质。客观地总结评价本职工作。在与主管的工作汇报中，讲求实事求是的工作作风，不隐瞒、不虚报、不夸大工作成果。

员工要坚持公平公正的原则，以人为本，坦诚相见，信任及尊重公司的每一个成员。当进行雇佣、绩效评估、薪酬评定时，当事人的决定不得因私人关系或非正常的工作、业务关系而受到影响。在公司中存在着私人关系的员工，一方不能作为另一方的直接汇报人。当发生上述情况时，存在着私人关系的员工应达成协议并做出决定，其中一人或数人应调离原先的工作岗位，以保证不存在直接汇报关系；必要时，公司可以终止与其中一方的雇佣关系。

保密原则：所有员工有义务对公司的经营技术资产、成果及客户的资料保守秘密，不应将有关公司的任何情报泄露给非本公司人员（公司授权者除外）。公司内的讨论仅限于工作所需。公司内部处于未公开的信息及资料，应参照相关保密等级进行管理，未经授权不得将相关信息透露给无关人员。

遵守媒体、信息、技术等规定：顾客的信任是公司最珍贵的资产，我们必须严守法规的条文及精神，否则将失去顾客可贵的信任。

禁止公司股票之内幕交易：参见《"内幕人员"交易规则》

遵守中华人民共和国的法律：所有员工必须遵守中华人民共和国的法律、法规。

首席面试官的四堂职场公开课

Part 5

一个英国人、一个法国人、一个苏联人一同来到了一个画展厅，他们同时站到了一幅画作面前，画作的内容为伊甸园里的亚当和夏娃。

"他们肯定是英国人，"英国人若有所思地分析道："这个女人只有一个苹果，却送给那个男人吃。"

"不，我不这么认为"，法国人摇了摇头："他们一起裸体吃苹果，他们一定是法国人。"

"他们肯定是苏联人"，苏联人不容置疑地说："他们没有衣服穿，也没什么东西吃，却仍然以为他们生活在乐园里。"

"横看成岭侧成峰，远近高低各不同。"对于同一个事物，选取的角度不同，所看到的风景也各有千秋。

本篇的内容，全部是从面试官的角度来看待求职面试这件事，既包含了他们对职场人士的忠告和建议，也揭秘了他们的工作方法和手中的"底牌"。这是本书奉献给读者的最后一道干货大餐，请秘密享用吧！

第*16*章

500 强企业面试官的黄金忠告

GE（中国）原 HR 总监韩女士：做好小事，成就大事

GE 会为大学生提供一定的实习岗位，在实习中，用人单位会考查你是不是他们所需要的人。很多学生不是很重视细小的事情。有些人因为刚到实习单位，不会用传真机，但又不愿意问。其实不会很正常，不问才不正常。在实习单位，很多事情你不懂就要请教，"最会利用资源的学生是最聪明的"。

"发传真这样的事情一点都不简单。"在 GE，很多小事都要你自己去做。一个人做三四个人的事情，即使做到人力资源总监，我也自己订机票、贴发票。从小事可以考查一个人能不能用。实习生到了工作单位后，负责人会先分配一点工作给你做，很多人都是从复印、打印这样的小事情做起。然而，小事一点都不简单，利用小事正是一个人创品牌的时机。

在 GE 工作，我最深刻的感受就是你永远都是年轻的，只有不断地更新自己的知识才能生存下去。跟年轻人一起工作的感觉非常好。找工作的目的不是为了升官发财，而是要找到适合自己的、满意的、能让自己身心愉快的工作。

GE 有网上招聘。求职者可以把自己的简历投到 GE 网站上，这是用得比较多的一种方式。另外，GE 用人很多是在实习生当中挑选，应届生可以

关注 GE 网站上实习生招募的启事，一般是在上半年。如果你做得好的话，公司会让你下半年继续，同时还有很多的培训项目提供给新人。

微软（中国）原 CHO 戴维·普里查：思路 + 眼光 = 机会

在面试中，许多人都喜欢出难题。我反对这种做法，因为在面试中无论我们问什么，应聘者都会有极大的压力。我认为，让应聘者在面试中成功地表现自己的才能是非常重要的，这可以使人们看到他们究竟有多少创造力。不管他们是否被聘用，我们都应给他们一个获得成功的机会。

我们是想看看应聘者是否能找到最好的解题方案，看看他（她）是否能够创造性地思考问题。

我们还想知道他（她）是否具有很强的可塑性。我们常在上午教给应聘者一些新的知识，下午则提出相关的问题，看他（她）究竟掌握了多少。

如果有人对我说："这真是一个愚蠢的问题！"这并不是错误的问答。当然，我会问他（她）这样回答的理由。我认为，最糟糕的回答是："我不知道，我也不知道如何计算。"

我应聘微软时，印象最深的是斯蒂文先生（微软公司执行副总裁）提的问题："您对什么感兴趣？"在面试中，我现在也常提这个问题。因为如果我们能使应聘者谈起自己感兴趣的东西（或熟悉的业务），人就可很自然地插入一些问题，面试也就变成了一种双向交流。在这个过程中，我就可看出他是否精于此道，他对该业务的前景有何见解等。

飞利浦（中国）HR 总监吴女士：表现最自然的自己

飞利浦衡量人才的指标通常包括两方面：一是经验，二是能力。

对于本科毕业生，公司没有经验要求，只考核能力，而且重点考核他们的潜能。通过询问一系列问题，可以知道他如何思考、如何表达，他有什么样的性格和个性。比如，在面试中有的问题是：你觉得做的最让自己满意的事情是什么？最窝囊的事情是什么？这个问题是考察对方是否坦荡，是否愿意接受批评和挫折，是否具有耐压力。另外，还有一些很简单，但没有标准答案的问题，目的仅仅是看看对方的反应能力和态度。

面试前的准备工作十分有限。有一些东西是可以人为掩饰的，但有些是掩饰不了的。比如，面试时的穿着、礼节等，你可以进行准备。但是这只能反映你应聘此工作的态度，而不能反映你的人生态度、工作热情。对于有经验的招聘官，其工作就是剥去应聘者的"伪装"，寻找真正适合企业的人。

因此，应对面试最好的策略就是表现最自然的自己，不要为找一份工作而刻意改变自己。要让招聘官看到真实的你，选择真实的你。即便你在应聘过程中暴露出了很多缺点，也总比在以后暴露好得多。如果公司认为你有缺点，但优点也十分明显，他们也会聘用你，而且在录用之后会有针对性地为你设计培训，弥补你的不足。

IBM 大中华区招聘经理张女士：把事做到点子上

简历的内容版式比较清楚、段落分明，会比较容易给人留下好的印象。另外，我觉得主题要明确一些，寄简历最好是分析招聘启事以后，针对这个工作的要求，把能够表达自己能力的重点写得突出一些。如果以前做过相关的工作，最好不仅仅只说明做过什么工作，而要强调你是怎样做到的、你的业绩如何。

有的简历很多内容跟工作的要求相差甚远，比如会很详细地介绍自己的个人家庭情况，甚至还会附上照片，有的还是明星照。另外，简历不必太长，把你最重要的东西讲给别人听，别人有兴趣让你来面试就够了。

初步筛选简历时，我们是根据工作要求，对他的学习成绩、他在学校时参与的一些活动、他的专业方向、导师给过他的一些项目等进行一个综合的判断，然后做一个初步的筛选。在校园招聘中，很重要的一点是有一个笔试，从笔试结果来看，一些相对较好的学校的学生通过率较高。

在IBM的"高绩效文化"中，从来没有一条说你是哪个学校毕业的，你是什么样的学历，而是看你真正为工作作出的贡献和你的热情。IBM看重的是工作的结果，而不是你以前的背景。

面试官希望通过了解应聘者过去的经验或从事过的工作以及他所具备的才能，来推断他将来可能会有的才能和能力，问题主要围绕工作的背景、具体的行动、得到的结果展开。

我个人觉得，不管做什么工作，良好的沟通能力都是必不可少的。

忠诚度我们也会考量。比如说我们去大学招聘时，问学生将来有没有出国的打算，他们的回答有的很迂回，有的很直接，但是深问下去都有出国的打算。但是不少大学生加入IBM之后会感受到，在IBM学到的东西不一定比出国少，他又可能不想出国了。

什么算有效的回答呢？我觉得应聘者应很快就感觉到我问这个问题是想考核他什么样的能力。比如问"你觉得你的同事是怎么看待你的？"我实际上是在问你跟别人的团队合作怎么样。有的人会回答"我的同事都觉得我挺好的，人挺随和的呀"，但有的人很快就会感觉到这是在问自己的团队合作，那他就会讲一些例子来证明自己的团队合作精神。应真正讲到点子上，让别人觉得你有这个能力。

广州百事招聘工作负责人麦先生：先给自己定位

我对毕业生的建议是：

求职者在找工作前首先要认真分析自己，有意识地选择适合自己能力和喜好的工作，不要盲目地乱投简历。实际上，这种做法的成功率很低。即使找到了工作，也很容易因为能力或兴趣问题而很快失去这份工作。

面试时不要包装自己，要把你最真实的一面展示给面试者，并且在面试前做好准备工作，了解你所应聘职位的工作内容和要求、公司情况等。

我们经常看到有不少年轻人在刚开始工作的几年里频繁更换工作岗位，甚至还很自豪地告诉旁人"自己又成功换了一份工作了""我觉得旧公司没东西学，老板只让我做一些简单的工作，大材小用"、"这份工作太辛苦了"……实际上，这些人往往没有学到扎实的工作技能，今后较难有好的发展，而他们也会让人感觉不成熟、不稳定，很难得到用人单位的青睐，甚至失去很多面试的机会。

家乐福 HR 主管祝女士：欣赏聪明和热情

我觉得面试者大体分为四类：狂妄自大型、过分谦虚型、如实交代型、略带技巧型。我个人比较欣赏略带技巧型的面试者。有一次，我们人力资源部要招聘一位英语培训师，最终两个女孩子进入面试。其中一个是学人力资源的，英语不错，专业背景又比较吻合；另一个是英语专业出身，但不知能否适应人力资源工作。面试时，那个英语专业的女孩似乎看出了我的犹豫，主动上前自我介绍："我是英语专业毕业的，请相信我绝对更专业。"就在那一瞬间，我心中的天平开始倾斜。事实证明，这位女孩子的确很优秀，不到一年时间就晋升为部门主管。

我们一般不看好面试时特别关注薪水的求职者。零售业工作比较辛苦，我们公司不少管理人员都是从基层做起的。家乐福的员工只要有热情的工作态度、良好的沟通能力，都有机会获得提升。待遇其实是与个人能力紧密挂钩的，面试时过多谈薪水会让人对你的工作能力产生怀疑。

应聘不同的公司会有不同的要求，最重要的是能迅速理解并认同用人单位的企业文化和行业特点。在面试中，我们更看好穿西服、打领带、指甲整齐、面带微笑的求职者。作为零售企业的员工，自己都不会装扮，如何使商品达到最佳的视觉效果呢？

朗讯科技（中国）HR 专员张女士：别漠视职业诚信

不少人发来的简历只表示希望来朗讯，却没有说明申请的职位。如果应聘者连简历都写不完整，我会觉得不是他能力有问题就是太过粗心，这都不是朗讯的首选人才。还有简历的性别栏中不写男女，用染色体 XY 来表示，让人哭笑不得。简历版面干净、符合规范、清晰明了是最好的，我们通常不在意照片，但也不要太简单。

我们非常在意职业道德和职业诚信，通常会注意查看简历内容的完整性、真实性，应聘者工作的连续性和稳定性。朗讯并不在意应聘者有其他方面的工作经历、不够良好的教育背景和中断的工作时间，但隐瞒和欺骗则会使公司对你个人的诚信和职业道德有所怀疑。为此，我们会关注简历细节的描述是否冲突。朗讯会保存每份投来的简历，建立简历档案。有一次，我看到两份投递时间不同，但内容几乎完全相同的简历。前一份简历中有做教师的工作经历，后一份简历却完全是做销售的工作经历。我猜他无非是想加强销售方面的经验和背景，增加职位竞争力。此外，很多应聘者也知道企业非常关注职业的连续性，有些人可能有一段时间没有工作，但在简历中会把时间归到某段工作中，这些都会在做背景调查时被查出来。

描述工作经历时，在某公司工作的时间，应该精确到月而不是年。要有公司的全称（也可对公司做简要介绍）、担任的职位名称及所在部门名称、主要工作职责、主要工作业绩等。可以简要介绍上下级关系，比如直接上司的职位、所辖下属的人数等。我们更习惯于用数字说话，"非常出色""作出很大的贡献"这些用词都是不合适的。最好能够改成"我完成了多少销售业绩，联系了多少家公司"。如果数字过于敏感不适宜表达，可以用百分比或者用企业的表彰来表达，还可以写上获得的证书。有些不像销售部门那么容易量化的部门，比如行政部门，可以通过办公设备的维护和采购、降低成本、客户满意度、如何及时维修等方面作出说明；HR 部门可以通过客户。

中国人寿保险 HR 经理秦小姐：要表现得有教养

某天面试一个 HR 助理的职位，应聘的女孩子一坐下，我就知道会拒绝她：手指甲上涂蔻丹我没有意见，但拜托指甲油不要一块块剥落褪色。说实话，我很怀疑现在大学的就业指导老师都在忙什么，难道初级的面试礼仪都没有强调吗？

面试时的肢体语言是很重要的。我面试过的应届生没有 1000 人应该也有 800 人了吧。我发现几乎 90% 的人在入座后都很拘谨。这不能说是坏事，但的确会让面试开始的破冰显得艰难。现在，闭上眼睛，想象一对亲密情侣在烛光下甜蜜交谈，他们的姿势应该是几乎一样的；你们平时和好朋友促膝长谈，相信采用的也是相同的姿势；电视上的国家元首交谈时，绝大多数情况下两人的姿势也相同或接近。这是因为两个人如果在交谈过程中采用同一种姿势，则双方在潜意识中会有彼此认同的感觉。假设如果有人盛气凌人地叉腰对我说话，不论他的职位高低，我也会叉腰和他说话，因为输人不输阵。

还要注意面试时的手势，特别是回答较大的问题时。用手虚拟地在桌面上列出 1、2、3，这样会让人觉得你很有条理，而且不会显得很稚嫩。而说到我会怎样怎样时，把手掌放在心口，真的有强化的效果。

总之，面试时要表现得有教养，看起来容易接近。面试在一种轻松的氛围中愉快地进行，更利于面试官发现求职者的性情。

中国航空 HR 经理王女士：注意自己的说话方式

语言是求职者在求职面试中与招聘人员沟通情况、交流思想的工具，更是求职者敞开心扉展示自己知识、智慧、能力和气质的一个主要渠道。恰当得体的语言无疑会增强你的竞争力，帮助你获得成功；反之，不得体的语言会损害你的形象，削弱你的竞争力，甚至导致求职面试的失败。那么，在求职面试中要注意哪些影响自己成功的忌语呢？

不要着急问待遇问题。谈论薪酬本来无可厚非，但是一定要看准时机，一般是在双方有初步意向时再委婉地提出。

不要说话太绝对，要符合实际。考官问："请你告诉我你的一次失败经历。""我想不起我曾经失败过。"如果这样说，在逻辑上讲不通。又如"你有何优缺点？""我可以胜任一切工作。"这样的回答，显得盲目又无知。

不要说你在这个单位有熟人，"我认识你们单位的人""我和××是同学，关系很不错"，等等。这种话主考官听了会反感，如果主考官与你所说的那个人关系不怎么好甚至有矛盾，那么，你这话引起的结果就会更糟。

不要反客为主。如一次面试快要结束时，主考官问求职者："请问你有什么问题要问我们吗？"这位求职者欠了欠身，开始了他的发问："请问你们的规模有多大？中外方员工的比例各是多少？请问你们董事会成员里中外方各有几位？你们未来五年的发展规模如何？"参加求职面试一定要把自己的位置摆正，像这位求职者就没有把自己的位置摆正，提出的问题已经超出了应当提问的范围，使主考官产生了反感。

不要不正确地反问。主考官问："关于工资，你的期望值是多少？"应聘者反问："你们打算出多少？"这样的反问就很不礼貌，很容易引起主考官不快。

不要拿腔拿调。有一位从台湾回来求职的机电工程师，由于在台湾待了两年，每句话后面都长长地拖上一个"啦"字，诸如"那是肯定的啦"。半个小时面试下来，考官们被他"啦"得晕头转向，临别时也回敬了他一句："请回去等消息啦！"

中粮集团 HR 经理苏先生：诚信，是面试的法宝

应聘的前提是诚信，简历和面试中回答问题，都要基于自己取得的事

实成绩。如果失去诚信，一旦被面试官发现任何一点内容是在撒谎，那么应聘者的所有成绩就可能被怀疑是虚假的，也必然被淘汰。这里所说的技巧，是建立在诚信基础上的。

充分展示自己所擅长的。在面试的过程中，不要老是想着如何掩盖自己的短处，更重要的是如何向面试官展示自己所擅长的，自己的优点和取得的成绩。

在面试过程中可以把话题引到自己擅长的内容上来，可以运用一些语言技巧在回答一个问题的过程中将问题过渡到你擅长的地方。

在面试的过程中，你可能会遇到故意设置的压力，也是人们常说的压力面试，看看应聘者在压力面前的表现和心理承受能力。很可能在面试过程中，你说什么都会被面试官否定，让你觉得自己没有什么是对的。其实，不管面试官怎么否定你，你要保持礼貌和冷静，千万不能发怒，也不要轻易改变自己的观点，要坚持自己的观点，包容不同的意见。另外，当面试官不断表扬你的时候也不要得意忘形，暴露了自己不良习气。

表达对所应聘公司的热爱，对面试官的敬佩和感谢。在面试过程中，有两点是比较重要的：

一是寻找机会恰当地表达对应聘公司的热爱和向往。如在回答为什么要应聘这家公司的时候，你可以说以前和这家公司的员工接触过，发现他们很专业，很有素养等，很尊重这家公司的人，自己也想成为这样的人。这其实也是在表扬面试官，因为他们就是这家公司的人，没有人不希望获得别人的尊重。

二是面试官到学校来招聘，工作排得很紧，也很辛苦，没有人不希望自己的工作得到认同。如果借适合的机会对他们的专业精神表示敬佩和感谢，肯定别人，自然也会得到别人的肯定，得到更加融洽的谈话气氛。但是，这个要看时机，要自然，不能突兀，不确定就不要说，否则有画蛇添足的嫌疑。

不管怎么说，展现一个最本真的你给面试官，一定有不错的印象哦。

中国石油 HR 经理董先生：克服紧张很重要

面试现场通常都是比较紧张的，容易让人产生恐惧心理，出错是难免的。但是错误的出现，往往又会加剧紧张情绪，接下来只会导致面试效果越来越差，最终可能连说话都语无伦次了。那么，面试现场出错应该怎么办呢？

首先，对面试出错这一问题要有正确的认识。面试中的难题大多是没有标准答案的，主要是考查你的能力。你只要鲜明地亮出自己的正向观点，尽可以按照自己的思考做出回答，表现出自己的综合素质和不俗的能力。偶尔出点差错，考官也不会对你全盘否定，所以不必紧张。

其次，要迅速判断能不能进行弥补。答错了，总是想着找机会弥补，总想解释刚才为什么没答好以证明自己水平不差，但由于下面的问题一个接一个，考生一方面要回答新问题，另一方面想着前面问题回答的缺憾，结果闹得新问题也没答好。所以，当自己判断不能进行弥补的回答时，就不必耿耿于怀，而要马上忘记，继续沉着地回答下面的问题。

第三，如果觉得自己有把握对出错进行弥补，也要讲究方法。具体说来，面试出错补救有以下几种技巧：

1. 化错为正。

察觉自己说错时，如果考生能够针对自己的失误进行一番合乎情理的阐释，只要能够自圆其说，也不失不一种补救的办法。如对大学生卖猪肉、当保姆等现象的认识，在回答时，本来想好要重点谈大学生就业观念的改变、就业环境的变化、就业压力的增大等方面的问题，但回答时一开口就说是人才的浪费，自己觉得说错了时也不必紧张，就把人才浪费作为重点阐述，其他观点作为一般论述，自圆其说，效果也不差。

2. 以正改错。

意识到错了，就要诚实地加以纠正，不要为了面子而置之不理。最好的办法就是按正确的讲法再讲一遍。诸如语句不通，词不达意，口误等，只要很自然地加以纠正，就会得到考官的理解。

3.续错成正。

在答问时如果说错了话，有时可以采用调整语意，改换语气等方式予以补救。只要反应敏捷、应变及时，就可以收到不露痕迹的纠错效果。如列举了一系列腐败现象后，考生想好要说的是"我们绝不允许这种现象存在下去"，结果说成"我们允许这种现象存在"。此时如果直接承认自己说错了，把正确的再说一遍，效果并不好。这种情况下，续错成正是最好的选择，考生可以接着"我们允许这种现象存在"说下去，"就是对人民的犯罪"。这样续接补救，可谓顺理成章、天衣无缝。

其实面试出错都是由面试紧张导致的，要想从根本上解决问题，就得克服自己的心理，如果在面试的时候感觉紧张而克服不了的话，那以后的路就很难走下去了。如果你有足够的自信，我相信你是不会紧张的。由于紧张出错了，可以在后面的回答中弥补，但这样也会在面试官的印象中大打折扣。

新华社招聘主管杨先生：小组讨论很重要

1.要对自己有信心。能够进入这一轮的，都是前几轮面试胜出的佼佼者，所以没有必要紧张。

2.从你进入会场那一刻起，面试就已经开始了。是否举止得体，是否能友善地问候同组乃至别组面试者，是否能很快地融入团队，都是在这一刻开始考察。

所以我的建议是：注意着装，不要太随便，绝对不能迟到；要记得问候所有人，包括面试官（一般来说会有好几个人）和对手；主动介绍自己，并努力记住别人的名字（会很有用的）；帮助其他人拿水、准备文具，总之提供一切可能的帮助（有作秀的感觉，但还是值得的）。这样，你在以后的活动中基本会被认定是小组的领导；认真准备自我介绍（最好做英语和中文两手准备）。

3. 在小组讨论时，你们给出的答案是很次要的，我们会重点考察如下几点：是否能很快融入团队并积极参与，因为记者的首要条件是积极主动；是否能起领导作用；解决问题的能力和结果导向；坚持不懈和灵活应变的平衡；倾听和表达。

因此，请参考以下建议：

A. 在得到任务的那一刻，当仁不让地扮演领导角色。

B. 努力克制自己的第一反应，千万不要脱口而出"好难，我不会"。

C. 强调分工，由你来调度。

D. 不要一个人滔滔不绝，但要积极提出你的看法。可以先听别人怎么说，很有礼貌地提出反驳。在讨论中，抢先开口的不一定赢，最后闭嘴的才是胜利者。

E. 归纳。在别人的基础上，一定要有所突破，或者说是"别出机杼"，一鸣要惊人。

F. 时间控制。适时地提醒小组成员还有 ××× 分钟，不要游离出讨论范围。

G. 努力找出一到两个过程中的不足，并记在心里，等一下会有用哦。

4. 归纳总结。在小组讨论结束后，一般都要对小组的表现进行总结。一般会推选一个人作为代表。不要推让，你要好好把握机会。要感谢小组每个成员，要明确详细，比如：A 真的很厉害，他有非常缜密的思维；B 的动手能力是我看过最强的；谢谢 C，每当我们觉得无助准备放弃，是他的鼓励让我们重新燃起斗志。然后说你的归纳。这个时候，你刚才记在心里的不足可以提出来，作为 Lesson Learned。

即使很遗憾，你不一定会作为代表来讲述，但没有关系，这一些仍旧用得上。不管其他人说的多么完整详细，你一定要找出一些问题，举手说"我还有一些补充"。

有时候，面试官会提出很尖刻的问题：如果要你淘汰一位队员，你会选谁？许多人会因为难而回避，或者说：我们每个人都是那么优秀，如果非要选择，我选择我自己。你大错特错！面试官不是要靠你们来选择淘汰谁，他是在考察你的 Managing Courage。你应该分析每个人起的作用，然后排列哪一些是短时间内不能被轻易取代的，或者说你们很难在短时间内发展提高出这一项能力。把最弱的淘汰掉（留下狮子、海豚、狐狸等，先淘汰掉孔雀）。记得要把这个思路详细说明。不要怕得罪人，因为你选择任何一个人和别人选择你的几率是一样的。如果你能够把你的想法抢先说出来，可以在小组中定下基调，你的个人意见会变成小组的意见。

最后还有几点可以加分的：

感谢面试官的宝贵时间。

在结束后，我是否可以单独向某一位面试官讨教一下，请他指点我今天的得与失？

清楚地叫出每个队员的名字，和他们道别。

帮忙清理场地。

广东美的集团 HR 总监王先生：绩效指标很关键

在一个人的求职过程中，兴趣和热情是最好的老师，因为它可以催化一个人走向成功，而且一定要把自己的专业优势和职业定位很好地匹配起来，兴趣是建立在对自己充分了解的基础之上的。

再说简历。一个人的简历被选中，他的 KPI（关键绩效指标）还是很重要的。主要表现为：行业经验、专业背景、对本企业和应聘岗位的了解程度等，所以我认为简历只是一个基本载体而已，并不需要长篇大论，主要把高含金量的点恰当地表现出来就好了，这一点对毕业生更有参考意义。

我们公司招聘不会囿于固定的形式，尤其是对一些实践性较强的岗位。例如，我们公司有无纸化面试，对于长途或者越洋面试我们直接通过电话沟通来确认所有的面试环节。我们的面试通常有三轮，这是为了用人部门和人力资源部能从不同角度考察应聘者，这样既可以公平地对待求职者，又可以避免面试时的偏颇，正所谓"大家认为好才是真的好"。

第一轮的面试官是用人部门的负责人，着重考察和工作相关的知识，专业能力是一个很关键的因素；第二轮面试则比较注重考查综合能力，就是一些基本素质，包括动机、沟通交流、精神风貌、心态、性格等软件方面；最后一轮面试是全英文面试。面试本来就应该是一场互动的对话，我认为面试官主动营造一种轻松和谐的氛围很重要，这是人力资源工作者应持的一种职业态度，也是尊重人的具体体现。一句话，作为主场，我们应像对待客人一样对待应聘者，这一点，换位思考一下就可以体会到。

面试尾声，主考官友好地告诉对方总体面试印象是很有积极意义的。当然，最终的结果还是要通过比较和竞争才能得出的。很多时候我把面试的成功比作一项项目管理，项目成功与否，与项目主导者（应聘者）的计划（面试前的准备）、测量（自我了解和对应聘岗位、企业的了解）、执行（临场面试时的知识、技能、素质和阅历表现等）、评估（对于竞争对手和薪酬）等环节是息息相关的。

搜狐公司 HR 经理王先生：要做到快、动、准、全

网络编辑的"快"表现在哪里呢？那边球场上守门员还没有将球从门网里拿出来，网上专题直播内容已经把比分改写了，这是平面媒体同行望尘莫及的。网络编辑要有最强的新闻敏感和嗅觉，眼观六路耳听八方，可以把刚刚发生的一件小事，按自己的意愿包装成一个大案特案。蝴蝶效应就是网站编辑制造出来的。

网络的互动性给了网络编辑充分的空间任其挥洒。论坛、博客、直播、在线调查和评论，一切可以网聚人的力量的工具，都是网络编辑创造内容、汇集人气、收集观点、煽动激情的武器。

虽然在信息的海洋中内容的来源不是问题，但网络编辑对内容并不是一刀切的 Ctrl+C。广泛收集、巧妙裁剪、适当串接、必要原创，是保障内

容天衣无缝的准确性和全面性所不可缺少的能力。而专业网站内容编辑更有着深厚的专业背景和行业经验，非一般网络写手所能替代。

总之，网络编辑不是简单的缝缝补补，而是内容创作的"服装设计师"，谙熟读者群体和行业特点，是有计划、有安排、有组织地设计、创造内容的高手。

2009年6月3日《第24次中国互联网络发展状况统计报告》显示，中国网民已突破3亿，手机上网用户达1.55亿，而网民最常使用的网络服务/功能是最多是浏览新闻，比例是66.3%。这些数据不仅预示着对网络编辑人才的需求潜力，也在另一方面对网络编辑从业者提出了更高的要求。

百度公司 HR 经理张先生：言之有物才受欢迎

面试时，你一定要听清问题，仔细思考后再有针对性地回答。面试中最忌讳的就是泛泛地回答。我通常会问应聘者这样的问题，如"为什么离开原来的公司""为什么要到百度公司来应聘"等。80% 左右的应聘者会给出一个非常空泛的回答，如"百度是个有潜力的大公司""在这样的大公司工作能更好地发展自己"等，但是再往下问时，他们却说不出更多的内容，这样的回答没有任何实际意义。

一位应聘者回答："看了百度的招聘广告后，我在网络上查找了一些相关资料，我在过去的工作中曾经有过相关的工作经验，因此，我比较适合百度的职位，我想到 NEC 来做这个工作。"这样的回答结合了自己的经验和公司的实际，能让我们看出他在面试前是做过准备的，这就是好的回答。

能用较少的语言清楚表达出自己想法的人应该是一个思路清晰、逻辑清楚的人，这样的人肯定受欢迎。有的人回答问题时说得很多，却漫无边际、抓不住重点；相反，有的人只会用"是"和"不是"回答问题，显得很被动。

另外，还要注意自己回答问题的方式。比如回答问题时音量适中、答话简练，就会给人很有活力的感觉；声音很小，甚至回答问题时不敢直视招聘者的眼睛，就会给人不够坦诚、不自信的印象。

面试时的服装一定要干净、得体，但是没必要弄得太过正式。有的人平时可能很少穿正装，为了显得郑重，在面试时穿上了西装、打上了领带，结果整个面试的过程都显得非常拘谨，使自己显得很不自信。其实，干净、整齐，符合自己个性特点的着装就是最合适的。

薪水问题一直是一个敏感的问题，我们会留出专门的时间与应聘者讨论这个问题，所以，应聘者在还没有搞清楚自己的职责范围和工作内容时，别急着提这个问题。

第*17*章

认识自己，再做简历

你到底想要什么工作？——职业兴趣测试

如果有机会让你到以下 6 个岛屿旅游，不用考虑费用等问题，你最想去的是哪个？

1. 深思冥想的岛屿。岛上人迹较少，建筑物多僻处一隅，平畴绿野，适合夜观星象，岛上有多处天文馆、科博馆以及科学图书馆等。

2. 现代的岛屿。岛上建筑十分现代化，是进步的都市形态，以完善的户政管理、地政管理、金融管理见长。

3. 显赫富庶的岛屿。岛上的居民热情豪爽，善于企业经营和贸易。岛上的经济高度发展，处处是高级饭店、俱乐部、高尔夫球场。

4. 自然原始的岛屿。岛上保留有热带的原始植物，自然生态保持得很好，也有相当规模的动物园、植物园、水族馆。

5. 温暖友善的岛屿。岛上居民个性温和、十分友善、乐于助人，社区均自成一个密切互动的服务网络。人们多互助合作，重视教育，弦歌不辍，充满人文气息。

6. 美丽浪漫的岛屿。岛上有美术馆、音乐厅，弥漫着浓厚的艺术文化气息。

解释：

1. 深思冥想的岛屿。

你喜欢的活动：处理信息（观点、理论），探索、理解和研究那些需要分析、思考的抽象问题。喜欢独立工作。

比较适合你的职业：实验室工作人员、生物学家、社会学家、工程师、程序设计员。

2. 现代的岛屿。

你喜欢的活动：组织和处理数据，固定、有秩序的工作或活动，希望确切地知道工作的要求和标准。愿意在一个大的机构中处于从属地位。

比较适合你的职业：会计师、银行出纳、簿记、行政助理、秘书、档案文书、税务专家和计算机操作员。

3. 显赫富庶的岛屿。

你喜欢的活动：领导和影响别人，为了达到个人或组织的目的而说服别人。

比较适合你的职业：商业管理、律师、营销人员、市场或销售经理、公关人员、采购员、投资商、电视制片人和保险代理。

4. 自然原始的岛屿。

你喜欢的活动：事务性的工作，喜欢户外活动或操作机器，而不喜欢在办公室工作。

比较适合你的行业：制造业、技术贸易业、机械业、农业、技术、林业、特种工程师和军事工作。

5. 温暖友善的岛屿。

你喜欢的活动：帮助别人，喜欢与人合作，热情关心他人的幸福，愿意帮助别人解决困难。

比较适合你的职业：教师、社会工作者、心理咨询员、服务行业人员。

6. 美丽浪漫的岛屿。

你喜欢的活动：创造，自我表达，写作、音乐、艺术和戏剧。

比较适合你的职业：作家、艺术家、音乐家、诗人、漫画家、演员、戏剧导演、作曲家、乐队指挥和室内装潢人员。

你究竟适合什么工作？——个性测试

一、性格测试

以下各题，你只需回答"是"或"否"。请以你的第一反应作答。

1. 你是否要比同事花更多的时间在工作上？

2. 你在社交场合是不是三句话不离本行？

3. 你是不是在休息日也会焦躁不安？

4. 你的配偶或朋友是否认为你随和、易相处？

5. 安排业余活动时，你是否向来都很谨慎？

6. 当你处在等待状态时，是否常常感觉懊恼？

7. 你多数娱乐活动是否都和同事一同进行？

8. 无所事事时，是否感觉比忙着工作时自在？

9. 有没有某位同事让你感觉很积极进取？

10. 运动时是否常想改进技巧，多赢得胜利？

11. 处于压力之下，你是否仍会仔细弄清每件事的真相，才能做出决定？

12. 旅行之前，你是不是会做好行程表的每一个步骤，而当计划必须改变时，会感觉不自在？

13. 你是否喜欢在一场酒会上与人闲谈？

14. 你是否喜欢闷头工作躲避处理人际关系？

15. 你是否一向准时赴约？

16. 和配偶或朋友比，你是否更易和同事沟通？

17. 是否觉得周六早晨比周日傍晚容易放松？

18. 你交的朋友是不是多半属于同一行业？

19. 当你生病时，你是否会将工作带到床上？

20. 平时的阅读物是否多半和工作相关？

4、8、13题答"非"得1分，其他题答"是"得1分。请统计总分。

12~20分：A型性格0~9分；B型性格10~11分；介于两者之间。

-A 型特征

喜欢过度的竞争，喜欢寻求升迁与成就感；在一般言谈中过多强调关键词汇，往往愈说愈快并且加重最后几个词；喜欢追求各种不明确的目标；全神贯注于截止期限；憎恨延期；缺乏耐心；放松心情时会产生罪恶感。

-B 型特征

神情轻松自在而且思绪很密；工作之外拥有广泛兴趣；倾向于从容漫步；充满耐心而且肯花时间来考虑一个决定。

A 型性格较之 B 型性格对压力更敏感，比较容易过激，对压力的心理承受能力也差一些。因此，A 型性格的人要避免陷入焦躁状态，不要被突发事件打乱阵脚，更不要时刻让自己处于紧张状态。

二、四种气质类型

一个人的气质，能在很大程度上反映他是否适合从事某种职业。举个例子来说，一个安静的人，可能就适合规规矩矩地坐在办公室。所以，我们有必要了解自己的气质特点，把这作为找工作时的参考，找一份真正适合自己的工作。一般来说，气质包括胆汁质、多血质、黏液质和抑郁质四种类型。这种划分并不是绝对的，完全属于某一类型的人是少数，大多数人属于混合型。

1. 胆汁质的人

这种类型的人反应速度快，具有较强的行动力、较高的反应性与主动性。他们的情感和行为动作产生得迅速而且强烈，有极明显的外部表现；性情开朗、坦率，热情，但好争论，脾气暴躁；情感容易冲动但不持久；精力旺盛，经常以极大的热情从事工作，但有时缺乏耐心；思维具有一定的灵活性，但对问题的理解具有粗枝大叶、不求甚解的倾向；意志坚强、果断勇敢，注意力稳定而集中但难于转移；行动利落而又敏捷，说话速度快且声音洪亮。具有这种气质的人适合从事困难较大的工作，如导游、推销员、演讲者、节目主持人、演员、外事接待人员、监督员等等。

2. 多血质的人

这种类型的人具有很高的灵活性，善于交际，很容易适应新的环境，在集体中容易处事，朝气蓬勃，有事业心，能迅速地把握新事物。这种人对什么都感兴趣，但情感易变，假若事业上不顺利其热情可能烟消云散。由于这种人机智敏感，在从事多样化和多变的工作时成绩卓越，他们很适合做要求反应迅速的工作，如管理工作、外交工作、驾驶员、服务人员、纺织工人、医生、律师、运动员、演员、新闻记者、检票员、军人、公安干警等。

3. 黏液质的人

黏液质的人反应性低。情感和行为动作进行得迟缓、稳定、缺乏灵活性；这类人情绪不易外露，很少产生激情，遇到不愉快的事也不动声色；注意力稳定、持久，但难于转移；思维灵活性较差，但比较细致，喜欢沉思；在意志力方面具有耐性，对自己的行为有较大的自制力；态度持重，好沉默寡言，办事谨慎细致，从不鲁莽，但对新的工作较难适应，行为和情绪都表现出内倾性，可塑性差。所以这种气质的人最适宜从事有条理的、冷静的和持久的工作，如法官、外科医生、管理人员、出纳员、话务员、播音员、调解员、会计等。

4. 抑郁质的人

抑郁质的人内心有孤独倾向，遇事不是单凭聪明去处理事情，而是把自己所掌握的工作内容在头脑中组合、计算、确定方案，然后在这个范围内一个一个地去做，把问题处理好。这种气质的人，遇事积极认真、努力向上、毫不懈怠，喜欢与团体在一起，富有协作精神；无论置身于什么岗位，只要肩负了责任，就努力解决困难。努力去做好是抑郁质人的长处。抑郁质人适合的职业：校对、打字、排版、检察员、刺绣、雕刻、机要秘书、保管员、哲学家、艺术工作者、科学家。

你能够干什么？——职业专长测试

你知道自己的优势和潜力在哪里吗？如何在工作中充分发挥你的专长？做下面这个测试，更好地了解自己：

1. 一看到对方的脸就知道他（她）对你有没有好感

YES → 2.

NO → 3

2. 休闲的时候与其看电视，你比较喜欢看书

YES → 6.

NO → 5.

3. 不论是游泳或一般球类等运动，都可以达到一般的水准

YES → 4.

NO → 5.

4. 对读书或工作以外的事情，兴趣缺乏

YES → 8.

NO → 7.

5. 你对计算机、网络、E-mail 什么的都很有概念

YES → 6.

NO → 7.

6. 在准备充分的情况下，你极有把握说服对方

YES → 10.

NO → 9.

7. 初次相见就有人被你电到，还请你吃饭

YES → C.

NO → 9.

8. 一旦决定要做的事就绝不会半途而废，一定坚持到底

YES → D.

NO → 7

9. 你觉得自己的文笔还不错

YES → C.

NO → B.

10. 人家用英文跟你交谈，你有自信对答如流

YES → A.

NO → B

答案分析：

选 A 的人：有口才、说服力

你的特长就是那张嘴。明明没有的事还能把人家唬得一愣一愣的。就算你现在还没感受到自己这方面的才能，只要今后多下工夫，有一天一定会开花结果的，所以从今天开始多在语言方面加油吧！

选 B 的人：有鬼点子、独创力

你是鬼点子王，创造力一流！说不定你自己都还没察觉到你有这方面的潜力。你独特的构想可以好好地运用在公关或商品开发上，在诗词创作或绘画上也会有不错的成绩！

选 C 的人：善社交

你的特长就是善于跟人家打交道。你有一种吸引群众的魅力，适应力又强，就算普通人敬而远之的家伙也会折服在你的魅力之下！跟身边的人唱 KTV 或玩牌时，最能看出你这方面的才华了。

选 D 的人：快速行动

你的特长就是那迅雷不及掩耳的行动力！你总是充满活力，蓄势待发，就算别人都认为不可能的任务，你还是不死心地积极行动，把不可能转为可能！多靠运动来锻炼你的体力，这对你的工作大有帮助！

你有多大的升职潜力？——升职潜力测试

每个人身上都有他独特的一面，都有别人无法比拟的优势。想知道自己身上潜在的优势吗？那就赶紧进行下面的测试吧。

深夜由车站步行 20 分钟才回到家，门已锁，家人已沉睡，怎么都无法

吵醒他们，但二楼灯还亮着。你会怎么做？

A. 到附近的店坐坐，再打电话。如果不行就坐到天亮。

B. 弄坏门或窗的锁，或用铁丝想办法开门。

C. 脱下鞋子掷向二楼。

D. 回到车站打电话。

测试结果：

选择 A：你是运动型，把经营事业看做赌博或运动，重视新点子，偶尔冒险。

选择 B：你是具有一技之长型，有专业知识，可提升素质，努力强化自己的专业技术，在各行各业中出人头地，就是所谓有技艺在身的人。

选择 C：你是挑战勇士型，将社会或工作场所视为争夺胜负的地方，创业型经营者多属此型。

选择 D：你是企业人才型，你很重视人际关系与团体工作，认为应与之共存共荣。

心理指点：

升职有方者的 4 大心理优势特质：

1. 有正确的是非观

好恶分明，不优柔寡断；能针对主题，不在乎周围人的看法，大胆地表达自己的见解。

2. 具有合作精神

轻松愉快地与他人交谈，和谐地与人相处，往往是你广结良缘，成为集体领导的先决条件。

3. 自身拥有青春活力

健康、热情、有活力、主动积极、有冲劲的年轻人。

4. 勇于认错，懂得服从，心存感激

在遭遇挫折时坦然接受自己的错误；在接受上司或同事的劝告时，虚心接受；情绪低落时保持冷静，这些都会体现一个人的内在素质。

第18章
设计简历，而不是写简历

精心打造简历

很多人在求职过程中不太重视简历的制作。最近网上一项调查显示：在被调查的人中，有一半以上的人认为没有必要包装简历。"千里马常有，而伯乐不常有"，一个职位有时候有成百上千人在竞争。在这些人里，你要突出自己，简历很重要。

你要记住，求职简历是你与应聘单位建立联系的第一步。要在"浩如烟海"的求职简历里脱颖而出，必须对其进行精心且不露痕迹的包装，既投招聘人员之所好，又要重点突出你的竞争优势，这样自然会获得更多的面试机会。把自己的求职材料包装得更好一点，那就具备了和钻石一样的品质——过硬。

简历制作的原则：抓住黄金五秒钟

一般一个招聘人员每天都要阅读几十份简历，到了招聘的旺季，这个数量还会成倍增长，为此你的简历不是被阅读，而只是被扫描。因此，制作符合招聘要求的求职材料，在五秒钟内吸引招聘人员，让他（她）产生阅读你简历的欲望，就成了应聘者在制作简历时要努力的目标和要遵循的基本原则。

求职材料：一个都不能少

一份好的求职材料可以让招聘人员迅速、准确地判断出应聘者是否适合其所应聘的企业和职位。一般来说，求职材料应包括：中英文简历、求职信和证明材料。

1. 投外企，也要中文简历吗

就算是应聘对英语水平要求非常高的外企，也要附上中文简历。一是外企里有中方招聘人员，可以看懂中文简历；二是英语再好，在表达上也始终不及母语准确、自然、流畅。

2. 是否需要求职信

需要。求职信允许一定的主观发挥，正好可以弥补简历"冷冰冰"的缺陷——你的简历是对求职者的个人基本情况、受教育背景、工作和实习经历、兴趣爱好等信息的客观描述。通过求职信，可以以最能打动对方的方式来表述自己对应聘企业和应聘职位的理解与渴望，是对简历的有益补充，所以这个机会一定不要轻易放弃。记住：求职信是你与招聘人员的一次带有浓厚情感色彩的沟通。

3. 证明材料放多少

证明材料一定要精挑细选，与应聘没有关系或关系不大的材料不必附上。如果证明材料实在太多，为免遗珠之憾，不妨在简历里列一个目录。如果面试官有兴趣或需要验证的话，就会要求你提供更详细的资料。但是，招聘人员的时间非常有限，不愿意困在一大堆厚厚的求职材料中，如果他真的对你有兴趣，就会要求你在面试时带上所有的证明材料。

4. 封面没有必要

为了帮助招聘人员节约时间，建议你在制作简历时取消封面，以确保他们拿起你的简历就可以直奔主题。在招聘会上，封面因为增加了简历的厚度，尤其不受欢迎。

至少准备三份不同的简历

应聘不同的单位你要根据招聘单位的特点和需求来制作简历，突出重点，因为用人单位最想从你的简历和求职信中看到你可以为他们做什么。含糊笼统、毫无针对性的简历会让你失去很多机会。如果你没有很明确的职业目标，那么在找工作之前，至少应该准备好三份不同类型的简历。

1. 面面俱到型

这是制作其他简历的蓝本。这种简历适合一个行业内的绝大多数企业和岗位，主要包括：中文求职信、中文简历、英文求职信、英文简历、四六级证书、获奖证书等。

2. 专业技术型

与所学专业有关的技术型岗位。在这份简历中：

（1）附上所获得的职业资格证书复印件；

（2）详细列出所学的主要课程，附上成绩单；

（3）详细列出所擅长的技能，并可提供相关的佐证；

（4）着重描述所从事过的相关实习或社会实践经历，要写出在实习或社会实践中学到和用到的某项技术，或者曾经做过的项目；

（5）对其他与技术无关的社会实践可以一笔带过。一方面招聘人员对此并不关心；另一方面，其他的社会实践太多会让招聘人员认为你兴趣太过广泛，不能专注于技术工作。

3. 外资企业型

由于外资企业同国内企业文化的差距，招聘理念和选才方式也有很大的不同，因此在准备投往外企的简历时要注意做到以下几点：

（1）英文求职信要认真撰写；

（2）英文简历要参考国外简历的格式和语言风格，不要出现中式英语；

（3）中文简历和中文求职信可以作为有益的补充；

（4）相对于专业能力，外企往往更看重综合素质，所以要详细列出社团活动和社会实践的内容。

现在很多外企都使用专门的求职申请表来代替简历，所以在准备简历的同时，还需要用英文准备一些常见的开放性问题，以备填写申请表时使用。

面试前如何搜集资料

俗话说："知己知彼，百战不殆"。面试前一定要做好充分准备，只有了解了对方，才能在面试中变被动为主动。了解对方、熟悉对方，说明你对应聘的公司很有兴趣、很有诚意、求职动机良好，甚至将来能和公司休戚与共。当然，假如你能够提前了解面试官的喜好，那更是善莫大焉。因为在同等条件下，面试官肯定更愿意招一个认同自己的工作方式乃至日常行为方式的新员工。另外，最好再多了解一点这个企业的总裁和部门经理的情况。这些足以显示出你对该企业的关注和向往。对于该企业和它所在的行业了解得越清楚，回答起来就越能切入核心，越能显示出你的专业与深度。如果能够巧妙地提起对方可能感兴趣的内行话题，更是会给人留下深刻的印象。

1. 了解信息

（1）公司基本情况包括公司总部所在地、公司的历史背景及目前的发展状况、公司所处行业的整体情况、公司的客户群和竞争对手、公司内部的组织结构及管理制度、产品的市场定位及市场占有率、公司正在开发的新产品等；

（2）关于该公司的最新热点新闻；

（3）该公司的企业文化和价值观，包括对人才的基本要求、应聘职位的工作内容、方式和薪资福利水平；

（4）公司的招聘程序，比如曾经举行过的笔试及面试的情况。

2. 了解途径

（1）公司网页

一般公司的网页上都会详细介绍公司的发展历史、目前的经营状况、生产的产品、提供的服务等各方面情况，你可以快捷获得资料。

（2）财经杂志、专业杂志、行业专刊以及协会、学会的期刊

这些信息很关键，因为它们可以反映公司以及公司所处行业的最新动态，而这些谈资最容易引起面试官的兴趣。

（3）亲戚朋友及师兄师姐

如果认识内部人士，了解到他们对公司的真知灼见，会是一种很大的帮助。假如你有亲戚朋友或师兄师姐在公司里工作，不妨找他们咨询一番。不过，应该把事实叙述和价值判断两部分分开，在面试中千万不要乱说，只说该说的。

（4）在对手公司里工作过的朋友

当然，在应聘一家公司的时候，也可以找在其竞争对手那里工作的员工来了解公司的状况，这样可以从另一个视角对其进行更严格、更全面的观察。有时候别人的判断可以让你更容易发现问题，但一定要注意摒弃其主观臆断的成分。

面试前的其他各项准备

1. 调整心态

就要面试了，适度紧张是正常的，适度紧张有助于你保持斗志高昂的临战状态。但是如果太紧张，以至于手足无措，就会影响面试时的发挥。所以要调整好心态，从容应对。

2. 保证充足的睡眠

充足的睡眠是第二天良好精神状态的重要保证。有些人由于过于紧张，往往在面试前一天晚上辗转反侧，难以入眠，这会大大影响面试的效果。

3. 穿着打扮

面试着装很重要，因为面试官会根据你的穿着来初步判断你的性格、喜好以及你对此次面试的重视程度。如果你的着装和应聘公司的要求比较

一致，会自然而然地拉近你和面试官的心理距离。因此，要根据应聘公司和职位的特点来着装。

以下是对男士和女士的面试着装的基本要求：

男士：夏天和秋天以短袖或长袖衬衫搭配深色西裤为宜。衬衫的颜色最好是没有格子和条纹的白色或浅蓝色。衬衫要干净，不能有褶皱，以免给人留下邋遢或随便的不良印象。冬天和春天可以选择西装。颜色应该以深色为主，最好不要穿纯白色和红色的西装。

领带很重要，颜色与花纹要与西服相配。领带结要打结实，下端不要长过腰带，但也不可太短。面试时可以带一个手包或公文包，颜色以深色和黑色为宜。

一般来说，男士发型不能怪异，普通的短发即可。面试前要把头发梳理整齐，胡子刮干净。不要留长指甲，指甲要保持清洁。口气要清新。

女士：面试最好穿套装，款式要稍微保守一些，颜色不可过于鲜艳。穿裙装的话要过膝。上衣要有领有袖。最好化淡妆。不可佩带过多的饰物，尤其是一动就叮当作响的手链。高跟鞋要与套装搭配。

4. 出门前再次确认面试时间和地点

临出门前，要再次确认面试的时间和地点，确保准确无误。如果面试地点比较远，地理位置也比较复杂，有条件的话最好提前去一趟，熟悉一下地理位置和交通线路。如果是在大城市，路上随时可能出现的塞车、交通事故等影响你顺利到达的意外情况，所以要尽量提前出发。

5. 多带几份简历入场

面试前最好多准备几份简历，因为面试官可能不止一位，而你要做的就是确保每一位面试官手中都有你的简历。充分的准备工作会给面试官留下你做事、考虑问题细致周详的良好印象。

6. 提前到达

参加面试时，提前到达是很重要的，就算提前 1 个小时到也不为过。你可以利用这段时间调节心情，把你准备好的面试常考问题的答案再梳理一遍。

第 *19* 章

从面试官的角度来分析求职应聘

提问的五大类型：面试官手中的选人工具

面试的主要构成要素就是面试内容。面试内容，即面试测评项目或测评要素，是指面试需要测评的应聘者的能力、个性品质等方面的具体内容。现行面试的主要模式是要素分解式，即设想应试者的素质是由多种要素构成的有机体，把这个素质有机体的构成要素列出来，再选择部分相关的素质指标进行测评。因此，如何恰当而有针对性地选择与岗位要求密切相关的素质进行测评是十分重要的。

从面试内容的角度来说，面试提问的类型主要有以下几种：

1. 启发式面试

在启发式面试中，应聘者不必受所提出问题的拘束，因此比回答规定的问题更能表现出自我。回答规定的问题，应聘者往往会做出对方所希望得到的回答，或只回答有利的一面而不管它们是否真实。而采用启发式面试将能通过应聘者的回答揭示许多有价值的信息。因此，应试者要很好地把握有关信息，掌握其方式和要领。

2. 压力式面试

压力式面试一般是在开始时面试官就给应聘者以意想不到的一击，通常是敌意的或具有攻击性的问题，以此观察应聘者的反应。少数有经验的应聘者在压力式面试前表现得从容不迫，而非不知所措。面试官用这种方法考查应聘者随压力调整情绪的能力，同时也测试了应聘者的应变能力和解决紧急问题的能力。因此，应聘者要稳住情绪，调整心态，从容应答。

3. 计划式面试

计划式面试是指在面试前，用人单位都有明确的面试目的，所以都会拟定一个详细的面试计划。这种面试计划是建立在一个假定最有效的基础上，每一相关细节都必须事先拟定。这种面试要利用一套特定的提问内容，这些提问内容一般包含以下三方面：以职务说明书和人事规范为提问内容；从应聘者申请表格和有关证明资料中获取的信息为提问内容；从过去面试的经验中找出有用的提问为提问内容。因此应聘者应结合计划式面试的特点，寻找应对的方法。

4. 能力面试

能力面试与注重应聘者以往取得成绩的面试方式不同，这种方法关注的是他们如何去实现所追求的目标。在能力面试中面试官要试图寻找情景、任务，行动和结果。其大致过程如下：先确定空缺职位的责任和权力，明确它们的重要性，再确定应试者是否处于类似的"情景"。一旦面试官发现应聘者有类似的工作经历，则再确定他们过去负责的"任务"，进一步了解一旦出现问题时他们所采取的"行动"，以及"行动"的"结果"究竟如何。

5. 行为描述式面试

行为描述是基于行为的连贯性原理发展起来的。面试官通过行为描述式面试要了解应聘者的两个信息：一是应聘者过去的工作经历，判断他选择本组织的原因，预测他未来在本组织中发展的行为模式；二是了解他对特定行为所采取的行为模式，并进行比较分析。

在面试过程中，面试官往往要求应聘者对其某一行为过程进行描述。如面试官会提问："你能否谈谈你过去的工作经历与离职原因？""请你谈谈你向原单位领导辞职的经过？"

行为描述式面试中所提的问题还经常与应聘者过去的工作内容及绩效有关，且提问方式更有诱导性。例如，对于与同事的冲突或摩擦，"你与你的同事有过摩擦吗？"这种举例说明的提问显然不如"告诉我你在工作中接触最少的同事的情况，以及你们之间关系最紧张的情况"。

行为描述式面试中所提的问题，都是从工作行为分析中得到的。这种分析可以确定在与工作有关的情况下，应试者所做的事情，什么是有效的、什么是无效的，既确定期望的行为模式，也通过应试者的回答来判断他的行为模式是否符合需要。因此，应聘者应注意描述过去工作行为模式的逻辑性，增强说服力，至少要做到言之有物并能自圆其说。

行为目标面试法：面试官秉持的工作准则

面试提问的目标主要是通过行为目标面试法来实现。所谓行为目标面试法，是指面试时面试官注重应聘者的行为而非给面试官的主观印象（关注应聘者的行为），通过收集各方面的信息来评估应聘者的能力是否符合该工作岗位的预期业绩水准（关注工作岗位的要求——目标）。

一、定义

行为目标面试法是把工作岗位的关键预期业绩和面试中所提的问题、回答及评价紧密联系起来的一种方法。使用这种方法进行面试时，面试官不仅关注应聘者的行为，更关注这种行为所能实现的目标。

二、行为目标面试法的操作步骤

1. 明确面试目标，组织面试过程

大多数优秀的世界顶尖企业面试官会注重以下两个面试目标：

（1）准确地考核应聘者是否具备了从事某工作岗位的必要条件；

（2）说服应聘者接受某工作岗位的聘用。

为了更好地实现这两个目标，面试官会合理地分配用于不同面试目标的时间，否则，可能由于面试时间不足而忽略掉一些重要的胜任能力维度。

所以在面试前，面试官一般都会列一个主要面试程序的面试流程：

面试官的寒暄、介绍面试过程、对组织及岗位的情况介绍、给应聘者提供提问的机会、结束面试等方面。

应聘者应当对面试官的时间安排了如指掌，以便科学、合理地做出自己的应对策略。

2. 明确胜任某工作岗位所需的预期业绩

预测某应聘者是否能在上岗后达到预期业绩是面试的考核目标，确定预期业绩则是准确考核的第一步。因为，如果面试官无法确定应聘者上岗后干什么，就无法准确地考核该应聘者是否具有很强的胜任能力。

预期业绩是用来确定面试官对某应聘者上岗后业绩水平的期望标准。在准备一次面试时，所要考虑的预期业绩由三部分组成：目标、挑战和胜任能力。

3. 目标

每个工作岗位都期望员工实现某种目标。目标就是某种终极结果，它可以对组织产生直接、积极的经济与社会效益。假如面试官面试的是一位销售经理，如果他期望这个应聘者实现的销售额是 500 万，那么面试官的面试将不同于他期望应聘者有 100 万销售额时的面试。

4. 挑战

挑战是一名员工要想成为一名优秀的员工和实现组织重要目标而必须克服的主要工作障碍，即那些导致员工业绩优秀还是业绩一般的关键行为事件。

要找到不同岗位所面临的挑战或工作障碍，面试官会采用行为事件访谈法对该岗位进行工作分析。在面谈时，一般采用结构化的问卷对该岗位上优秀和一般的任职者分两组进行访谈，要求被访对象详细描述其工作中遇到的若干成功和失败的典型事件或案例，特别是他们在事件中所扮演的角色与表现以及事件的最终结果等。通过对比分析两组的访谈结论，面试官会发现那些能够导致两组人员绩效差异的关键行为事件、挑战或工作障碍，继而将其演绎成为特定岗位任职者所必须具备的胜任能力特征。

5. 胜任能力

胜任能力（Competency）与能力（Ability）之间是存在差异的。胜任能力是驱动员工产生优秀工作绩效的各种个体特征的集合，它反映的是通过不同方式表现出来的知识、技能、个性与内驱力等。胜任能力是判断一个人能否胜任某项工作的起点，是决定并区别绩效差异的个体特征。胜任能力说明面试官期望某个应聘者在面临挑战性的工作情形中应该怎样表现，它取决于面试官为所期望的工作业绩所制定的标准，而并不是一种被普遍接受的对能力的定义；能力则是某个应聘者所具有的、可以应用到各种情形中的知识、技能、能力、态度以及价值观的综合。

在对不同岗位的应聘者进行面试时，面试官首先要建立各个岗位的胜任能力模型，胜任能力模型通常由 4 ~ 6 项关键素质要素构成，并且是那些与工作绩效密切相关的内容。

因此，应聘者应针对所要应聘企业的素质要求进行相应的准备。

6. 设计面试问题

无效的面试提问无法得到对应聘者能否实现预期业绩进行评估所需的有效信息。为了更好地评估应聘者达到预期目标的能力，面试官会对面试的提问进行精心准备。

在设计面试问题时，面试官一般遵循以下两种有效的假设：

（1）对过去行为的考核可以很好地预测其将来的行为。

通过考核过去的行为以预测未来的业绩要比建立在考核态度、价值观或信念基础之上的推断产生更加精确的结果。应聘者对于态度、价值观或信念等问题的回答很容易受"社会期许"影响，反映的不一定是应聘者的真实信息，面试官一般也难辨真伪。但是，如果面试官是一位相关工作经验丰富的业务专家，即使应聘者对过去的行为说假话，也可以将之识破。

（2）与预期业绩紧密相关的回答有可能表明应聘者具有胜任某工作岗位的能力。

即使面试官对应聘者过去的工作行为进行了特定的考核，也并不意味着它就是面试官应该考核的工作行为。只有对所期望的行为进行提问并知道这些行为与工作岗位的关系，才能提高面试官准确考核预期业绩的能力。所以，应聘者有必要对此进行充分的准备。

7. 确定面试问题的评价要点或参考答案

在面试中，面试官非常清楚，如果没有预先确定面试问题的评价要点或答案，就有可能为应聘者的回答所牵制。一般情况下，面试官选用的最好方法是把每一个应聘者的回答与一个预先确定的评价要点或参考答案进行比较。这样，面试官在进行面试时就可以有重点地进行考察，以确定应聘者是否具有相应的胜任能力。

所以，应聘者应当事先做好准备，详细了解应聘单位所确定的评价要点或参考答案，不要打无备之战。

8. 预测应聘者上任后的工作业绩并做出聘用决定

面试官不但会注意提出什么问题以及怎样提问，还会注意怎样运用面试中收集到的信息。如果不再用其他方法对应聘者的岗位胜任能力进行评估，那么，面试官面试后的一个重要任务就是根据面试中收集到的信息对应聘者做出是否聘用的决定。

为了提高聘用决定的质量，面试官会采用一个有组织的程序去分析应聘者的行为与岗位的目标要求之间的关联度，以决定是否聘用，也称之为行为判断法。该方法的操作步骤如下：

（1）回顾岗位的预期业绩；

（2）回顾并审核应聘者在面试过程中表现出的行为证据；

（3）把行为与预期业绩进行对比；

（4）从行为上预测应聘者将来在相关的工作环境中和在预期业绩中的行为；

（5）根据预测的结果做出聘用决定。

STAR 法则：面试官心中的逻辑框架

所谓逻辑，就是事物的因果关系。面试时，对问题的回答要一环扣住一环，思路清晰、条理明确。顶尖企业面试问题的逻辑框架，称为STAR法则。

"STAR"是situation（背景）、task（任务）、action（行动）和result（结果）四个英文单词的首字母组合。通常，应聘者求职材料上写的都是一些结果，描述自己做过什么、成绩怎样，比较简单和宽泛。而面试官则需要了解应聘者如何做出这样的业绩，做出这样的业绩都使用了一些什么样的方法，采取了什么样的手段。通过这些过程，面试官可以全面了解该应聘者的知识、经验、技能掌握程度以及他的工作风格、性格特点等与工作有关的方面。

例如：某企业需要招聘一个业务代表，应聘者的资料上写着自己在某一年做过销售冠军，某一年销售业绩过百万等。面试官是不是就能简单地凭借这些资料认为该应聘者是一名优秀的业务人员，一定能适合自己企业的情况？当然不是。

首先，面试官要了解该应聘者取得上述业绩是在一个什么样的背景（situation）之下，包括他所销售的产品的行业特点、市场需求情况、销售渠道、利润率等问题。通过不断地发问，可以全面了解该应聘者取得优秀业绩的前提，从而获知所取得的业绩有多少是与应聘者个人有关，多少是和市场的状况、行业的特点有关。

其次，面试官要了解该应聘者为了完成业务工作，都有哪些工作任务（task），每项任务的具体内容是什么。通过这些可以了解他的工作经历和工作经验，以确定他所从事的工作与获得的经验是否适合现在所空缺的职位。

第三，了解工作任务之后，继续了解该应聘者为了完成这些任务所采取的行动（action），即了解他是如何完成工作的，都采取了哪些行动，所采取的行动是如何帮助他完成工作的。通过这些，面试官会进一步了解他的工作方式、思维方式和行为方式，这是面试官非常希望获得的信息。

最后，面试官才来关注结果（result）。每项任务在采取了行动之后的结果是什么，是好还是不好，好是因为什么，不好又是因为什么。

面试官通过STAR式发问，一步步将应聘者的陈述引向深入，一步步挖掘出潜在的信息，为企业更好的决策提供正确和全面的参考。既是对企业负责（招聘到合适的人才），也是对应聘者负责（帮助他尽可能地展现自我、推销自我），获得一个双赢的局面。

因此，对于应聘者来说，掌握好 STAR 法则显得尤其重要。STAR 法则的步骤可以归纳为以下几个：

STAR 法则第一步：Clarify situation or task! 即明确你的任务是：

（1）什么类型的

（2）怎样产生的

（3）当时情况是怎样的

STAR 法则第二步：Describe your action! 即明确你：

（4）针对这样情况的分析

（5）决定的行动方式

STAR 法则第三步：Specify the result! 即最后告诉面试官：

（6）结果怎样

（7）在这样的情况下你学习到了什么

根据以上所标示出来的 7 个要点，应聘者就可以轻松对面试官描述事物的逻辑方式，表现出自己分析阐述问题的清晰性、条理性和逻辑性。